Schriftenreihe der ASI – Arbeitsgemeinschaft Sozialwissenschaftlicher Institute

Herausgegeben von
N. Baur, Berlin, Deutschland
F. Faulbaum, Duisburg, Deutschland
P. Hill, Aachen, Deutschland
B. Pfau-Effinger, Hamburg, Deutschland
J. Schupp, Berlin, Deutschland

Herausgegeben von
Prof. Dr. Nina Baur
Technische Universität Berlin

Prof. Dr. Frank Faulbaum
Universität Duisburg-Essen

Prof. Dr. Paul Hill
RWTH Aachen

Prof. Dr. Birgit Pfau-Effinger,
Universität Hamburg

Prof. Dr. Jürgen Schupp
Deutsches Institut für Wirtschaftsforschung e.V. Berlin

Frank Faulbaum · Matthias Stahl
Erich Wiegand (Hrsg.)

Qualitätssicherung in der Umfrageforschung

Neue Herausforderungen
für die Markt- und Sozialforschung

Herausgeber
Prof. Dr. Frank Faulbaum
Universität Duisburg-Essen,
Deutschland

Erich Wiegand
Arbeitskreis Deutscher Markt- und
Sozialforschungsinstitute e.V., Frankfurt,
Deutschland

Matthias Stahl
GESIS Köln, Deutschland

ISBN 978-3-658-00514-6
DOI 10.1007/978-3-658-00515-3

ISBN 978-3-658-00515-3 (eBook)

Die Deutsche Nationalbibliothek verzeichnet diese Publikation in der Deutschen Nationalbibliografie; detaillierte bibliografische Daten sind im Internet über http://dnb.d-nb.de abrufbar.

Springer VS
© Springer Fachmedien Wiesbaden 2012
Das Werk einschließlich aller seiner Teile ist urheberrechtlich geschützt. Jede Verwertung, die nicht ausdrücklich vom Urheberrechtsgesetz zugelassen ist, bedarf der vorherigen Zustimmung des Verlags. Das gilt insbesondere für Vervielfältigungen, Bearbeitungen, Übersetzungen, Mikroverfilmungen und die Einspeicherung und Verarbeitung in elektronischen Systemen.

Die Wiedergabe von Gebrauchsnamen, Handelsnamen, Warenbezeichnungen usw. in diesem Werk berechtigt auch ohne besondere Kennzeichnung nicht zu der Annahme, dass solche Namen im Sinne der Warenzeichen- und Markenschutz-Gesetzgebung als frei zu betrachten wären und daher von jedermann benutzt werden dürften.

Gedruckt auf säurefreiem und chlorfrei gebleichtem Papier

Springer VS ist eine Marke von Springer DE. Springer DE ist Teil der Fachverlagsgruppe Springer Science+Business Media
www.springer-vs.de

Inhalt

Vorwort 7

Matthias Stahl
Die Weinheimer Tagungen – Geschichte der Zusammenarbeit
zwischen akademischer und privatwirtschaftlicher Forschung 11

Max Kaase
Empirische Sozialforschung in Deutschland
Entwicklungslinien, Errungenschaften und Zukunftsperspektiven 25

Marek Fuchs
Der Einsatz von Mobiltelefonen in der Umfrageforschung
Methoden zur Verbesserung der Datenqualität 51

Marcel Das
Innovation der Online-Datenerhebung für wissenschaftliche
Forschungen. Das niederländische MESS-Projekt 75

Beatrice Rammstedt
Probleme der Qualitätskontrolle und -sicherung in internationalen
Umfrageprojekten 103

Hartmut Scheffler
Social Media – Bedeutung und Herausforderung für die Markt-
und Meinungsforschung 113

Olaf Hofmann
Entwicklungen in der Online-Marktforschung
Vom ungeliebten Kind zum Allheilmittel 139

Andreas Czaplicki
GPS in der Markt- und Sozialforschung
Herausforderungen und Chancen 147

Erich Wiegand
Berufsnormen und Qualitätssicherung 161

Ralf Tscherwinka
Herausforderungen und Chancen beim Zusammentreffen von
Datenschutz und Umfrageforschung aus rechtlicher Sicht 183

Autoren 223

Vorwort

Der vorliegende Band enthält Beiträge zu den neuen Herausforderungen, die auf Grund der Entwicklung neuer Methoden und Technologien für die Qualität und die Qualitätssicherung in der Umfrageforschung erwachsen. Einige Beträge beschreiben unterschiedliche Einflüsse auf die Qualität ausgewählter Studien mit aktuellen und z.T. originären methodischen und technologischen Ansätzen. Andere konzentrieren sich auf die Analyse der Qualitätsgefährdungen, mit denen auf Grund neuer Technologien und neuer methodischer Ansätze zu rechnen ist.

Die in diesem Band vereinigten Beiträge wurden auf der vierten sog. Weinheimer Tagung 2011 präsentiert. Die Weinheimer Tagungen bieten in regelmäßigen Abständen die Gelegenheit, aktuelle Inhalte, die sowohl für die privatwirtschaftliche Forschung als auch für die akademische Sozialforschung von gemeinsamem Interesse sind. Sie werden gemeinsam veranstaltet von der Arbeitsgemeinschaft Sozialwissenschaftlicher Institute e.V. (ASI), dem zentralen Interessenverband der nicht primär privatwirtschaftlich orientierten sozialwissenschaftlichen Einrichtungen sowie Einzelvertretern der akademischen Forschung, und den repräsentativen Verbänden der privatwirtschaftlichen Forschung.

Eine beständige Aufgabe in der Zusammenarbeit zwischen ASI und den übrigen Verbänden der privatwirtschaftlichen Forschung: ADM (Arbeitskreis Deutscher Markt- und Sozialforschungsinstitute e.V.), BVM (Berufsverband Deutscher Markt- und Sozialforscher e.V.) und DGOF (Deutsche Gesellschaft für Online-Forschung e.V) war und ist die Sicherung und Verbesserung der Datenqualität, dies vor allem auch deshalb, weil aus der kontinuierlichen Erneuerung des technologischen Instrumentariums der sozialwissenschaftlichen Forschung sowie aus den gesellschaftlichen und politischen Randbedingungen, unter denen Forschung betrieben wird, immer wieder neue Herausforderungen für die Qualitätssicherung erwachsen.

Im ersten Beitrag des Bandes gibt Matthias Stahl einen Überblick über die Referenten und Inhalte der vergangenen Weinheimer Tagungen und zeichnet dabei ein wenig die Geschichte der gemeinsamen Interessen beider

Ausrichtungen der Sozialforschung nach. Es wird dabei deutlich, wie stark sich die Sozialforschung immer danach strebte und strebt, die Forschungsmethoden weiter zu verbessern. Die erste Weinheimer Tagung 1951 kam dabei exemplarischer Charakter zu. Auf ihr wurde versucht, dass sozialwissenschaftliche Methodenwissen nach dem zweiten Weltkrieg zusammenfassend darzustellen, wobei insbesondere die enge Verknüpfung von Theorie und Praxis beeindruckt. Die nachfolgenden Tagungen haben versucht, an diese Tradition anzuknüpfen.

In seinem Beitrag zu den Entwicklungslinien, Errungenschaften und Zukunftsperspektiven der empirischen Sozialforschung geht Max Kaase weit über den Kontext der Weinheimer Tagungen hinaus und nimmt als kompetenter Zeitzeuge und aktiver Mitgestalter die Gesamtentwicklung der empirischen Sozialforschung, in den Blick, wobei er einen Bogen bis zu den aktuellsten Themen der Sozialforschung spannt. Dabei wird insbesondere auch die Rolle der Institutionalisierung der Forschung und der Schaffung der notwendigen sozialwissenschaftlichen Infrastruktur deutlich, ohne die heute wissenschaftliche Sozialforschung mit überprüfbaren Qualitätsmaßstäben, insbesondere im akademischen Bereich nicht mehr denkbar ist.

Den Übergang zu den Qualitätsaspekten eines durch technologische Entwicklungen möglich gewordenen neuen Erhebungsinstrumentariums in der Umfrageforschung vollzieht Marek Fuchs in seinem Beitrag zum Einsatz von Mobiltelefonen in Deutschland. In seinem Beitrag zeigt der Autor u.a. die Gefährdungen der Datenqualität durch mit dieser Erhebungstechnologie gegenwärtig noch verbundenen Erhebungsproblemen auf, die vor allem u.a. zu Stichprobenverzerrungen führen können, und diskutiert verschiedene Möglichkeiten ihrer Korrektur.

Marcel Das stellt in seinem Beitrag das niederländische LISS-Panel vor, ein Online-Panel, das in seiner erfolgreichen Umsetzung von hohen Qualitätsmaßstäben in Bezug auf die Datenqualität richtungsweisend für die Einrichtung von Forschungspanels ist. Mit dem Panel wurde zugleich eine Infrastruktur geschaffen, welche die Realisation innovativer Forschungsansätze gestattet und auch Forschern außerhalb der Niederlande zur Verfügung steht.

Beatrice Rammstedt konzentriert sich auf die besonderen Anforderungen an die Qualitätssicherung in der internationalen Umfrageforschung, die sie am Projekt „Programme for the International Assessment of Adult Competencies (PIAAC)" beispielhaft darstellt.

Hartmut Scheffler stellt in seinem Beitrag die „neue Forschungswelt" vor, die sich aus Entwicklungen im Web, speziell aus der Entwicklung der sozialen Medien, für die Markt- und Sozialforschung ergeben. Der Autor gibt einen Überblick über den aktuellen Stand und erarbeitet im Rahmen einer Stärken- und Schwächenanalyse (Analyse der Strength, Weaknesses, Opportunities and Threats; kurz: SWOT-Analyse) Kriterien für die Sicherung der Datenqualität.

Olaf Hofmann konzentriert sich in seinem Beitrag auf die Innovationszyklen und die aktuellen Entwicklungen in der Online-Marktforschung sowie ihre kritischen Folgen.

Andreas Czaplicki nimmt die Anwendung des GPS in der Markt- und Sozialforschung kritisch in den Blick und berichtet auch auf Grund von Erfahrungen in einer eigenen Studie über die Probleme, die sich bei Anwendung des GPS ergeben.

Qualitätssicherung ist ohne eine verbindliche Verankerung in den Berufsnormen und ohne die Einbeziehung der sich aus der Datenschutzgesetzgebung ergebenden Randbedingungen nicht konkret zu realisieren und im Bewusstsein der Forscher als selbstverständlicher Aspekt der Markt- und Sozialforschung nicht dauerhaft zu etablieren. Diesen Aspekten widmen sich Erich Wiegand und Ralf Tscherwinka in ihren Beiträgen. Erich Wiegand geht es in seinem Beitrag um die Entwicklung von Normen, die keine Technologie und Methode benachteiligen. Ralf Tscherwinka diskutiert sehr ausführlich, die Konsequenzen der bisherigen Rechtsprechung für unterschiedliche Aspekte der sozialwissenschaftlichen Forschungstätigkeit.

Frank Faulbaum   Matthias Stahl   Erich Wiegand

Die Weinheimer Tagungen
Geschichte der Zusammenarbeit zwischen akademischer und privatwirtschaftlicher Forschung

Matthias Stahl
GESIS — Leibniz-Institut für Sozialwissenschaften

Weinheim 1951: „Empirische Sozialforschung"

Immer wieder bei festlichen Anlässen gerne angesprochen und als Beginn der Zusammenarbeit zwischen akademischer und privatwirtschaftlicher Forschung angesehen, wird die legendäre erste gemeinsame Arbeitstagung von Sozialforschern zum Thema „Empirische Sozialforschung"[1]. Auf dieser Tagung trafen sechs Jahre nach Ende des Zweiten Weltkrieges nahezu alle führenden Markt-, Meinungs- und Sozialforscher erstmalig zusammen. Sie fand vom 14.-16. Dezember 1951 auf Einladung des amerikanischen „American High Commission (HICOG)" in Weinheim an der Bergstraße statt. Initiator war Leo Crespi, der in einer zweijährigen Vorbereitungszeit diese Tagung erst ermöglichte, worauf Leopold von Wiese in seiner Eröffnungsrede ausdrücklich hinwies. „Ohne seine Initiative und tatkräftige Lenkung der Vorbereitung und ohne die starke finanzielle Hilfe des Office of Public Affairs des HICOG wären wir heute nicht hier vereinigt" (von Wiese 1952, S. 23).

Wie Hans Sittenfeld vom Frankfurter Institut für Sozialforschung in seiner Einführung betonte, sollte das Ziel des Kongresses sein, „alle auf dem Gebiet der empirischen Sozialforschung in Deutschland tätigen Gruppen und Personen zu einem fruchtbaren Gespräch zu bringen und, wenn möglich, zu erreichen, daß ein solcher Gedankenaustausch im Rahmen eines

---

1 Institut zur Förderung Öffentlicher Angelegenheiten 1952

gemeinsamen Verbandes, mit Hilfe einer gemeinsamen Publikation usw. zu einer dauerhaften Einrichtung würde" (Sittenfeld 1952, S. 18).

Entsprechend prominent war die Liste der Teilnehmer und Teilnehmerinnen sowie der Referenten und Referentinnen. Die Teilnehmerliste[2] umfasste 129 Personen, die – bis auf wenige Medienvertreter und ausländische Gäste – aus den Bereichen der Wissenschaft, der Markt- und Meinungsforschung und – in geringer Zahl – von den Statistischen Ämtern auf kommunaler, Landes- und Bundesebene kamen.

Von Seiten der Wissenschaft seien stellvertretend die Professoren Leopold von Wiese, Theodor W. Adorno, F. Pollock, Erich Reigrotzki und Dietrich Goldschmidt genannt.

Die Markt- und Meinungsforschung war u.a. vertreten durch Julius Schwenzer, Wolfgang Ernst, Liselotte Aschpurwis, Elisabeth Noelle-Neumann, Ludwig von Friedeburg[3] und Friedrich Tennstädt, und Karl-Georg von Stackelberg.

Das Einleitungsreferat „Zur gegenwärtigen Stellung der empirischen Sozialforschung in Deutschland" hielt kein geringerer als Adorno. Das Hauptaugenmerk seines Vortrags lag in „der Stellung der empirischen Sozialforschung im öffentlichen Bewußtsein, ihrem Verhältnis zu Tendenzen der Gegenwart und von kritischen Einwänden (reden), denen sie immer wieder begegnet" (Adorno 1952, S. 27). Bemerkenswert ist dabei sein Plädoyer für die empirische Sozialforschung. „Die in Deutschland weit verbreitete Ansicht, empirische Sozialforschung erschöpfe sich in der Auszählung der bewussten Meinung von Individuen und übersehe dabei ungezählte Probleme, wie die Vagheit und Unverbindlichkeit solcher Meinung, aber auch die Differenzierungen, und die dynamischen Aspekte, denen sie individuell und gruppenweise unterliegt- diese Ansicht ist irrig" (Adorno 1952, S. 35). Und an anderer Stelle sagte er zum Verhältnis von Empirie und Theorie: „Nur ein Bruchteil des theoretisch Gedachten lässt sich in „research" Fragestellungen umsetzen. ... Durch die Empirie wird keineswegs die allgemeine, zugrundeliegende Theorie verifiziert. Wann immer man jedoch sich anstrengt, Theorien in „research" Fragestellungen zu verarbeiten, gewinnen

---

2 Institut zur Förderung Öffentlicher Angelegenheiten 1952.
3 50 Jahre später wird von Friedeburg auf der Tagung in Weinheim an die erste Arbeitstagung in seinem Vortrag erinnern.

die Daten selber einen veränderten Stellenwert. Sie beginnen zu sprechen" (Adorno 1952, S. 34).[4]

Im Anschluss an diesen Vortrag begann die erste von drei Fachsitzungen[5]. Fachsitzung eins befasste sich mit *Methodenanwendungen in den universitären sowie den privatwirtschaftlich organisierten[6] Instituten*. Das Themenspektrum reichte von „Politische und Soziale Meinungsforschung in Deutschland" (Erich Peter Neumann)[7], „Betriebsumfragen" (Dr. Habil Erich Reigrotzki)[8], „Zweck und Aufgaben der Hörerforschung" (Wolfgang Ernst)[9] bis hin zu „Ein Gebiet empirischer Marktforschung: Anzeigenbeobachtung" (Liselotte Aschpurwis)[10].

Die zweite Fachsitzung stand unter dem Oberthema *Sampling und Normen*. Zum Thema Sampling wurden zwei Vorträge gehalten, von denen sich der eine mit dem „Wesen, Wert und Grenzen des Stichprobenverfahrens für die empirische Sozialforschung" (Dr. Hans Kellerer) und der andere mit „Einige zusätzliche Bemerkungen über Wert und Grenzen repräsentativer Auswahlmethoden" (Dr. Ulrich Jetter) befasste. Es ging in beiden Vorträgen um das bis heute umstrittene Thema „Zufallsstichproben" versus „Quoten"-Stichprobe. Als Vertreter der akademischen Seite vermied es Kellerer, das Quotenverfahren unter den Begriff der Stichprobe zu fassen, während Jetter als Vertreter der Marktforschung und als Mitarbeiter des Instituts für Demoskopie, Allensbach eine Lanze für den Einsatz des Quotenverfahrens brach[11].

---

4   Ausführlicher hierzu und zu den unterschiedlichen Stellungen der damaligen Vertreter der Sozialwissenschaften: Weischer 2004.
5   Insgesamt wurden 21 Vorträge gehalten. Im Folgenden hat der Verfasser eine Auswahl nach Themenspektrum und unter dem Gesichtspunkt der heutigen Aktualität vorgenommen.
6   In seiner Einführung werden diese von Julius E. Schwenzer als praktische Institute bezeichnet.
7   Institut für Demoskopie, Allensbach
8   UNESCO- Institut für Sozialwissenschaften, Köln
9   Gründete mit seiner Frau Renate INFRATEST, München, dem heutigen TNS-INFRATEST.
10 Sie machte sich 1970 mit BIK Aschpurwis (heute BIK Aschpurwis+Behrens) selbständig.
11 Eine Zusammenfassung der Kritikpunkte am Quota-Verfahren geben Schnell, Hill, Esser 2011, S. 297.

In seinem Vortrag „Berufsnormen in der Marktforschung" stellte Clodwig Kapferer[12] einen Entwurf für eine Berufsordnung vor, die er als Grundlage einer weiterführenden Diskussion verstanden wissen möchte (von Friedeburg 2002, S. 25).

Schließlich widmete sich die dritte Fachsitzung den *Erhebungs- und Auswertungsverfahren*[13]. Aus den neun Referaten der dritten Fachsitzung sei auf den Vortrag von Ludwig von Friedeburg[14] „Zur Frage der Verweigerungen bei Umfragen mit Quoten-Stichproben" hingewiesen, ein bis heute hochaktuelles Thema, zu dem bislang in Deutschland nur wenige Untersuchungen existieren (Schnell 1997). Von Friedeburg berichtete, dass von fünf monatlich durchgeführten allgemeinen Bevölkerungsumfragen im Jahr 1951 die durchschnittliche Verweigerungsrate 15% betrug, wobei die *statistische Zusammensetzung* der Verweigerer sich nicht von der der Befragten unterschied (Friedeburg 1952)[15]. Eine Ausschöpfungsquote von 85% in allgemeinen Bevölkerungsumfragen erscheint aus heutiger Sicht unglaublich, vergegenwärtigt man sich, dass bspw. die Ausschöpfungsquote der Allgemeinen Bevölkerungsumfrage der Sozialwissenschaften (ALLBUS) 2010 nur noch 33% beträgt, also Zweidrittel der Befragten zu den Unit-Nonresponse zählen. In seinem Beitrag des Jahres 2001 „Wie war das damals" erinnerte sich von Friedeburg, dass die Auswahl der zu Befragenden zu der deutlichsten Kontroverse auf der Tagung führte. Dagegen stand „im Kontrast zu den inhaltlichen und methodischen Diskrepanzen die einhellige Überzeugung der Teilnehmer, dass die empirische Sozialforschung soziale, politische und wirtschaftliche Probleme der deutschen Gesellschaft zu erhellen und damit die Entwicklung der Demokratie zu unterstützen vermöge"[16].

Die Teilnehmer des Kongresses waren von der Tagung so angetan, dass sie noch an Ort und Stelle einen Programmausschuss einsetzten, der bereits für das kommende Jahr eine weitere Tagung organisieren sollte.

---

12 Der Wirtschaftswissenschaftler Clodwig Kapferer gilt als Pionier auf den Gebieten Marktforschung, Exportförderung und Entwicklungshilfe.
13 „Das eine oder andere Referat könnte man heute erneut abdrucken – und kaum jemand würde vermuten, dass es 47 Jahre alt ist". So Wolfgang Schäfer, einem Teilnehmer der Weinheimer Tagung in seinen Erinnerungen (Schäfer/Miller 1998).
14 Fünfzig Jahre danach fesselte von Friedburg die Zuhörer mit seinen Erinnerungen über diese Tagung (Friedeburg 2002).
15 Institut für Demoskopie, Allensbach
16 Friedeburg 2002

Heidelberg 1981:
„Empirische Sozialforschung in der modernen Gesellschaft"

In der Folge blieben die in Weinheim geknüpften Kontakte zwischen universitären und nichtuniversitären Sozialforschern bestehen. Man traf sich auf Tagungen und konsultierte sich bei auftretenden Problemen, aber es sollte bis 1981 dauern, ehe ASI und ADM erneut eine gemeinsame Standortbestimmung der empirischen Sozialforschung versuchten. Die Tagung fand im Oktober 1981 statt, allerdings nicht in Weinheim sondern in Heidelberg, jedoch mit explizitem Bezug zu der Tagung von 1951. An ihr nahmen 300 Teilnehmer teil, von denen Frau Dr. Elisabeth Noelle-Neumann, Günther Benad, Wolfgang Ernst, Lothar Herberger, Dr. Ulrich Jetter, Dr. Julius Schwenzer und Dr. Hans Sittenfeld bereits an der Tagung 1951 teilnahmen.

Der Tagungsband[17] beginnt mit einem Beitrag von Max Kaase, Werner Ott und Erwin K. Scheuch, der in einer systematischen Analyse der Rolle der Empirischen Sozialforschung in der modernen Gesellschaft bestand. Der Beitrag wurde erst nach der Tagung angefertigt.

Kaase, Ott und Scheuch kommen in ihrem Beitrag zu der Einschätzung, dass sich seit der ersten Weinheimer Tagung die empirische Sozialforschung in Deutschland sowohl in den privatwirtschaftlich verfassten Forschungsinstituten wie im universitären Bereich etabliert hat und auf sicherem methodischen wie technischen Grund steht. Gleichwohl mahnen die Autoren an, dass aus „wissenschafts- und forschungsinterner" Perspektive kein Anlass zu besonderer Zufriedenheit besteht, wenn nicht eine Bereitschaft zum offenen Gedankenaustausch und zur Zusammenarbeit von Sozialwissenschaftlern aus den unterschiedlichsten Bereichen vorhanden sei. Aus heutiger Sicht weit vorausschauend wiesen sie daraufhin, dass das Instrument der telefonischen Befragung eine wirkliche Alternative zur mündlichen Befragung werden könnte (Kaase/Ott/Scheuch 1983)[18]. Heute lässt sich aber auch feststellen, dass dreißig Jahre später eine zum damaligen Zeitpunkt nicht existierende Datenerhebungstechnik, die der internetgestützten Befragungen, mittlerweile häufiger eingesetzt wird als telefoni-

---

17 Kaase/Ott/Scheuch 1983
18 Laut Auskunft des ADM betrug der Anteil der Telefoninterviews 1998 41% und lag damit erstmalig um 2 Prozentpunkten über den persönlichen Interviews mit 39%. Bis zum Jahre 2010 sank der Anteil der persönlichen Interviews auf 21%, der Anteil von telefonischen Interviews auf 35% und der schriftlichen Interviews auf 6% (ADM, Jahresbericht 2010).

sche Befragungen[19]. In ihrem Beitrag wiesen sie auch auf Probleme für die Sozialforschung hin, die sich aufgrund der Entwicklung des Datenschutzes ergeben können. Datenschutz und Umfrageforschung werden - so viel sei an dieser Stelle bereits gesagt - zu einem zentralen Diskussionspunkt in den folgenden Weinheimer Tagungen.

In seiner Eröffnungsansprache verglich der frühere Bundespräsident Walter Scheel, vor dreißig Jahren selbst Leiter eines Umfrageinstituts, die Bedeutung der Sozialforschung für die Demokratie mit der Bedeutung einer freien Presse. Er beklagte das Unverständnis in Politik und Wirtschaft gegenüber der tatsächlichen Wirkung von Umfrageforschung. Erst durch Umfragen würde es möglich, die Verzerrungen im Eindruck über öffentliche Meinung zu korrigieren, die sich aus den Medien ergäben. Bei der Anwendung des ersten deutschen Datenschutzgesetzes von 1977 betonte er auf der einen Seite Datenschutz als unverzichtbaren Bestandteil der Demokratie. Auf der anderen Seite lebt „die Freiheit der Forschung aber in unserer Verfassung ebenso im Range eines Grundrechts". „Den Sozialforschern ergehe es paradox", sagte Walter Scheel, „Die Sozialforscher gehörten zu den ersten, die diesen Schutz forderten. Doch nun müssen sie, wie Goethes Zauberlehrling erkennen: Herr, die Not ist groß! / Die ich rief, die Geister, / werd' ich nun nicht los" (Scheel 1983, S. 41).

Walter Leisler Kiep forderte in seinem Vortrag „Empirische Sozialforschung und Politik" eine bessere Kooperation von Sozialforschern und Politik. Es gehe weder an, dass der Sozialforscher als Technokrat dem Politiker seine Arbeit abnehme, noch könne er diesem widerspruchslos den Umgang mit den Ergebnissen seiner Forschung überlassen. „Es besteht kein Zweifel, daß jedes Beratungsverhältnis ein Vertrauensverhältnis sein muß. ... Beide müssen von vorneherein in einem Klima der Offenheit und des Vertrauens miteinander reden, sonst ist die politische Beratung durch die Empirische Sozialforschung wertlos" (Kiep 1983, S. 53).

In seinem Vortrag „Umfrageforschung – auch in Zukunft der ‚Königsweg' der empirischen Sozialforschung?" warnte Marin Irle davor, dass die Umfrage zwar ein besonders wichtiges Mittel der Auskunft über unsere Wirklichkeit sei. Diese dürfe aber nicht in Unkenntnis der anderen Arten von Sozialforschung betrieben werden (Irle 1983).

---

19 Der Anteil der Online-Interviews liegt aktuell bei 38%. Damit übersteigt er erstmals den Anteil der Telefoninterviews, so die Zahlen des ADM im Jahresbericht 2010.

Das Abschlussreferat zum Thema „Sozialer Wandel und empirische Sozialforschung" hielt Professor Karl Deutsch (Havard University, USA), der in der Entwicklung der empirischen Sozialforschung ein gewaltiges Potential für den Fortschritt sah. Für ihn gibt es zwei entscheidende Entwicklungen in der Sozialwissenschaft. Da seien zum einen die gewaltigen Fortschritte auf dem Gebiet der Statistik und der statistischen Methoden genannt. „Denken Sie an die Vielfalt der Korrelationen, denken Sie an Regressionsanalysen, denken Sie an Pfadanalysen, an Faktorenanalysen ..." (Deutsch 1983, S. 107). Zum anderen ist in den Methoden der Wissenschaft die Entwicklung der Theorie der Stichproben zu nennen. Durch diesen Fortschritt sei unser Wissen besonders schnell gewachsen in der sozialpsychologischen Forschung, der Erklärung politischen Verhaltens, bei der Eliteforschung und der Bürokratie. Sozialwissenschaften trage heute entscheidend zum ‚Markt der Ideen' bei. Kritisch setzte er sich mit dem Datenschutz auseinander. Teile davon schätzte er als fehlgeleitet ein. Der Datenschutz „schützt die Wirklichkeit der Gesellschaft vor den Sozialforschern" (Deutsch 1983, S. 108).

Vergleicht man die Beiträge dieser Tagung mit denjenigen von 1951, so fällt auf, dass – bis auf den Beitrag von Martin Irle und auch der nur eingeschränkt – eine Diskussion der methodologischen, theoretischen und technischen Entwicklungen in der empirischen Sozialforschung ausblieb. Vielleicht ist die damalige Auswahl an Themen und Referenten dem Umstand geschuldet, dass – wie Max Kaase in seiner Begrüßung feststellte – „die Empirische Sozialforschung bis heute der Kritik sowohl derjenigen ausgesetzt (ist), die ihr in letzter Konsequenz eine Aushöhlung der von den Vätern des Grundgesetzes bewußt geschaffenen Repräsentativverfassung vorwerfen, als auch derjenigen, die ihr die Bereitstellung von Herrschaft und Manipulationswissen für privilegierte Gruppen in unserer Gesellschaft anlasten" (Kaase 1983, S. 27-28) und die Tagung mit den beiden oben genannten Politikern und dem Beitrag von Deutsch diesen Vorwürfen entgegentreten wollte.

Weinheim 2001: „Fünfzig Jahre nach Weinheim"

Das 50 jährige Jubiläum der „Weinheimer Tagung" war Anlass einer erneuten Tagung der akademisch und privatwirtschaftlich organisierten Markt- und Sozialforscher in Weinheim. Von den ehemaligen Teilnehmern konnte der ASI-Vorstandsvorsitzende Professor Heinz Sahner Frau Liselotte Aschpurgis, Günther Benad und Ludwig von Friedeburg begrüßen. Frau

Professorin Uta Gerhardt las ein Grußwort von Professor Crespi vor, ohne dessen Engagement die 1951 Tagung nicht hätte stattfinden können. Der erste Teil der Tagung war der Retrospektive gewidmet. Zunächst schilderte von Friedeburg in seinem Beitrag „Wie war das damals?" den Zuhörern eindrucksvoll von den Vorträgen, den sich anschließenden Diskussionen und der damaligen Atmosphäre in Weinheim. Frau Uta Gerhardt rekonstruierte in ihrem Beitrag „Der Einfluss der USA", welche Einflüsse anlässlich der damaligen Tagung wirkten. Für sie war offenkundig, dass der Einfluss auf drei Stränge beruhte. „Aus den dreißiger Jahren stammte das Programm der Meinungsforschung, dem sich das Institut für Demoskopie widmete. In die Roosevelt-Ära gehörte das Bild der Demokratie, das Adornos Plädoyer für empirische Sozialforschung prägte. Nur die Surveyforschung war auf der Höhe der Zeit" (Gerhard 2002, S.47), wobei sie bedauerte, dass die Vertreter der Surveyforschung sich nicht an den Diskussionen beteiligten (Gerhard 2002). Erwin K. Scheuchs Vortrag „Der Aufstieg der empirischen Sozialforschung aus dem Geist des New Deal" schilderte den Ausbau von Forschungsmethoden, bedingt durch die Eingliederung der empirischen Forschung in staatliche Stellen. „Die Regierungsstellen gaben Bestandsaufnahmen in Auftrag, und Sozialforscher wurden feste Ratgeber" (Scheuch 2002, S. 56). Schließlich gab Frau Renate Köcher einen Rückblick über die Lebensverhältnisse von 1951-2001 mit Daten des Allensbacher Archivs.

Im zweiten Teil der Tagung beleuchtete Rudolf Sommer die Entwicklung der privatwirtschaftlich organisierten Marktforschung, während Ekkehard Mochmann die Entwicklung der Infrastruktur der akademisch organisierten Sozialforschung seit Anfang der 1950iger Jahre nachvollzog (Mochmann 2002). Während der Datenschutz auf der Heidelberger Tagung 1981 nur am Rande gestreift wurde, gab es auf dieser Tagung von Robert Schweizer, dessen Kanzlei die Interessen der privatwirtschaftlich organisierte Marktforschung vertritt, einen eignen Beitrag zu rechtlichen und ethischen Rahmenbedingungen der Umfrageforschung (Schweizer 2002). Ausführlich widmete er sich der Übermittlung von Forschungsdaten in personenbezogener Form an Auftraggeber. Im Zuge der Kundenzufriedenheitsforschung, dem Mystery Shopping und zu mikrogeographischen Datenbanken wird immer häufiger der Wunsch an Übermittlung personenbezogener Daten an die Institute herantragen. Diese Forderung widerspricht jedoch fundamental dem Anonymisierungsgebot, wonach sich die Markt- und Sozialforschung gegenüber dem Direktmarketing und ähnlichen Verkaufsaktivitäten vollständig abgrenzt[20].

Christian von der Heyde nahm in seinem Beitrag zu Stichprobenverfahren ausdrücklich auf die Tagung von 1951 Bezug. Er kam zu dem Ergebnis, dass „es praktisch keine neueren, damals noch nicht genannten Methoden der Stichprobenbildung gibt" (von der Heyde 2002, S. 141). Trotzdem habe sich in dieser Zeit viel getan. Hier seien zu nennen die F2F-Stichproben, die vor 50 Jahren aus den Einwohnermeldedateien gezogen wurden. Anfang der siebziger Jahre wurde die Arbeitsgemeinschaft ADM-Stichproben gegründet. Als Auswahlgrundlage für die persönlich-mündlichen Befragungen werden seit dieser Zeit die rund 80.000 sog. Wahlbezirke genommen. Mit zunehmender Telefondichte war es dann ab 1998 möglich, Telefonstichproben auf der Basis der von Gabler und Häder entwickelten Methode zu ziehen. Dieses erlaubt, „auch nicht in Verzeichnissen eingetragene Telefonanschlüsse in den ihnen zukommenden Proportionen repräsentativ abzubilden" (von der Heyde 2002, S. 144). Bezüglich der Ausschöpfungsquoten plädierte er für neue, weitere Qualitätsmaße neben der Ausschöpfungsrate. „Damit allein kommen wir aber nicht weiter, denn die Ausschöpfungsquote sinkt seit 50 Jahren kontinuierlich und hat ein Niveau erreicht, das in den theoretischen Konstrukten, die mit dem Zufallsprozess verknüpft sind, nicht mehr vorgesehen ist" (von der Heyde 2002, S. 147). Internet-basierte Stichproben als neueste Entwicklung in der Umfrageforschung sind für repräsentative Befragungen noch nicht geeignet, da – ähnlich wie in den Jahren der Telefoneinführung – die Bevölkerung noch nicht flächendeckend mit Internetanschlüssen versorgt seien. Trotz dieses Grundproblems sahen Hella Glagow und Thomas Lanninger in ihrem Beitrag Chancen Entwicklungen, die bei einer zunehmenden Penetration der Internetzugänge in die Bevölkerung wahrscheinlich eintreten. Dazu gehören u.a. die Schnelligkeit der Erhebungsform, der Wegfall von Feldkosten, der Einsatz multimedia- und hyperlinkfähiger Vorlagen und der Wegfall unerwünschter Intervieweinflüsse.

In seinem Schlusswort zog der Vorsitzende des Bundes Deutscher Markt- und Sozialforscher (BVM) Gerhard Breunig folgendes Fazit: „Es wurde in den letzten 50 Jahren in Deutschland eine funktionierende Infrastruktur zur Produktion empirischer Forschungsergebnisse aufgebaut; dies gilt für

---

20 Zum aktuellen Stand siehe den Beitrag von Dr. Tscherwinka „Datenschutz und Umfrageforschung" in diesem Band.

die universitäre, für die kommerzielle wie auch für die amtliche Forschung und Statistik" (Breunig 2002, S. 183).

Worms 2011: „Qualitätssicherung in der Umfrageforschung"

Aus organisatorischen Gründen war ein erneutes Treffen in Weinheim nicht möglich. Worms jedoch liegt räumlich ganz in der Nähe, sind es doch von hier bis Weinheim knapp 40 Kilometer. Der vorliegende Band enthält nahezu (bis auf drei) alle Beiträge, die während der Tagung gehalten wurden. Im Vergleich zu den vorangegangenen Tagungen konnten die Veranstalter keine Teilnehmerin bzw. Teilnehmer von 1951 mehr begrüßen.

Die vorliegenden Beiträge spiegeln die Breite der Themenbereiche der heutigen Markt- Meinungs- und Sozialforschung wieder, unter besonderer Berücksichtigung der immer bedeutsameren Qualitätssicherung in der Umfrageforschung. Hierzu zählen die Beiträge von Marek Fuchs (Der Einsatz neuer Technologien in der Umfrageforschung und die Auswirkungen auf die Datenqualität), Marcel Das (Innovation in Online Data Collection for Scientific Research: The Dutch MESS Project), Erich Wiegand (Berufsnormen und Qualitätssicherung) und Beatrice Rammstedt (Probleme der Qualitätskontrolle und -sicherung in internationalen Umfrageprojekten).

Den Einführungsvortrag hielt Max Kaase, der sich u.a. mit Aspekten der konkreten Zusammenarbeit zwischen universitärer Sozialwissenschaft und privatwirtschaftlich verfasster Sozial- und Marktforschung, den Methodeninnovationen und der Forschungsinfrastruktur der Sozialwissenschaften seit Weinheim 1951 beschäftigte. Den Herausforderungen für die Markt- und Meinungsforschung durch die Neuen Medien widmen sich die Beiträge von Hartmut Scheffler (Social Media: Bedeutung und Herausforderung für die Markt- und Meinungsforschung), Andreas Czaplicki (GPS in der Markt- und Sozialforschung – Herausforderungen und Chancen) und Olaf Hofmann (Entwicklungen in der Online-Forschung: Vom ungeliebten Spross zum Allheilmittel). Ralf Tscherwinka geht in seinem Beitrag ausführlich auf die „Herausforderungen und Chancen beim Zusammentreffen von Datenschutz und Umfrageforschung aus rechtlicher Sicht" ein.

Literatur

ADM Arbeitskreis Deutscher Markt- und Sozialforschungsinstitute e.V. (o.J.), Jahresbericht 2010.

Adorno, Theodor W. (1952): Zur gegenwärtigen Stellung der empirischen Sozialforschung. In: Institut zur Förderung Öffentlicher Angelegenheiten (Hrsg.): Empirische Sozialforschung. Meinungs- und Marktforschung – Methoden und Probleme. Frankfurt am Main: Institut zur Förderung Öffentlicher Angelegenheiten, S. 27-39.

Breunig, Gerhard (2002): Empirische Markt- und Sozialforschung: Antworten und Fragen Schlusswort. In: Sahner, Heinz (Hrsg.): Fünfzig Jahre nach Weinheim: Empirische Markt- und Sozialforschung gestern, heute, morgen. Baden-Baden: Nomos Verlagsgesellschaft, S. 183-184.

Deutsch, Karl W. (1983): Sozialer Wandel und empirische Sozialforschung. In: Kaase, Max, Werner Ott, Erwin K. Scheuch (Hrsg.): Empirische Sozialforschung in der modernen Gesellschaft. Frankfurt/New York: Campus, S. 99-113.

Gerhardt, Uta (2002): Zum Einfluss der USA. In: Sahner, Heinz (Hrsg.): Fünfzig Jahre nach Weinheim: Empirische Markt- und Sozialforschung gestern, heute, morgen. Baden-Baden: Nomos Verlagsgesellschaft, S. 28-49.

Köcher, Renate (2002): Lebensverhältnisse 1951 – 2001. Ein Rückblick mit Daten des Allenbacher Archivs. In: Sahner, Heinz (Hrsg.): Fünfzig Jahre nach Weinheim: Empirische Markt- und Sozialforschung gestern, heute, morgen. Baden-Baden: Nomos Verlagsgesellschaft, S. 59-73.

Friedeburg, Ludwig von (1952): Zur Frage der Verweigerungen bei Umfragen mit Quotenstichproben. In: Institut zur Förderung Öffentlicher Angelegenheiten (Hrsg.); Empirische Sozialforschung. Meinungs- und Marktforschung – Methoden und Probleme. Frankfurt am Main: Institut zur Förderung Öffentlicher Angelegenheiten, S. 190-194.

Friedeburg, Ludwig von (2002): Wie war das damals? Zur Erinnerung an die erste Arbeitstagung über empirische Sozialforschung in der Bundesrepublik. In: Sahner, Heinz (Hrsg.): Fünfzig Jahre nach Weinheim: Empirische Markt- und Sozialforschung gestern, heute, morgen. Baden-Baden: Nomos Verlagsgesellschaft, S. 23-27.

Institut zur Förderung Öffentlicher Angelegenheiten (Hrsg.) (1952): Empirische Sozialforschung. Meinungs- und Marktforschung – Methoden und Probleme. Frankfurt am Main: Institut zur Förderung Öffentlicher Angelegenheiten.

Irle, Martin (1983): Umfrageforschung – Auch in Zukunft der „Königsweg" der empirischen Sozialforschung. In: Kaase, Max; Werner Ott; Erwin K. Scheuch (Hrsg.): Empirische Sozialforschung in der modernen Gesellschaft, Frankfurt/New York: Campus, S. 55-67.

Kaase, Max; Werner Ott; Erwin K. Scheuch (Hrsg.) (1983): Empirische Sozialforschung in der modernen Gesellschaft, Frankfurt/New York: Campus.

Kaase, Max (1983): Begrüssung und Eröffnung der Tagung durch den 1. Vorsitzenden der ASI. In: Kaase, Max; Werner Ott; Erwin K. Scheuch (Hrsg.): Empirische Sozialforschung in der modernen Gesellschaft, Frankfurt/New York: Campus, S. 27-29.

Kiep, Walter Leisler (1983): Emprische Sozialforschung und Politik. In: Kaase, Max; Werner Ott; Erwin K. Scheuch (Hrsg.): Empirische Sozialforschung in der modernen Gesellschaft, Frankfurt/New York: Campus. S. 45-53.

Heyde, Christian von der (2002): Probleme und Entwicklungstrends der Umfrageforschung – Stichprobenverfahren in der Umfrageforschung. In: Sahner, Heinz (Hrsg.): Fünfzig Jahre nach Weinheim: Empirische Markt- und Sozialforschung. gestern, heute, morgen. Baden-Baden: Nomos Verlagsgesellschaft, S. 141-148.

Mochmann, Ekkehard (2002): Die Infrastruktur der akademisch organisierten Sozialforschung. Entwicklung und Probleme. In: Sahner, Heinz (Hrsg.): Fünfzig Jahre nach Weinheim: Empirische Markt- und Sozialforschung. gestern, heute, morgen. Baden-Baden: Nomos Verlagsgesellschaft, S. 81-87.

Sahner, Heinz (Hrsg.) (2002): Fünfzig Jahre nach Weinheim: Empirische Markt- und Sozialforschung. gestern, heute, morgen. Baden-Baden: Nomos Verlagsgesellschaft.

Schnell, Rainer (1997): Nonresponse in Bevölkerungsumfragen. Ausmaß. Entwicklung und Ursachen. Opladen: Leske+Budrich.

Schnell, Rainer; Paul B. Hill; Elke Esser (2011): Methoden der empirischen Sozialforschung, 9. Auflage. München: Oldenbourg Verlag.

Schaefer, Wolfgang; Mungo Miller (1998): Schwierigkeiten der Umfrageforschung in den Fünfziger Jahren in Deutschland: Erinnerungen und Beobachtungen, ZUMA Nachrichten Nr. 43, November 1998, S. 8-35.

Scheel, Walter (1983): Empirische Sozialforschung im Dienste der Demokratie. In: Kaase, Max; Werner Ott; Erwin K. Scheuch (Hrsg.): Empirische Sozialforschung in der modernen Gesellschaft, Frankfurt/New York: Campus. S. 37-41.

Scheuch, Erwin K. (2002): Der Aufstieg der empirischen Sozialforschung aus dem Geist des New Deal. In: Sahner, Heinz (Hrsg.): Fünfzig Jahre nach Weinheim: Empirische Markt- und Sozialforschung gestern, heute, morgen. Baden-Baden: Nomos Verlagsgesellschaft, S. 50-58.

Schweizer, Robert (2002): Rechtliche und ethische Rahmenbedingungen der Umfrageforschung. In: Sahner, Heinz (Hrsg.): Fünfzig Jahre nach Weinheim: Empirische Markt- und Sozialforschung gestern, heute, morgen. Baden-Baden: Nomos Verlagsgesellschaft, S. 113-134.

Sittenfeld, Hans (1952): Zur Einführung. In: Institut zur Förderung Öffentlicher Angelegenheiten (Hrsg.): Empirische Sozialforschung. Meinungs- und Marktforschung – Methoden und Probleme. Frankfurt am Main: Institut zur Förderung Öffentlicher Angelegenheiten, S. 15-18.

Sommer, Rudolf (2002): Die privatwirtschaftlich organisierte Marktforschung – Entwicklungen und Optionen. In: Sahner, Heinz (Hrsg.), Fünfzig Jahre nach Weinheim: Empirische Markt- und Sozialforschung gestern, heute, morgen. Baden-Baden: Nomos Verlagsgesellschaft, S. 75- 79.

Weischer, Christoph (2004): Das Unternehmen ‚Empirische Sozialforschung' Strukturen, Praktiken und Leitbilder der Sozialforschung in der Bundesrepublik Deutschland. München: Oldenbourg Verlag.

Wiese, Leopold von (1952): Eröffnungsrede des Präsidenten der Arbeitstagung. In: Institut zur Förderung Öffentlicher Angelegenheiten (Hrsg.): Empirische Sozialforschung. Meinungs- und Marktforschung – Methoden und Probleme. Frankfurt am Main: Institut zur Förderung Öffentlicher Angelegenheiten, S. 23-26.

Empirische Sozialforschung in Deutschland
Entwicklungslinien, Errungenschaften und Zukunftsperspektiven

Max Kaase
Jacobs University Bremen

Ein erster Blick zurück

Die diesjährige gemeinsame Tagung von ADM und ASI soll an die langen Entwicklungslinien der deutschen Sozial- und Marktforschung im Nachkriegsdeutschland seit Anfang der fünfziger Jahre erinnern. Es erscheint dabei angemessen, mit der vom 14. bis 16. Dezember 1951 in Weinheim stattgefundenen Tagung „Empirische Sozialforschung", die erstmalig mehr als 100 Forscher aus allen Gebieten der damals jungen Markt- und Sozialforschung zu einem Gedankenaustausch zusammengeführt hatte, zu beginnen. Es ist außerordentlich verdienstvoll, dass die Vorträge und Zusammenfassungen der Diskussion in dem vom Institut zur Förderung öffentlicher Angelegenheiten e.V. herausgegebenen Buch „Empirische Sozialforschung. Meinungs- und Marktforschung. Probleme und Methoden" (1952) dokumentiert und damit auch heute noch zugänglich sind. Diesem Buch ist u.a. der demokratietheoretische Impetus zu entnehmen, der über die amerikanische Besatzungsmacht und vor allem seinen Repräsentanten Leo P. Crespi (a.a.O.) in die deutsche Entwicklung injiziert worden ist.

Von den Teilnehmern in Weinheim ist wohl niemand mehr am Leben; kürzlich starben erst Prof. Ludwig von Friedeburg und Prof. Elisabeth Noelle-Neumann. Interessant ist in der Retrospektive, dass schon auf dieser Tagung intensiv Organisations- und Verfassungsfragen der empirischen Sozialforschung im Nachkriegsdeutschland diskutiert worden sind. Ironisch anzumerken ist in diesem Zusammenhang, dass 30 Jahre vergehen mussten, bis die 1951 gegründete Arbeitsgemeinschaft Sozialwissenschaftlicher Institute e.V. (ASI) als Vereinigung universitärer und nichtuniversitärer wissenschaftlicher Forschungsinstitute und der 1955 gegründete Arbeitskreis Deutscher Marktforschungsinstitute (ADM; später Arbeitskreis Deutscher Markt- und Sozialforschungsinstitute) als einer Vereinigung privatwirtschaftlich verfasster Institute die erste Folgetagung zu Weinheim am 1. und 2. Oktober 1981 in Heidelberg organisierten, die in dem von Kaase, Ott und Scheuch 1983 im Campus-Verlag unter dem Titel „Empirische Sozialforschung in der modernen Gesellschaft" veröffentlichten Buch dokumentiert worden ist.

Dieses Bild wird vervollständigt durch den Hinweis, dass es dann, noch einmal zwanzig Jahre später, unter der selben organisatorischen Schirmherrschaft, am 25. und 26. Oktober 2001 und dieses Mal wieder in Weinheim, zu einer weiteren Erinnerungsveranstaltung unter dem Titel „Fünfzig Jahre nach Weinheim. Empirische Markt- und Sozialforschung gestern, heute, morgen" kam, die in dem von Sahner 2002 bei der Nomos Verlagsgesellschaft publizierten Band nachzulesen ist.

Bemerkenswerterweise stand bereits 1951 in Weinheim die Frage nach der Normierung von Qualitätsstandards der Sozialforschung und Professionsethik auf der Tagesordnung. Dass Elisabeth Noelle-Neumann sich während der Heidelberger Tagung 1981 daran erinnerte, mag einem Gefühl von Nostalgie geschuldet sein; nachvollziehen jedoch kann man ihre Aussage nicht, man sei heute „in dieser Richtung sicher keinen Schritt weiter" gekommen (Kaase/Ott/Scheuch 1983, S. 82), denn vor allem in England hatte die Marktforschung sich bereits früher als anderswo auf die Einführung von Qualitätsstandards geeinigt. Für die deutsche Marktforschung gilt jedoch in der Tat, wie Erich Wiegand als Geschäftsführer des ADM 2007 (S. 45-46) schrieb, dass sie erst relativ spät – 1999 – Regelungen zur Qualitätssicherung in der Markt- und Sozialforschung beschlossen hat (ADM/ ASI/BVM 1999). Heute sind diese Standards in der internationalen Norm ISO 20252 in Deutschland sanktionsbewehrt kodifiziert, welche die 2003 in Deutschland installierte Norm DIN 77500 abgelöst hat (siehe dazu Meulemann 2007, S. 252-258). Nach Auskunft des ADM sind 2011 in Deutschland wohl nur zwei Institute nach der Norm ISO 20256 und ein Institut nach der Norm ISO 26326 zertifiziert, eine interessante Beobachtung. International hat die Diskussion über best practices in der empirischen Sozialforschung bereits eine längere Tradition, wie z.B. der 1986 veröffentlichte „Code of Professional Ethics and Practices" und die 1997 veröffentlichten „Best Practices for Survey and Public Opinion Research" der American Association for Public Opinion Research (AAPOR) dokumentieren (Kaase 1999, S. 43-56, S. 140-142).

Hervorzuheben in diesem Zusammenhang ist auch die für die Deutsche Forschungsgemeinschaft unter dem Vorsitz des Autors in einer Arbeitsgruppe erstellte Denkschrift „Qualitätskriterien der Umfrageforschung", die im Akademie Verlag Berlin veröffentlicht worden ist, übrigens sowohl in deutscher als auch in englischer Sprache, um deren Reichweite zu erhöhen (Kaase 1999). Es ist bezeichnend, dass an der Denkschrift Repräsentanten aus unterschiedlichen Disziplinen und Organisationsformen der empirischen Sozialforschung mitgewirkt haben, ein gutes Beispiel für die Kooperation von ADM und ASI. In dem 2007 von ADM und ASI herausgegebenen Band „Qualitätsmanagement und Qualitätssicherung" schrieb Manfred Ehling (S. 18) über die Denkschrift, sie habe „maßgeblich dazu beigetragen, die sozialwissenschaftliche Qualitätsdebatte zu beleben". Auch wenn diese Feststellung nur schwer zu belegen sein dürfte, so ist doch unbestritten, dass sie die Kommunikation zwischen Sozialwissenschaftlern unterschiedlichster Provenienz und den Nachfragern ihrer Leistungen befördert haben dürfte, und zwar in zwei Richtungen. Zum einen hat Qualität in den in der Denkschrift behandelten Dimensionen, wenn diese denn beachtet werden, ihren Preis. Das ist eine durchaus marktrelevante Feststellung, wenn man bedenkt, dass im ADM nur 76 (Stand November 2011) der mehr als 180 in Deutschland tätigen Institute zusammengeschlossen sind und stets die Gefahr eines Verdrängungswettbewerbs über den Preis unter Außerachtlassung von Qualitätsstandards besteht. So ist es kein Zufall, dass Ernst-Ludwig Winnacker, seinerzeit Präsident der Deutschen Forschungsgemeinschaft, in seiner Einleitung zur Denkschrift schreibt, diese wende sich „an die Profession ebenso wie an Politik, Unternehmen, Öffentlichkeit und hier insbesondere die Massenmedien" (Kaase 1999, S. 2).

Übrigens ist keinesfalls selbstverständlich, dass unter akademischer Regie stattfindende Sozialforschung bereits a priori unter der Vermutung exzellenter Qualität stehen muss; sie ist genauso Adressat der Denkschrift wie außerhalb des Wissenschaftsbereichs durchgeführte Forschung. Als ebenso wichtig wie die Diskussion über Qualitätsstandards erwiesen sich in der Diskussion der Arbeitsgruppe daher die Forschungserfahrungen, die Vertreter der privatwirtschaftlich verfassten Einrichtungen einbrachten. Hier ist daran zu erinnern, dass, rein quantitativ gesehen, die akademische empirische Sozialforschung eine quantité négligeable gegenüber der Marktforschung darstellt. Denn von den geschätzten mehr als 2 Milliarden Umsatz 2008/9 der im ADM zusammengefassten deutschen Markt- und Sozialforschung stammen laut Frankfurter Allgemeine Zeitung (2008) rund 60 % aus der Konsumgüterforschung und 15 % aus der Pharmabrache, so dass bestenfalls 10 % auf die Wahl-, Medien- und Sozialforschung entfallen dürften.

Solche Zahlen legen die Interaktion von akademischen und privatwirtschaftlichen Forschungseinrichtungen auch in der Grundlagenforschung nahe. Allerdings ist es naiv anzunehmen, dass im Wettbewerb stehende private Institute beliebig Zeit und andere Ressourcen in Grundlagenforschung investieren können, es sei denn als Voraussetzung für Erfolge bei der Projekteinwerbung. Zwar gibt es bei den Instituten durchaus Unterschiede in der Bereitschaft zu einem entsprechenden Engagement. Dennoch vertritt der Autor die Auffassung, dass konkrete Forschungskooperationen generell nicht sehr ausgeprägt sind, obgleich sie im beiderseitigen Interesse wären. Um Bernhard von Rosenbladt (2008, S. 144) zu zitieren:

„Beide Seiten sollten erkennen, dass sie in einem Boot sitzen – in einem Boot auf bewegter See. Eine hochwertige Infrastruktur für anspruchsvolle umfragebasierte Sozialforschung ist teuer. Dass sie erhalten und weiter entwickelt wird, ist für die empirische wirtschafts- und sozialwissenschaftliche Forschung in Deutschland eine Existenzfrage."

Zur Wahrnehmung der empirischen Sozialforschung in der Öffentlichkeit

Die Markt- und Sozialforschung hat sich als eigenständiges Geschäftsfeld in Deutschland, wie schon gesagt, erst nach dem Zweiten Weltkrieg langsam etabliert. Dabei spielten vor allem in der Frühphase die amerikanische, aber auch – weniger wahrgenommen – die englische Besatzungsmacht eine große Rolle, wobei besonders die Amerikaner dieses Engagement neben der Befriedigung eigener Informationsbedürfnisse auch mit einem demokratietheoretischen Impetus – Rolle der Bürger im politischen Prozess – verbunden haben. Einen informativen Erfahrungsbericht aus dieser Zeit haben Wolfgang Schaefer, der von 1947 bis 1954 deutscher Mitarbeiter des Reactions Analysis Staff bei der amerikanischen Hohen Kommission war, und Mungo Miller 1998 veröffentlicht. Systematisch haben Uta Gerhard (2002) und Erwin K. Scheuch (2002) diese Entwicklung dann in ihren Beiträgen in dem Band über die ADM/ASI-Tagung „Fünfzig Jahre nach Weinheim" analysiert.

Die öffentliche Wahrnehmung der empirischen Sozialforschung, das zeigt ein Blick auf die Entwicklung in den USA, ist entscheidend durch das Interesse der Bürger befördert worden, möglichst schon vor einem Wahltag eine Prognose über den Ausgang vor allem nationaler Wahlen zu erhalten. Das dramatische Beispiel der Zeitschrift „Literary Digest", die ab den zwanziger Jahren des 20. Jahrhunderts den Ausgang einer ganzen Reihe von Präsidentschaftswahlen anhand eingesandter Millionen von Wahlzetteln der Leser zunächst erfolgreich prognostiziert hatte, dann aber bei der Präsidentschaftswahl 1936 in ihrer Prognose das Wahlergebnis vollkommen verfehlte, kann man mit einigem Fug und Recht als Geburtsstunde der systematischen, methodenfundierten Sozialforschung bezeichnen. Dies gilt um so mehr, als George Gallup ebenfalls 1936, damals anhand einer Quotenstichprobe, mit wenigen tausend Befragten das Wahlergebnis einigermaßen akkurat prognostiziert hatte.

Durchaus verständlich angesichts der Bedeutung von Wahlen im demokratischen Prozess, traf die sozialwissenschaftliche Analyse von Wahlen so bereits traditionell auf ein hohes und später über Prozesse der Mediatisierung von Politik kontinuierlich zunehmendes Interesse der Medien und Öffentlichkeit (Kaase/Pfetsch 2000).

Seit der Literary Digest-Affäre hat die Frage nach der Qualität von sozialwissenschaftlichen Studien und der erhobenen Daten Auftraggeber, Nutzer und vor allem die sozialwissenschaftliche Methodenforschung beschäftigt. Schon in den fünfziger Jahren hat es hierzu in den USA bahnbrechende Arbeiten gegeben, die nicht zuletzt durch die Wahlforschung angeregt worden sind. Zu nennen sind hier z.B. die Gruppe um den aus Österreich emigrierten Paul F. Lazarsfeld an der New Yorker Columbia University und die Wissenschaftler um Angus Campbell am Survey Research Center des Institute for Social Research ISR an der University of Michigan in Ann Arbor. Waren doch letztere die Einzigen – anders als z.B. George Gallup –, die bei der amerikanischen Präsidentschaftswahl 1948 den Wahlsieg von Truman mit einer relativ kleinen Zufallsstichprobe von Befragten richtig vorhergesagt hatten (Campbell/Kahn 1952).

In Deutschland haben Elisabeth Noelle-Neumann und ihre Mitarbeiter vom Institut für Demoskopie in Allensbach zumindest bis in die neunziger Jahre stets einen großen Öffentlichkeitseffekt erzielt, weil sie jeweils am Tag vor einer Bundestagswahl oder dem Tag der Wahl eine auf Umfragen beruhende Wahlprognose abgaben. Für die empirische Sozialforschung war dies von großer Bedeutung, weil gerade die Wahlforschung in der glücklichen – oder unglücklichen – Lage ist, fast als Einzige ihre Befunde zumindest im Feld der Wahlprognosen in kurzer Zeit mit dem „wahren" Wert – eben einem Wahlergebnis – konfrontiert zu sehen. Bekanntlich gehen solche Gegenüberstellungen nicht selten auch zuungunsten der Wahlforschung aus, wie immer wieder nach Wahlen aufflammende Kontroversen belegen, wenn erneut ein Institut mit seiner Prognose „daneben lag". Dennoch kann insgesamt festgestellt werden, dass nicht zuletzt wegen der Erfolge der Wahlforschung die Methoden und Verfahren der empirischen Sozialforschung in modernen Gesellschaften nicht mehr grundsätzlich in Frage gestellt werden (Scheuch 1999, S. 10).

Auch wenn die zeitliche Sequenz nicht mehr im Detail nachgezeichnet werden kann, so gibt es guten Grund zu der Annahme, dass mit der Öffnung von ARD und ZDF für eine empirisch fundierte Wahlberichterstattung durch das 1959 in Bad Godesberg durch Klaus Liepelt und andere gegründete, der SPD nahestehende Institut für angewandte Sozialwissenschaft (infas) für die ARD und die Mannheimer Forschungsgruppe Wahlen für das ZDF seit der Bundestagswahl 1965 auch das Interesse von Printmedien und nach ihrer Etablierung auch einiger privater Fernsehanstalten an gesellschaftlichen und politischen Problemstellungen und deren wissenschaftliche Untersuchung durch die Sozialforschung geweckt worden ist (für die historische Entwicklung der politischen Umfrageforschung in Deutschland siehe Kruke 2007). Galt doch für die Frühphase der Wahlforschung wegen der relativen Seltenheit verfügbarer Umfrageergebnisse und deren Konzentration auf die politischen Parteien sowie Regierungsstellen wie das Bundespresseamt ein häufig geäußerter Verdacht, mit dem gezielten „Durchsickern" solcher Ergebnisse solle die öffentliche Meinung manipuliert werden.

In diesem Zusammenhang ist der folgende Aspekt von besonderem Interesse. Es gelang nämlich zunehmend, den Bürgern den horse race-Charakter politischer Wahlen nahe zu bringen und sie damit politisch zu motivieren: Welche Parteien liegen zu einem gegebenen Zeitpunkt vor einer Wahl „vorne", und wer wird schließlich die Wahl gewinnen? Gleichzeitig kam es so auch zu einem Konkurrenzkampf der Forschungsinstitute und elektronischen Medien um die „besten" Ergebnisse und damit zu Methodendiskussionen und -innovationen. Inzwischen gehören die Prognosen und Hochrechnungen von ARD durch infratest dimap und des ZDF durch die Forschungsgruppe Wahlen zum bisher unverzichtbaren Bestandteil der abendlichen Berichterstattung über Landtags- und Bundestagswahlen. Hinzu kommt u.a. die Veröffentlichung von regelmäßig im Auftrag der ARD durch infratest dimap durchgeführten Repräsentativbefragungen bei Wahlberechtigten als „Deutschland-Trend" und das von der Forschungsgruppe Wahlen alle zwei Wochen durchgeführte Politbarometer, deren Ergebnisse übrigens auch von einigen Printmedien übernommen werden, als Teil der etablierten politischen Informationslandschaft in Deutschland.

Bei diesem Maß an öffentlicher Aufmerksamkeit ist die gelegentliche, demokratietheoretisch gespeiste Rückkehr zu Diskussionen der fünfziger Jahre fast untergegangen, ob die Ubiquität von politischen Befragungsergebnissen nicht noch stärker als früher einen negativen Einfluss auf die Qualität des demokratischen politischen Prozesses in dem Sinne besitze, dass verantwortungsbewusste politische Entscheidungen nicht zunehmend durch ein Schielen nach den Meinungen des kontinuierlich demoskopisch erfassten Souveräns ersetzt würden (die „klassische" Fundstelle zu dieser Problematik ist Hennis 1957; siehe auch Kaase/Pfetsch 2000), ein Problem, das bis heute immer wieder Anlass zu Kontroversen in Öffentlichkeit und Wissenschaft gibt und auch bei der ADM/ASI-Tagung 1981 eine Rolle gespielt hat (Kaase/Ott/Scheuch, S. 69-97).

Aspekte konkreter Zusammenarbeit zwischen universitärer Sozialwissenschaft und privatwirtschaftlich verfasster Sozial- und Markforschung

Es erscheint sinnvoll, zunächst einmal darauf hinzuweisen, dass diese Zusammenarbeit sowohl individuell als auch institutionell verfasst sein kann. Ein herausragendes frühes Beispiel individueller Kooperation stellt die Kölner Wahlstudie 1961 dar, die gemeinsam von Erwin K. Scheuch, Rudolf Wildenmann und dem leider früh verstorbenen Gerhard Baumert, einem der Direktoren des auf amerikanische Initiative hin gegründeten Frankfurter DIVO-Instituts, geleitet worden ist (Scheuch/Wildenmann 1965). Diese Kooperation ist nicht zuletzt deswegen hervorzuheben, weil die dort von Scheuch und Wildenmann gewonnenen Erfahrungen einen großen Einfluss auf die schließlich 1974 erfolgreichen Bemühungen hatten, in Mannheim 1974 mit der Gründung des Zentrums für Umfragen, Methoden und Analysen (ZUMA), das zunächst für dreizehn Jahre von der Deutschen Forschungsgemeinschaft (DFG) als Hilfseinrichtung der Forschung finanziert wurde, eine universitär kontrollierte Forschungsinfrastruktur für die empirischen Sozialwissenschaften zu schaffen. ZUMA ist übrigens 1986 zusammen mit dem Kölner Zentralarchiv für Empirische Sozialforschung und dem Bonner Informationszentrum Sozialwissenschaften in die Gesellschaft Sozialwissenschaftlicher Infrastruktureinrichtungen GESIS aufgegangen (Mochmann/

Scheuch 1987), die dann vor kurzem in Leibniz-Institut für Sozialwissenschaften umbenannt worden ist.

Der Gründung von ZUMA waren langwierige Verhandlungen, Sachdiskussionen und sogar eine Evaluation der Planung durch eine Gruppe renommierter internationaler Sozialwissenschaftler vorausgegangen. Zwar diente das Institute for Social Research an der University of Michigan in Ann Arbor in mancherlei Hinsicht als Blaupause für das Entwicklungskonzept von ZUMA. Es gab aber von Anfang an eine Einschränkung der Übertragbarkeit: Angesichts des bis in die frühen siebziger Jahre noch nicht sehr ausgeprägten Engagements der deutschen akademischen Sozialwissenschaft in Bezug auf systematische Methodenforschung und Großprojekte der Umfrageforschung (Scheuch 1999, S. 9) erschien es, anders als in den USA, nicht sinnvoll, bei ZUMA einen Interviewerstab aufzubauen, mit dem das Institut z.B. repräsentative Bevölkerungsumfragen hätte durchführen können. Da einerseits aber auch die Unterstützung und Durchführung solcher Umfragen zum Arbeitsprogramm des Instituts gehörten, ja geradezu mit raison d'être seiner Etablierung gewesen waren – siehe die Erfahrungen aus der Kölner Wahlstudie 1961 - und andererseits von Anfang an der Eindruck vermieden werden sollte, mit öffentlichen Mitteln in einen unfairen Wettbewerb mit der privatwirtschaftlich verfassten Sozial- und Marktforschung einzutreten, lag es auf der Hand, bereits bestehende fruchtbare Geschäftsbeziehungen der Universität Mannheim mit einigen privaten Instituten zu nutzen und den Zugang zu deren Feldressourcen über Kooperationsverträge zu sichern.

Zwei Institute zeigten sich seinerzeit an einer Zusammenarbeit mit ZUMA besonders interessiert: einerseits die Infratest Wirtschaftsforschung in München unter der Leitung von Yola Laupheimer, und andererseits das Bremer GETAS-Institut unter der Leitung von Hans-Jürgen Ohde und Barbara L. von Harder. An dieser Stelle ist es nicht notwendig, die Details der zwischen ZUMA und den beiden Instituten abgeschlossenen Verträge zu erörtern, die ihre Geltung für fast zwanzig Jahre behalten haben. Hier mag es genügen, darauf hinzuweisen, das auf diese Weise eine Vertrauensbasis hergestellt wurde, von der beide Seiten zu profitieren hofften und auch profitiert haben, die aber auch auf den gesamten Bereich der akademisch und der privatwirtschaftlich verfassten Sozialforschung ausstrahlte. Seit dieser institutionalisierten Zusammenarbeit für eine Periode von rund zwanzig Jahren ist viel Zeit vergangen. Dennoch bleibt es bei dem Befund, dass universitäre Großprojekte der Sozialforschung immer noch nur in der Kooperation mit privaten Instituten der Sozial- und Marktforschung möglich sind, weil es an einer entsprechenden Feldinfrastruktur seitens der universitären Forschung mangelt und man auch von dem reichen Erfahrungshintergrund dieser Institute bei der Durchführung von Projekten der Sozialforschung profitieren wollte.

An dieser Stelle soll noch einmal Bernhard von Rosenbladt zu Wort kommen (2008, S. 144):

„Die Sozialforscher in den gewerblichen Instituten ... können nicht zaubern. Man kann sich vorstellen, dass sie in ihren Instituten nicht unbedingt einen leichten Stand haben, wenn sie für ihre Projekte den Erhalt oder Ausbau kostenträchtiger Produktionsressourcen fordern und auf methodischen Verfahren mit hohem Qualitätsniveau (Kostenniveau) bestehen ... Ein konkretes Beispiel ist die Entwicklung der Interviewerstäbe für face-to-face-Befragungen. Jahrelang gingen die strategischen Planungen der Unternehmungen davon aus, dass man in diese Ressourcen nicht mehr investieren müsse und dass sie in nicht ferner Zukunft von kostengünstigeren Befragungsmedien wie Telefon und Internet abgelöst sein würden. Für weite Bereiche der Marktforschung und für die schnellen Standardumfragen trifft das auch weitgehend zu. Die sozialwissenschaftlichen Projekte erfordern vielfach jedoch weiterhin gut geschulte Interviewerstäbe für face-to-face-Befragungen."

Im Bereich der akademischen Sozialforschung gilt das u.a. für das technisch und methodisch äußerst anspruchsvolle „Sozio-oekonomische Panel" (SOEP) als Haushalts-Wiederholungsbefragung (seit 1982), Teile des 2006 begonnenen Großprojekts „Nationales Bildungspanel für die Bundesrepublik Deutschland" (NEPS), Teile der 2008 etablierten Längsschnittwahlstudie „German Longitudinal Election Study" (GLES), die von der Deutschen Forschungsgemeinschaft aus ihrem Langfristprogramm zunächst bis 2017 gefördert wird, ferner für die von ZUMA organisierte alle zwei Jahre stattfindende Allgemeine Bevölkerungsumfrage der Sozialwissenschaften (ALLBUS) sowie den ebenfalls zweijährig durchgeführten deutschen Teil des European Social Survey (ESS), eine auf Zufallsstichproben basierende Repräsentativbefragung der Wohnbevölkerung ab 16 Jahren in mehr als 25 europäischen Ländern. Auf einige dieser Untersuchungen und ihre Probleme soll später noch einmal zurückgekommen werden. Wer sich übrigens für eine umfassende Dokumentation Deutschland einschließender sozial- und wirtschaftswissenschaftlicher längsschnittlicher Datenerhebungen interessiert, sei auf den Anhang der Publikation des Wissenschaftsrats „Empfehlungen zu Forschungsinfrastrukturen in den Geistes- und Sozialwissenschaften" im Rahmen der umfassenden Publikation „Empfehlungen zu Forschungsinfrastrukturen" verwiesen, die neben der Druckversion auch auf der Webseite des Wissenschaftsrates im Internet als PDF-Datei zugänglich sind (Wissenschaftsrat 2011, S. 157-200).

An dieser Stelle erscheint ein erneuter Blick zurück zur Zusammenarbeit zwischen privat und öffentlich verfasster Sozialforschung interessant. Ein historisch aufschlussreiches Beispiel für die frühe Kooperation zwischen universitärer und privater Sozialforschung ist die auf eine Initiative von Wolfgang Ernst, seinerzeit Chef von Infratest, zurückgehende Etablierung einer informellen Gruppe akademischer und privatwirtschaftlicher Wahlforscher zu Beginn der siebziger Jahre mit dem Ziel, aktuelle Probleme der empirischen Wahlforschung zu erörtern. Der so entstandene stets informell gebliebene Arbeitskreis Empirische Wahlforschung (AEW) hat, zunächst unter der Leitung des Verfassers und dann des Mainzer Politikwissenschaftlers Jürgen W. Falter, bis in die späten neunziger Jahre bei seinen in der Regel zweimal im Jahr stattfindenden Treffen produktiv zusammengearbeitet und es auch erreicht, dass die in der AEW geführten Diskussionen und erreichten Forschungsergebnisse das Vertrauensverhältnis und auch die Kontakte außerhalb der turnusmäßigen AEW-Sitzungen zwischen akademischer und privater Wahlforschung sehr befördert haben. Anlass für die Gründung der AEW war übrigens die Beobachtung, dass es in Wahlumfragen vor allem in den späten sechziger und frühen siebziger Jahren immer wieder Probleme gab, mit Umfragen die realen Parteianteile bei Wahlen einigermaßen korrekt zu schätzen. So bleibt bis heute in Erinnerung, wie bei der Bundestagswahl 1965 am Wahlabend im ZDF um 18 Uhr auf der Bühne der Bonner Beethovenhalle von EMNID und vom Institut für Demoskopie Allensbach beim Notar hinterlegte Wahlprognosen geöffnet wurden und sich dabei ergab, dass das EMNID-Institut das Ergebnis falsch und Allensbach es korrekt vorhergesagt hatte, ein EMNID lange Zeit belastendes Ereignis (Kaase 1977, S. 461-462).

Diese und zahlreiche andere Beispiele konstruktiver Kooperation zwischen universitärer und privater Sozialforschung hatten unzweifelhaft ihre Basis in den guten Beziehungen zwischen Personen. Das darf jedoch nicht darüber über deren Fragilität hinwegtäuschen, denn z.B. Erwin K. Scheuch und Rudolf Wildenmann einerseits und Elisabeth Noelle-Neumann und Klaus Liepelt andererseits sind sich lange Zeit mit großem Misstrauen begegnet. Daher ist die institutionelle Kooperation zwischen ADM und ASI sicherlich von größerer Tragfähigkeit.

Sehr wichtig für die Institutionalisierung der Beziehungen zwischen ADM und ASI war die Debatte über das erste deutsche Datenschutzgesetz, in der durch gemeinsames Handeln der beiden Organisationen die zunächst vorgesehene Bestimmung, eine schriftliche Zustimmung der potentiellen Befragten zu jedem Interview zu fordern, abgewendet werden konnte, welche die Sozialforschung in ihren Grundlagen gefährdet hätte. Seither gibt es kontinuierliche Kontakte zwischen ASI und ADM auf der Arbeitsebene, die ihren Ausdruck nicht zuletzt in der Veranstaltung und Ergebnisveröffentlichungen von Arbeitstagungen, zum Teil zusammen mit dem Statistischen Bundesamt, über allgemeine Probleme der Sozialforschung finden.

Methodeninnovationen in der Sozial- und Marktforschung

Für manche Leser mögen die Reminiszenzen an die frühen sechziger Jahre einen allzu langen Blick zurück bedeuten, so zum Beispiel, dass der Verfasser zwischen 1962 und 1964 Daten der Kölner Wahlstudie 1961 für seine Dissertation über die Wechselwähler ausschließlich auf Lochkarten mit einer Lochkartenzählmaschine analysiert und die Ergebnisse mit einem Rechenschieber prozentuiert hat. Die zunehmende Verfügbarkeit von Großrechnern (sogenannte main frame computer) seit Mitte der sechziger Jahre hat dann nicht nur die Industrie, sondern auch die Forschung und damit ebenfalls die Sozialforschung revolutioniert. In dieser Phase profitierte vor allem die Datenanalyse von der Aufhebung der technischen Beschränkungen durch Lochkarten, aber mehr noch von der nun leichten Verfügbarkeit komplexerer Datenanalysetechniken in Programmpaketen wie dem Statistical Package for the Social Sciences (SPSS), das Verfahren wie die Regressions- oder Faktorenanalyse zu einem beliebig zugänglichen Werkzeug gemacht hat. Der entscheidende Durchbruch, der bis heute seine Bedeutung nicht verloren hat, ist allerdings erst mit der Entwicklung von immer leistungsfähigeren, die frühen main frame computer in ihren Kapazitäten inzwischen weit übersteigenden Kleincomputern (personal computers, laptops) gelungen, die in der Sozialforschung nun auch Stichprobenziehung, Datenerhebung (CAPI - computer assisted personal interviews, CATI - computer assisted telephone interviews) und ihre Kontrolle, Datenübermittlung und -analyse, Ergebnispräsentation und Datenspeicherung auf eine grundlegend neue Basis gestellt haben. Was sich aus neuesten Entwicklungen wie e-science, grid computing und cloud computing für die Zukunft der empirischen Sozialforschung ergeben wird, vermag der Verfasser mangels Sachkenntnis nicht angemessen zu beurteilen; wenn man Ekkehard Mochmann (2010) und seinem Beitrag im vom Rat für Sozial- und Wirtschaftsdaten (Rat SWD) 2010 herausgegebenen Buch „Building on Progress" folgt, werden sich allerdings in der Zukunft für die Arbeit der Sozialwissenschaftler grundlegend neue Perspektiven eröffnen.

Von besonderer Bedeutung für die Sozial- und Marktforschung sind unzweifelhaft Innovationen in den Formen der Datenerhebung. Die entsprechenden Entwicklungen haben sich in mehreren Schritten vollzogen. Ein erster Schritt war die zunehmende Verwendung des Telefons bei Befragungen, nachdem die technischen Voraussetzungen durch die flächendeckende Verfügbarkeit von Festnetz- und später auch mobilen Telefonanschlüssen geschaffen worden waren. Dem Jahresbericht 2010 des ADM ist zu entnehmen, dass 1990 22 % der Interviews telefonisch durchgeführt wurden; diese Zahl erreichte ihren Höhepunkt 2005 mit 45 % und ist im Jahr 2010 auf 35 % gefallen. Der Übergang zu Telefoninterviews ist nicht zuletzt durch die hohen und steigenden Kosten von face-to-face-Interviews, aber auch durch die wesentlich leichtere technische Implementierbarkeit angetrieben worden (aus den USA wird berichtet, dass inzwischen ein Telefoninterview etwa ein Zehntel der Kosten eines face-to-face-Interviews verursacht).

Die Daten des ADM belegen in der Tat, dass die wachsende Zahl von Telefoninterviews auf Kosten der Abnahme der Bedeutung von face-to-face-Interviews zustande gekommen ist. Denn laut ADM waren 1990 65 % der durchgeführten Interviews persönliche Befragungen, während deren Anteil 2010 noch bei 21 % lag, ein in der Tat dramatischer Rückgang. Welche inhaltlichen und methodischen Konsequenzen dieser Wandel für die Sozial- und Marktforschung gehabt hat, kann an dieser Stelle nicht im Detail erörtert werden. Kritisch hervorzuheben ist zum einen, dass gerade für komplexe sozialwissenschaftliche Untersuchungskonzepte eine Implementierung in Telefonumfragen nur schwer, wenn überhaupt möglich ist, ein Umstand, der möglicherweise zu einer inhaltlichen Verarmung in der akademischen Sozialforschung geführt hat und weiter führen könnte. Hinzu kommt, dass es inzwischen Institute und Länder gibt, die überhaupt nicht mehr über die personellen, administrativen und technischen Ressourcen verfügen, um face-to-face-Interviews durchführen zu können. Dies ist ein großes Problem zum Beispiel für die international vergleichende Umfrageforschung beim European Social Survey, der für alle teilnehmenden Länder persönliche Interviews verlangt.

Und schließlich hat, wie schon ausgeführt, die flächendeckende Versorgung der Bevölkerung mit Telefonanschlüssen zwar den Siegeszug der

Telefoninterviews überhaupt erst möglich gemacht. Inzwischen haben jedoch im Telefonbereich außerordentliche Veränderungen stattgefunden. So herrscht laut JIM-Studie 2010 in Haushalten, in denen Kinder im Alter von 12 bis 19 Jahren leben, nicht nur eine Handy-Komplettversorgung – übrigens auch für die Jugendlichen; sondern jeder dieser Haushalte verfügt im Durchschnitt über vier Handys (Medienpädagogischer Forschungsverbund Südwest 2010, S. 6–8). Diese Ausstattungsänderungen im Telefonbereich – hinzu tritt als ein weiteres Problem die zunehmende Internettelephonie etwa mit Skype - haben sich so als eine große Herausforderung für die Erstellung valider Stichprobendesigns für Telefonumfragen erwiesen.

Die Frage ist also durchaus berechtigt, ob Telefonumfragen für die Zukunft noch ein „Königsweg" der Umfrageforschung bleiben werden, was ja lange Zeit vermutet worden war.

Denn die folgenreichste Veränderung im Bereich der Erhebungsmethoden stellt die rapide steigende Zahl von Online-Interviews dar, die, nimmt man die ADM-Zahlen als Ausgangspunkt, nicht nur zu einer Viertelung von schriftlichen Interviews zwischen 2000 und 2010 von 22 auf 6 % geführt haben, sondern von 3 % 2000 auf 38 % 2010 gestiegen sind. Es ist bezeichnend für die Offenheit von ADM und ASI für neue Entwicklungen in den Sozialwissenschaften, dass beide Organisationen zusammen mit dem Statistischen Bundesamt bereits am 26. und 27. Juni 2003 in Wiesbaden eine gemeinsame wissenschaftliche Tagung zu Online-Erhebungen durchgeführt haben, deren Beiträge umgehend vom Informationszentrum Sozialwissenschaften als „Sozialwissenschaftliche Tagungsberichte Band 7" veröffentlicht worden sind.

Ähnlich wie in der Frühphase der Telefoninterviews stellt sich natürlich bei den Online-Interviews im Augenblick zunächst einmal in nationaler Perspektive die Frage nach der Ausstattung der Haushalte mit Internetzugang in Deutschland. Nach dem Onliner Atlas 2011 der Initiative D21 nutzen 2011 rund drei Viertel der deutschen Bevölkerung im Alter ab 14 Jahren das Internet, sind also im Prinzip für Online-Befragungen zugänglich. Allerdings zeigt der Atlas, und das ist natürlich für die Anforderungen von Repräsentativbefragungen von Bedeutung, einen innovationstheoretisch nicht unerwarteten Gradienten der Nutzung nach Alter (jung), Einkommen (hoch) und Schulbildung (hoch). Online-Repräsentativbefragungen der Bevölkerung aller Altersgruppen (z.B. der Wahlberechtigten bei Bundestags- oder Landtagswahlen) auf der Grundlage von Zufallsstichproben sind also zur Zeit unter normalen Infrastrukturbedingungen noch nicht möglich, selbst wenn sich die Nutzung in den nichtaktiven Gruppen kontinuierlich, wenn auch langsam ausbreitet. Und neben dieser statistischen Problematik darf nicht vergessen werden, dass die Bereitschaft und vor allem die Fähigkeit, mit sozialwissenschaftlichen Umfragen am Bildschirm kompetent umzugehen, eine weitere zentrale Komponente in der Bewertung der Bonität der per Online-Befragungen gewonnenen Daten darstellt.

Daher soll an dieser Stelle ausdrücklich auf das holländische MESS-Projekt und vor allem auf das LISS-Panel (Longitudinal Internet Studies in the Social Sciences) hingewiesen werden, eines der innovativsten Forschungsvorhaben in der sozialwissenschaftlichen Online-Forschung. Dabei handelt es sich um eine Zufallsstichprobe von rund 5.000 holländischen Haushalten, die – und das macht ihre Qualität aus – in Zusammenarbeit mit Statistics Netherlands – aus den Bevölkerungsregistern gezogen worden ist und in regelmäßigen Abständen zu unterschiedlich Themen online befragt wird. Da auch in den Niederlanden eine flächendeckende Versorgung mit Internetzugang noch nicht gewährleistet ist, sind die Stichprobenmitglieder ohne einen solchen Zugang auf Kosten von LISS mit einer Computer Hard- und Software sowie mit persönlichen Beratungsoptionen bei Nutzungsschwierigkeiten ausgestattet worden, um die Repräsentativität der Stichprobe sicherzustellen. Es liegt auf der Hand, dass der Panelcharakter der Studie – befragt wird einmal pro Monat zwischen 15 und 30 Minuten zu unterschiedlichen Themenbereichen – ein außerordentliches Analysepotential besitzt.

Dem Verfasser ist nicht bekannt, dass es zur Zeit in Deutschland im akademischen wie auch im privatwirtschaftlichen Bereich eine Untersuchung von vergleichbarem Anspruch und vergleichbarer Qualität gibt. Vielmehr wird in der Online-Forschung vor allem mit sogenannten Access Panels gearbeitet, die Institute auf unterschiedliche Weise erstellen und die sämtlich mit dem Problem der Selbstselektion der Teilnehmer behaftet sind. Damit ist gemeint, dass in den Gesamtbestand dieser Access Panels nur solche Personen eingehen, die sich über normale Institutsbefragungen oder andere Wege bereit erklären, für Online-Befragungen, in der Regel gegen ein Honorar oder vergleichbare Anreize, zur Verfügung zu stehen. Selbst wenn Untersuchungen auf der Grundlage solcher Datenbasen per Quotierung relevanter Bevölkerungsmerkmale bei der Auswahl der Teilnehmer den Anschein von Repräsentativität erwecken, ist damit natürlich das Problem der Selbstselektion nicht gelöst.

Dass es sich dabei um ein bedeutsames Problem handelt, belegt eine Untersuchung von Chang und Kosnick (2009). In dieser Methodenstudie haben die Autoren die Repräsentativität und Antwortqualität von aus drei unterschiedlichen Erhebungsmethoden gewonnenen Daten einer nationalen Bevölkerungsstichprobe verglichen: einer RDD-Telefonstichprobe, einem Access Panel und einem von der Firma Knowledge Networks etablierten Panel, dass auf der RDD-Technik beruhte und, wie bei LISS in den Niederlanden, Haushalte ohne Internetzugang kostenlos mit den notwendigen Geräten ausstattet. Die Befragungen fanden im Zusammenhang mit der Präsidentschaftswahl 2000 statt und wurden in zwei Wellen durchgeführt, einer Welle vor Beginn des Wahlkampfs und einer Welle nach der Wahl.

Ein Hauptergebnis der Untersuchung war, dass „internet data collection from a probability sample yields more accurate results than do telephone interviewing and internet data collection from nonprobability samples" (a.a.O., S. 641-642). Ein Grund dafür ist, dass die aus dem Access Panel stammenden Befragten in Bezug auf das Befragungsthema überdurchschnittlich kenntnisreich und interessiert waren, eine Bestätigung bisheriger Forschungsergebnisse von Internetstudien. Und schließlich muss hervorgehoben werden, dass die Stichprobenausschöpfung beim auf einer Zufallsstichprobe beruhenden Internetpanel deutlich niedriger (25 %) als bei der Telefonstichprobe (43 %) war, aber – und das ist ein Punkt, der später noch einmal aufgegriffen werden wird – dennoch die Repräsentativität nach demographischen Merkmalen bei beiden Untersuchungsteilen gleich war.

Diese Befunde, auch wenn sie nur aus einer einzigen Studie stammen, weisen darauf hin, dass in Bezug auf die Online-Umfrageforschung in Deutschland noch sehr viel mehr Grundlagenforschung nötig ist, bis sie etabliertere Erhebungsverfahren ersetzen kann – wenn überhaupt. Nun mangelt es, wie ein Beitrag von Smyth und Pearson (2011) in dem Buch „Social and behavioral research and the internet: advances in applied methods and research strategies" zeigt, in der internationalen Forschung nicht an wichtigen Befunden zur Online-Forschung, die dieser Artikel beispielhaft zusammenfasst. Danach gilt zum Beispiel, dass nach Auffassung der Autoren zumindest zur Zeit Online-Erhebungen für repräsentative Bevölkerungsbefragungen weniger geeignet sind als Erhebungen bei Spezialpopulationen, die sich häufig nicht nur durch eine bessere Internet-Ausstattung und mehr Interneterfahrung, sondern auch durch eine höhere Motivation auszeichnen, an solchen Befragungen teilzunehmen (a.a.O., S. 16-18).

Aspekte, die für Online-Befragungen sprechen, sind hingegen u.a. die zunehmend raffinierteren graphischen Gestaltungsmöglichkeiten von Fragebögen und die Möglichkeit, Fragebögen gleichsam „stückweise" auszufüllen, je nach dem Zeitbudget des Befragten. Von besonderem Interesse ist natürlich die Teilnahmebereitschaft an Online-Befragungen. Smyth and Pearson zitieren eine Metaanalyse von 68 Internetstudien, die eine durchschnittliche Beteiligungsrate von 39,6 % aufweisen. Sie betonen allerdings, dass dieser Mittelwert eine Standardabweichung von 19,6 % auswies, ein klarer Hinweis darauf, dass die Beteiligungsbereitschaft bei Online-Befragungen extrem variabel ist (a.a.O., S. 31-32). Ein Faktor, der hier nicht weiter diskutiert werden kann, aber von großer Bedeutung ist, ist die Frage der Honorierung für eine Befragungsteilnahme, sei es für Querschnitts - oder für Panelbefragungen. Dabei scheint sich zu ergeben, dass bei der Rekrutierung für eine Befragung die Anreize am besten wirken, wenn sie bereits bei der Rekrutierung gewährt werden; unklar ist jedoch, ob es eine optimale Höhe des gewährten Geldbetrages gibt.

Am Ende ihres Beitrags weisen die Autoren auf ein Problem hin (a.a.O., S. 39), das unbedingt bedacht werden muss, wenn man die hohe Zahl 2010 von 38 % in Deutschland durchgeführter Internet-Befragungen richtig bewerten will. Angesichts des Umstandes, dass inzwischen genügend technische Ressourcen zur Verfügung stehen, um eine Online-Befragung ohne großen Aufwand durchzuführen, stellt sich die Qualitätsfrage in neuem Licht in dem Sinne, ob künftig nicht die immer zahlreicheren Internetstudien zum Teil erhebliche Mängel aufweisen, welche neben der Ergebnisdimension auch die Teilnahmebereitschaft an Online-Befragungen und möglicherweise sogar an Befragungen im allgemeinen negativ beeinflussen werden.

Abschließend soll noch ein Problem angesprochen werden, das den Verfasser in seinem eigenen Arbeitsgebiet zunehmend beschäftigt, jedoch keinesfalls darauf beschränkt ist. Als 2000 der European Social Survey konzipiert worden ist, ist die ESS-Arbeitsgruppe von einer Zielgröße von 70 % Stichprobenausschöpfung ausgegangen. Diese Werte sind in einigen Ländern in den bisherigen fünf Erhebungsrunden tatsächlich erreicht worden und werden zum - allerdings immer kleiner werdenden - Teil der teilnehmenden 25 bis 30 Länder immer noch erreicht. Für Deutschland ist diese Zahl jedoch von Anfang an unterschritten worden und erreichte bei der Befragung 2010 weniger als 35 % Ausschöpfung der Stichprobe, ähnlich übrigens wie beim ALLBUS 2010. Nun stellen beide Untersuchungen inhaltlich und methodisch erhebliche Anforderungen an die Befragten, von den Studienkosten einmal ganz zu schweigen. Dennoch wird man im ESS in der Zukunft nicht um eine Entscheidung herumkommen, ob unter diesen Umständen der hohe Qualitätsanspruch an diese Untersuchungen, die ja der gesamten Wissenschaftlergemeinschaft ohne Kosten zur Verfügung gestellt werden, noch aufrechterhalten werden kann.

Ein Aspekt, der in beiden Fällen sicherlich bedeutsam ist, ist der Umstand, dass es sich beim ESS um persönliche Interviews handelt. Die ESS-Arbeitsgruppe beschäftigt sich daher bereits seit längerem mit sogenannten mixed mode experiments, um die Effekte unterschiedlicher Erhebungstechniken auf die Befragungsergebnisse systematisch mit dem Ziel zu untersuchen, wenn nötig von persönlichen Interviews zu Online-Erhebungen überzugehen; reine Telefonbefragungen kommen wegen der Komplexität der Fragestellungen und damit der Messinstrumente ohnehin nicht in Frage. Aber nicht ausgeschlossen werden kann die Option, mit den geringen Ausschöpfungsquoten zu leben, auch wenn dies nicht stichprobentheoretischen Anforderungen genügt. Dies könnte gelten, wenn sich bestätigen würde, dass durchgängig die Stichprobenqualität, gemessen an der demografischen Passung auf bekannte statistische Zielgrößen, durch eine unzureichende Ausschöpfung der Stichprobe nicht dramatisch leiden würde, ein Wandel in der Einschätzung dieses Problems in der aktuellen Methodenforschung, auf den Frauke Kreuter (2011) in ihrem Beitrag in dem bereits genannten Buch „Building on Progress" hinweist. Allerdings zeigt das holländische LISS-Panel, dass bei entsprechender Planung und den nötigen Ressourceninvestitionen bei den monatlichen Online-Befragungen Ausschöpfungen der Stichprobe zwischen 50 und 80 % erreicht werden können.

Das beschriebene Problem mag sich bei komplexen wissenschaftlichen Untersuchungen besonders akzentuiert stellen, existiert aber ganz allgemein für Erhebungen der Sozial- und Marktforschung. Insofern muss die Frage erlaubt sein, ob es nicht, auch angesichts der wachsenden Zahl der Institutskontakte mit potentiellen Befragten, an der Zeit ist, sich diesem Problem zu stellen und nach Lösungen zu suchen, die auch in der Zukunft tragfähig sein werden. Zu denken ist dabei etwa an Verfahren der technischen Messung von Fernsehverhalten, die sich offenbar trotz enormer Veränderungen des Angebotsmarktes bisher durchaus bewährt haben. Noch weiter gehende Schlussfolgerungen mögen im Übrigen durchaus angebracht sein, wenn man die tiefgehenden Veränderungen im Kommunikations- und Sozialverhalten wie über Facebook und Twitter einerseits und die von Apple stimulierten technischen Innovationen wie iPad und iPod in den Blick nimmt. Aus der Perspektive der Computerlinguistik hat Jörg Wittkewitz in einem Beitrag vom 30. August 2011 für das Feuilleton der FAZ die Dinge wie folgt auf den Punkt gebracht:

„Wenn man den Werbegiganten Google mit seinem neuen sozialen Netzwerk betrachtet oder den Konkurrenten Facebook, dann wird offenbar, dass die Milliarden Datensätze, die dort stündlich gespeichert werden, deutlich mehr über unsere Kultur aussagen als die peinlich unterbelichteten Meinungsumfragen der Forschungsinstitute. Peinlich deswegen, weil Befragungen natürlich ihr Ergebnis allein durch die Fragestellung schon beeinflussen. Da sind Facebook und andere deutlich weiter: Sie betrachten und bewerten unser Verhalten direkt. Das heißt, dass sie auch unsere Stimmungen deutlich präziser bewerten und vorhersagen können als jede Umfrage. Ob die Meinungsforschung diesen Vorsprung jemals aufholen kann, ist eigentlich nicht mehr in Frage zu stellen. Kein Institut hat die Mittel und den direkten Zugriff auf unser Verhalten in diesem Umfang."

Zur Forschungsinfrastruktur der Sozialwissenschaften

Im Rahmen der Empfehlungen des Wissenschaftsrates vom Januar 2011 zu den Forschungsinfrastrukturen in den Sozial- und Geisteswissenschaften (Wissenschaftsrat 2011: S. 83-88) wird darauf verwiesen, dass der Infrastrukturbegriff zunächst fast ausschließlich für naturwissenschaftliche Großgeräte (zum Beispiel Teilchenbeschleuniger, Forschungsschiffe, Teleskope) angewendet, dann aber nach einiger Zeit unter anderem auch auf Einrichtungen der Sozial- und Geisteswissenschaften ausgedehnt wurde. Gemeinsam ist Forschungsinfrastrukturen der Wissenschaft, dass sie die Forschung externer Nutzer ermöglichen oder erleichtern und von Fachkollektiven genutzt werden. Im Prinzip ist ihre Reichweite translokal oder sogar transnational, wobei sie im Prinzip sowohl privatwirtschaftlich als auch gemeinnützig organisiert sein können.

Ein ausgezeichnetes Beispiel für eine frühe gemeinnützige Infrastruktureinrichtung der Sozialwissenschaften in Deutschland ist das 1960 an der Universität zu Köln gegründete und unter der Leitung zunächst von Günther Schmölders und dann von Erwin K. Scheuch stehende Zentralarchiv für Empirische Sozialforschung (ZA), das sozialwissenschaftliche Primärdaten, in der Regel aus Umfragen, sammelt, aufbereitet, dokumentiert und an Nutzer weitergibt. Datenarchive waren weltweit die ersten großen Infrastruktureinrichtungen in den Sozialwissenschaften und haben sich inzwischen auch organisatorisch transnational etabliert; davon wird gleich noch kurz die Rede sein. Ihre Hauptaufgabe ist es, zu keinen oder zu geringen Kosten nationale oder international vergleichende wohldokumentierte Datensätze interessierten Nutzern, in der Regel kostenlos, für Sekundäranalysen zur Verfügung zu stellen und damit ein häufig nur unzureichend genutztes analytisches Potential von Primärerhebungen aufzuschließen. Bei den archivierten Daten handelte es sich übrigens lange Zeit überwiegend um umfragebasierte Studien, verständlich angesichts des Umstandes, dass für eine lange Zeit Datenbestände etwa der öffentlichen Statistik aus vielen Gründen selbst für die Wissenschaft nicht zugänglich waren.

ZA, ZUMA und IZ sowie einige kleinere Einrichtungen wurden, wie schon gesagt, 1987 als Gesellschaft Sozialwissenschaftlicher Infrastruktureinrichtungen GESIS in die Gemeinschaftsfinanzierung von Bund und Ländern über die sogenannte „Blaue Liste" überführt. GESIS stellte damit eine in Europa einmalige Institutionalisierung einer umfassenden sozialwissenschaftlichen Infrastruktur im Wissenschaftssystem dar. Dies galt um so mehr, als die Europäische Kommission sich lange Zeit dem Gedanken einer Finanzierung von Infrastruktureinrichtungen in Europa verschloss. Erst mit der Tagung in Lissabon im März 2000 des Europäischen Rates, in der es um die Etablierung eines Europäischen Forschungsraumes als Reaktion auf die Globalisierung in den Wissenschaftssystemen weltweit und um die Erhöhung der Wettbewerbsfähigkeit der europäischen Wissenschaft ging, hat sich diese Situation grundsätzlich zum Positiven gewendet.

In Deutschland hat die kontroverse, vor allem dem blockierenden Besitzanspruch öffentlicher Datenproduzenten und der Datenschutzgesetzgebung geschuldete Diskussion über den Zugang der Wissenschaft zu Daten der öffentlichen Statistik den entscheidenden Schub durch die Einsetzung 1999 durch das BMBF der „Kommission zur Verbesserung der informationellen Infrastruktur zwischen Wissenschaft und Statistik (KVI)" erhalten. Diese Kommission ist seinerzeit von Johann Hahlen, dem seinerzeitigen Präsidenten des Statistischen Bundesamtes, und Prof. Hans-Jürgen Krupp geleitet worden und hat dem BMBF 2001 ihren Abschlußbericht vorgelegt. Aus der Umsetzung dessen Empfehlungen hervorzuheben ist die Gründung im November 2004 des „Rats für Sozial- und Wirtschaftsdaten" (RatSWD), eine einschneidende Entwicklung im Zusammenhang mit der Ausweitung der Reichweite von Konzepten der sozialwissenschaftlichen Forschungsinfrastruktur in Deutschland. Besonders genannt werden sollen hier nur zwei Leistungen der KVI, des Gründungsausschusses des Rates und des Rates selber, die in der „Stellungnahme zum Status der zukünftigen Entwicklung des Rates für Sozial- und Wirtschaftsdaten" des Wissenschaftsrates vom November 2009 Erwähnung finden: zum einen die Gründung von vier Forschungsdatenzentren zur Ausweitung des wissenschaftlichen Zugangs zu Mikrodaten der öffentlichen Statistik (beim Statistischen Bundesamt, bei den Statistischen Ämtern der Bundesländer, bei der Bundesagentur für Arbeit und dort beim Institut für Arbeitsmarkt- und Berufsforschung, sowie bei der Deutschen Rentenversicherung) sowie zwei Datenservicezentren bei ZUMA/GESIS in Mannheim und beim Institut zur Zukunft der Arbeit (IZA) in Bonn, und zum anderen die Wahrnehmung der Funktion einer Plattform für die kontinuierliche Kommunikation zwischen Datennutzern und Datenbereitstellern.

Der Rat, der einen sehr großen Einfluss auf die Weiterentwicklung der sozialwissenschaftlichen Infrastruktur in Deutschland und damit auf die Produktion von entsprechenden Daten und den Zugang zu ihnen genommen hat, wird gesteuert von einem 16-köpfigen Gremium, in dem durch eine der Wahl der DFG-Fachkollegien entsprechende Verfahrensweise acht Vertreter der Wissenschaft und acht Vertreter der Datenproduzenten, zuletzt für die Periode von 2011 bis 2014, gewählt werden. Für ADM und ASI ist von besonderem Interesse, dass in den Empfehlungen 2001 der KVI der Kooperation zwischen privatwirtschaftlichen und öffentlichen Akteuren der Sozialforschung nur wenig Raum gegeben worden ist. An der Beobachtung von Bernhard von Rosenbladt (2008, S. 145-146), dass in dem Leitungsgremium des Rates keine Vertreter privatwirtschaftlicher Produzenten von Daten beteiligt sind, hat sich bemerkenswerter Weise bis heute nichts geändert, ein Problem, dessen sich ADM und ASI gemeinsam annehmen sollten. An dieser Einschätzung der Situation durch den Verfasser ändert auch nichts, dass in den beiden Bänden der 2010 vom Rat herausgegebenen ausgezeichneten Publikation „Building on Progress. Expanding the Research Infrastructure for the Social, Economic, and Behavioral Sciences" diesem Verhältnis durch die Buchkapitel von Mohler/von Rosenbladt und Wiegand ein wenn auch kleiner Raum eingeräumt ist (auf 33 von 1.238 Seiten). Im Übrigen geben die Beiträge dieses Doppelbandes nicht nur einen umfassenden Überblick über den Status und die Entwicklungsdynamik im Bereich der nationalen und internationalen sozialwissenschaftlichen Infrastruktur, sondern auch ausgezeichnete methodische und inhaltliche Analysen von Befunden und Problemen der Umfrageforschung, leider unter der weitgehenden Ausblendung der Kostendimension. Enthalten sind in Band 1 übrigens zwei einschlägige Buchkapitel von Frauke Kreuter und ein Kapitel von Marek Fuchs.

Auf der europäischen Ebene hat es lange gedauert, bis sich die EU-Kommission der Notwendigkeit von europäischen Forschungsinfrastrukturen geöffnet hat. Ausgangspunkt war eine von der European Science Foundation und der EU-Kommission 2000 gemeinsam veranstaltete Konferenz in Straßburg zu dieser Thematik, welche die Notwendigkeit verdeutlichte, in Europa endlich zu Gesamtkonzepten der Infrastrukturförderung zu gelangen. Eine bald nach der Straßburger Konferenz eingerichtete Arbeitsgruppe legte im Frühjahr 2002 eine Empfehlung vor, die im April desselben Jahres zur Einrichtung des European Strategy Forum on Research Infrastructures (ESFRI) führte. Die daraus resultierenden sehr interessanten Entwicklungen können an dieser Stelle nicht im einzelnen nachgezeichnet werden (siehe dazu Wissenschaftsrat 2011, S. 108-111). Auf der Grundlage der Arbeit von vier disziplinär orientierten Gruppen bei ESFRI wurde 2006 eine erste European Roadmap for Research Infrastructures etabliert, die – und das ist wichtig – im Wesentlichen auf bereits bestehenden Forschungsinfrastruktureinrichtungen oder Konzepten hierfür aufbaute, aber auch begrenzt offen für neue Entwicklungen ist. Die Zahl der auf der Roadmap befindlichen Einrichtungen hat sich inzwischen von 35 im Jahre 2006 auf 48 im Jahre 2011 erhöht, damit aber erst einmal einen gewissen Abschluss erreicht.

Erfreulicherweise waren von Anfang an drei Forschungsinfrastrukturen aus den Sozialwissenschaften auf der Roadmap vertreten: der Council of European Social Science Data Archives (CESSDA) als Zusammenschluss der europäischen Datenarchive, das Langfristpanel von repräsentativen Stichproben der Bevölkerung ab 50 Jahren in zahlreichen europäischen Ländern (2007-2009 16 Länder) als Survey of Health, Ageing and Retirement in Europe (SHARE), und der European Social Survey (ESS). Die Finanzierung der auf der Roadmap befindlichen Einrichtungen erfolgt nach dem Konzept der „variablen Geometrie" aus den Haushalten der sich beteiligenden Länder; der schnelle Fortgang des ESFRI-Prozesses hat inzwischen zur Schaffung einer Rechtsgrundlage für die Gründung der bisher am weitesten entwickelten Forschungsinfrastrukturen geführt, welche den Übergang in eine operative Dauereinrichtung als European Research Infrastructure Consortium (ERIC) ermöglichen wird. Erfreulicherweise befinden sich unter den 10 Einrichtungen, die 2011 dieses Stadium bereits erreicht haben, auch die drei genannten sozialwissenschaftlichen Infrastrukturen, alle mit deutscher Beteiligung, sodass sie spätestens 2013 den ERIC-Status erreicht haben dürften, ein für die deutschen Sozialwissenschaften höchst erfreuliches Ergebnis. Übrigens hat die Dynamik des ESFRI-Roadmap-Prozesses dazu geführt, dass inzwischen eine Reihe von europäischen Staaten dabei ist, nationale Infrastruktur-Roadmaps zu erstellen. Diese Entwicklung wird für Deutschland ausdrücklich vom Wissenschaftsrat unterstützt (a.a.O., S.

148-150), und dies nicht zuletzt unter dem Aspekt, so auch Einfluss auf die weiteren ESFRI-Planungen in Europa nehmen zu können.

Schlussbemerkung

Dieser Beitrag hat versucht, wichtige Aspekte des langen Weges von den frühen Tagen der deutschen empirischen Sozialforschung in den Nachkriegsjahren bis zu den neuen Herausforderungen dieser Tage aufzuzeigen. In diesen 60 Jahren ist viel erreicht worden. Die Markforschung stellt inzwischen einen wichtigen Wirtschaftsfaktor dar mit 2008 mehr als 21 Milliarden Euro Umsatz weltweit, davon 50 % in Europa und rund 10 % in Deutschland. Die Rahmenbedingungen dieser Forschung haben sich vor allem in den letzten 20 Jahren allerdings dramatisch verändert, und zwar nicht nur auf der wissenschaftlichen, sondern auch auf der gesellschaftlichen Ebene – davon war kurz die Rede. Sowohl die privatwirtschaftlich verfasste als auch die öffentlich verfasste Sozialwissenschaft hat in Deutschland einen hohen Stand erreicht und ist international wettbewerbsfähig. Dazu hat auch die gute Kooperation zwischen beiden Feldern und den sie tragenden Organisationen ADM und ASI beigetragen, eine Kooperation jedoch, die noch viele Optionen für Verbesserungen enthält. Und „The times they are a-changin", wie Bob Dylan formuliert und gesungen hat. Dem müssen sich alle stellen, jeder in seinem Bereich, jeden Tag aufs Neue.

Literatur

ADM (Arbeitskreis Deutscher Markt- und Sozialforschungsinstitute)/ ASI (Arbeitsgemeinschaft Sozialwissenschaftlicher Institute)/BVM (Berufsverband Deutscher Markt- und Sozialforscher) (1999): Standards zur Qualitätssicherung in der Markt- und Sozialforschung, www.adm-ev.de; www.asi-ev.org; www.bvm.org.

Campbell, Angus; Robert I. Kahn (1952): The People Elect a President, Ann Arbor: Survey Research Center Institute for Social Research University of Michigan.

Chang, Linchiat; Jon A. Kosnick (2009): National Surveys via RDD Telephone Interviewing Versus the Internet-Comparing Sample Representativeness and Response Quality, Public Opinion Quarterly, Vol. 73, No. 4, Winter 2009, S. 641-678.

Crespi, Leo P. (1952): America's Interest in German Survey Research. In: Institut zur Förderung Öffentlicher Angelegenheiten (Hrsg.): Empirische Sozialforschung. Meinungs- und Marktforschung – Methoden und Probleme, S. 215-217. Frankfurt am Main: Institut zur Förderung Öffentlicher Angelegenheiten.

Ehling, Manfred (2007): Qualitätsmanagement und Qualitätssicherung: Einführung. In: Christian König, Matthias Stahl, Erich Wiegand (Hrsg.): Qualitätsmanagement und Qualitätssicherung, S. 11-31. Bonn: GESIS.

Frankfurter Allgemeine Zeitung (2008): Das Geschäft mit den Fragen, 25. Januar, Nr. 21, S. 15.

Fuchs, Marek (2010): Improving Research Governance through Use of the Total Survey Error Framework. In: German Data Forum (Rat SWD) (Hrsg.): Building on Progress. Expanding the Research Infrastructure for the Social, Economic, and Behavioral Sciences. Band 1, S. 471-486. Opladen und Farmington Hills Ltd: Budrich UniPress Ltd.

German Data Forum (Rat SWD) (Hrsg.) (2010): Building on Progress. Expanding the Research Infrastructure for the Social, Economic, and Behavioral Sciences. 2 Bände. Opladen und Farmington Hills Ltd: Budrich UniPress Ltd.

Gerhard, Uta (2002): Der Einfluss der USA. In: Heinz Sahner (Hrsg.): Fünfzig Jahre nach Weinheim: Empirische Markt- und Sozialforschung gestern, heute, morgen, S. 29-49. Baden-Baden: Nomos Verlagsgesellschaft.

Hennis, Wilhelm (1957): Meinungsforschung und repräsentative Demokratie. Zur Kritik politischer Umfragen, Tübingen: J.C.B. Mohr.

Informationszentrum Sozialwissenschaften (Hrsg.) (2003): Online-Erhebungen. Sozialwissenschaftliche Tagungsberichte Band 7. Bonn: Informationszentrum Sozialwissenschaften.

Institut zur Förderung Öffentlicher Angelegenheiten (Hrsg.) (1952): Empirische Sozialforschung. Meinungs- und Marktforschung – Methoden und Probleme, Frankfurt am Main: Institut zur Förderung Öffentlicher Angelegenheiten.

Kaase, Max (1977): Politische Meinungsforschung in der Bundesrepublik Deutschland. In: Max Kaase (Hrsg.): Wahlsoziologie heute. Analysen aus Anlass der Bundestagswahl 1976. Heft 2/3 der Politischen Vierteljahresschrift, S. 452-475. Opladen: Westdeutscher Verlag.

Kaase, Max (Hrsg.) (1999): Qualitätskriterien der Umfrageforschung. Denkschrift der Deutschen Forschungsgemeinschaft. Berlin: Akademie Verlag.

Kaase, Max; Werner Ott, Erwin K. Scheuch (Hrsg.) (1983): Empirische Sozialforschung in der modernen Gesellschaft, Frankfurt/New York: Campus.

Kaase, Max; Barbara Pfetsch (2000): Umfrageforschung und Demokratie. Analysen zu einem schwierigen Verhältnis. In: Hans-Dieter Klingemann, Friedhelm Neidhardt (Hrsg.): Zur Zukunft der Demokratie. Herausforderungen im Zeitalter der Globalisierung, S. 153-182. WZB-Jahrbuch 2000, Berlin: Ed. Sigma.

Meulemann, Heiner (2007): Das DIN-Interview. Normung und Standardisierung in der Umfrageforschung, Soziologie. Forum der Deutschen Gesellschaft für Soziologie, Heft 3, S. 251-261.

Kreuter, Frauke (2010): Survey Methodology: International Developments. In: German Data Forum (Rat SWD) (Hrsg.): Building on Progress. Expanding the Research Infrastructure for the Social, Economic, and Behavioral Sciences. Band 1, S. 453-469. Opladen und Farmington Hills Ltd: Budrich UniPress Ltd.

Kreuter, Frauke; Carolina Casas-Cordero (2010): Paradata. In: German Data Forum (Rat SWD) (Hrsg.): Building on Progress. Expanding the Research Infrastructure for the Social, Economic, and Behavioral Sciences. Band 1, S. 509-529. Opladen und Farmington Hills Ltd: Budrich UniPress Ltd.

Kruke, Anja (2007): Demoskopie in der Bundesrepublik Deutschland. Meinungsforschung, Parteien und Medien 1949-1990, Düsseldorf: Droste.

Medienpädagogischer Forschungsverbund Südwest (2010): JIM-Studie 2010. Jugend, Information, (Multi-)Media. Basisuntersuchung zum Medienumgang 12-19jähriger, Stuttgart: LFK. Im November 2011 ist die Nachfolgestudie JIM 2011 mit vergleichbaren Schwerpunkten erschienen.

Mochmann, Ekkehard (2010): e-Infrastructure for the Social Sciences. S. 265-285 in: German Data Forum (Rat SWD) (Hrsg.): Building on Progress. Expanding the Research Infrastructure for the Social, Economic, and Behavioral Sciences. Band 1. Opladen und Farmington Hills Ltd: Budrich UniPress Ltd.

Mochmann, Ekkehard; Erwin K. Scheuch (Hrsg.) (1987): Infrastruktur für die Sozialforschung. Köln: Zentralarchiv für Empirische Sozialforschung.

Mohler, Peter Ph.; Bernhard von Rosenbladt (2010): Infrastructure for High-Quality and Large-Scale Surveys. Cooperation between Academic Research and Private-Sector Agencies. In: German Data Forum (Rat SWD) (Hrsg.): Building on Progress. Expanding the Research Infrastructure for the Social, Economic, and Behavioral Sciences. Band 1, S. 155-174. Opladen und Farmington Hills Ltd: Budrich UniPress Ltd.

Rosenbladt, Bernhard von (2008): Der Dritte im Bunde – Die Rolle der Umfrageinstitute in der sozialwissenschaftlichen Dateninfrastruktur. In: Gabriele Rolf, Markus Zwick, Gert G. Wagner (Hrsg.): Fortschritte der informationellen Infrastruktur in Deutschland. Festschrift für Johann Hahlen zum 65. Geburtstag und Hans-Jürgen Krupp zum 75. Geburtstag. S. 132-146. Baden-Baden: Nomos Verlagsgesellschaft.

Sahner, Heinz (Hrsg.) (2002): Fünfzig Jahre nach Weinheim: empirische Markt- und Sozialforschung gestern, heute, morgen. Baden-Baden: Nomos Verlagsgesellschaft.

Schaefer, Wolfgang; Mungo Miller (1998): Schwierigkeiten der Umfrageforschung in den fünfziger Jahren in Deutschland: Erinnerungen und Beobachtungen, ZUMA-Nachrichten Nr. 43, November 1998, S. 8-35.

Scheuch, Erwin K. (1999): Die Entwicklung der Umfrageforschung in der Bundesrepublik Deutschland in den siebziger und achtziger Jahren, ZUMA-Nachrichten No. 45, November 1999, S. 7-22.

Scheuch, Erwin K. (2002): Der Aufstieg der empirischen Sozialforschung aus dem Geist des New Deal. In: Heinz Sahner (Hrsg.): Fünfzig Jahre nach Weinheim: empirische Markt- und Sozialforschung gestern, heute, morgen. S. 51-58. Baden-Baden: Nomos Verlagsgesellschaft.

Scheuch, Erwin K.; Rudolf Wildenmann (Hrsg.) (1965): Zur Soziologie der Wahl. 9. Sonderheft der Kölner Zeitschrift für Soziologie und Sozialpsychologie, Köln und Opladen: Westdeutscher Verlag.

Smythe, Jolene D.; Jennie E. Pearson (2011): Internet Survey Methods: A Review of Strengths, Weaknesses, and Innovations. In: Marcel Das, Peter Ester, Lars Kaczmirek (Hrsg.): Social and behavioral research and the internet: advances in applied methods and research strategies. S. 11-44. London/New York: Routledge.

Wiegand, Erich (2007): Standards und Normen in der Markt- und Sozialforschung. In: Christian König, Matthias Stahl, Erich Wiegand (Hrsg.): Qualitätsmanagement und Qualitätssicherung. S. 43-50. Bonn: GESIS.

Wiegand, Erich (2010): The Availability of Market Research Data and its Potential for Use in Empirical Social and Economic Research. S. 175-187 in: German Data Forum (Rat SWD) (Hrsg.): Building on Progress. Expanding the Research Infrastructure for the Social, Economic, and Behavioral Sciences. Band 1. Opladen und Farmington Hills Ltd: Budrich UniPress Ltd.

Wissenschaftsrat (2009): Stellungnahme zum Status und der zukünftigen Entwicklung des Rates für Sozial- und Wirtschaftsdaten (RatSWD) Berlin, Köln.

Wissenschaftsrat (2011): Empfehlungen zu Forschungsinfrastrukturen in den Geistes- und Sozialwissenschaften. In: Wissenschaftsrat (Hrsg.) Empfehlungen zu Forschungsinfrastrukturen. S. 71-207. Köln.

Wittkewitz, Jörg (2011): Glück ist auch nur so ein Wort, Frankfurter Allgemeine Zeitung. 30. August 2011.

Der Einsatz von Mobiltelefonen in der Umfrageforschung
Methoden zur Verbesserung der Datenqualität

Marek Fuchs
Technische Universität Darmstadt[1]

1 Wandel der Umfragemethodologie

Seit ihren Anfängen ist die Umfragemethodologie – nicht nur in Deutschland – einem stetigen Wandel unterworfen. Zwar gibt und gab es Längsschnittuntersuchungen, in denen eingeführte Methoden kontinuierlich angewendet werden, um bevölkerungsrepräsentative oder einzelne Teilgruppen abbildende Schätzungen vornehmen zu können: zum Beispiel das European Social Survey, das Sozio-oekonomische Panel, der ALLBUS, um Studien aus dem Feld der akademischen Sozialforschung zu nennen, oder die Media-Analyse als Beispiel für eine in den privaten Instituten über Jahre mit relativ konstantem Design durchgeführte Untersuchung. Für diese Studien ist die größtmögliche Invarianz der Methodologie Voraussetzung für die Vergleichbarkeit der Befunde im Zeitverlauf, ohne die eine Beschreibung gesellschaftlicher Veränderungsprozesse kaum möglich ist.

Wenn man aber andererseits eine typische Querschnittsbefragung heute mit einer ebensolchen vor 30 oder 40 Jahren vergleicht, dann sind die Unterschiede höchst augenfällig. Nicht dass es mehr Unterschiede als Gemeinsamkeiten gäbe, aber die Differenzen sind doch beträchtlich: Befragungs-Modes und damit zusammenhängende Auswahlverfahren, Messmethoden, Gewichtung und Kalibrierung, Incentives, der immense Aufwand im Feld, um nur einige zu nennen.

---

1 Die in diesem Text referierten Ergebnisse beruhen auf einem durch die Deutsche Forschungsgemeinschaft finanzierten Projekt (FU 389/16-1 und 16-2).

Dies erschwert eine vergleichende Betrachtung der Qualität von Umfragedaten im Zeitverlauf, denn mancher potenziellen Beeinträchtigung der Datenqualität ist durch eine modifizierte, weiterentwickelte Methodologie begegnet worden, so dass die Effekte von z.b. rückläufigen Ausschöpfungsquoten auf die Datenqualität abgemildert wurden. Umgekehrt bedeutet dieses Zusammenspiel von methodologischen Innovationen und Herausforderungen für die Datenqualität auch, dass die Auswirkungen neuer Methoden häufig vornehmlich an der Abschwächung eines negativen Trends (z.b. der rückläufigen Ausschöpfungsquoten) abgelesen werden können und sich nicht unbedingt in einer Verbesserung der Datenqualität niederschlagen.

Besonders auffällig verläuft dieser Prozess derzeit im Bereich der telefonischen Befragung, die seit ihren Anfängen unterschiedliche „Konjunkturen" erlebt hat. Während der Anteil der telefonisch durchgeführten Interviews in den ADM-Mitgliedsinstituten in den frühen 90er Jahren bei 30% lag, ist deren Anteil im neuen Jahrtausend auf deutlich über 40% angewachsen. Erst in der jüngsten Zeit ist ein leichter Rückgang der zahlenmäßigen Bedeutung der telefonischen Befragungen zu verzeichnen – vor allem zugunsten der quantitativ stark anwachsenden Online-Befragungen. Jedoch nimmt die Zahl der CATI-Arbeitsplätze in den ADM-Mitgliedsinstituten auch im Jahr des Rückgangs des Anteils der CATI-Interviews weiter zu, so dass man vermuten kann, dass die Anzahl der telefonischen Interviews trotz rückläufigem Anteil von CATI-Befragungen weiter angestiegen ist. Trotz der ungebrochenen quantitativen Bedeutung gibt es methodische Herausforderungen für die telefonische Befragung, die sich vor allem auf den Nonresponse und den Coverage als zentrale Komponenten des Total Survey Errors beziehen (Fuchs 2008b).

1.1 Coverage

Die Anzahl der verschiedenen Modes zur Administration von standardisierten Befragungen hat sich vervielfältigt. Neben dem traditionellen Face-to-Face-Interview z.B. auf Basis einer Random-Route- bzw. Random-Walk-Stichprobe oder der klassischen Telefonbefragung mithilfe von zufallsgenerierten Telefonnummern im Festnetz sowie der schriftlich-postalischen Befragung, zum Beispiel auf Basis von Einwohnermeldeamtsstichproben oder Kundendateien, tritt nicht nur die Online-Befragung (Couper 2011) als mittlerweile schon „alte neue" Umfragemethode, sondern vor allem intervieweradministrierte (Lepkowski et al. 2008) und auch selbstadministrierte Befragungen per Mobilfunkgerät (Fuchs 2008a), die Nutzung von

Messenger-Systemen (Stieger & Reips 2005) und Datensammlungen in Social Media-Plattformen (Miller 2011; Daas et al. 2011). Mit diesen Befragungs-Modes sind typische Kontaktkanäle verknüpft, die auf spezifischen Kontaktinformationen beruhen – z.B. E-Mail-Adressen, Handynummern, Nicknames, Messenger-IDs usw. Auch wenn es mitunter schwierig ist, für einzelne Individuen diese Kontaktinformationen zu ermitteln bzw. die Zuordnung von Pseudonymen zu Personen vorzunehmen, darf man wohl im Durchschnitt betrachtet annehmen, dass die Zahl der Kontaktkanäle für einzelne Befragte angestiegen ist, dass die Umfrageforschung unter Berücksichtigung der verschiedenen Befragungs-Modes heute mehr Möglichkeiten hat, Befragte zu kontaktieren und zu einer Befragung einzuladen als vor 20 Jahren.

Andererseits ist auffällig, dass der Coverage (Harrison 2005) der einzelnen Modes rückläufig ist bzw. nicht eine Rate erreicht hat, die den resultierenden Coverage-Bias für eine Befragung in der allgemeinen Bevölkerung akzeptabel erscheinen lässt. Daraus ergibt sich das Paradoxon, dass der Coverage in der Summe der möglichen Modes und der ihnen eigenen Kommunikationskanäle zugenommen hat, aber für einzelne Modes rückläufig ist bzw. von jeher eingeschränkt war.

Besonders augenfällig ist dies im Bereich der telefonischen Befragung der Fall. Nimmt man die Festnetztelefonie und Mobilfunktelefonie zusammen, ist der Anteil der per Telefon Erreichbaren angestiegen und liegt derzeit in Deutschland über 99% (Busse & Fuchs 2012). Dieser Anstieg ist zu verzeichnen, obwohl seit dem in den 90er Jahren erreichten Höchststand bei der Festnetzpenetration der allgemeinen Bevölkerung ein Rückgang des Coverage der Festnetztelefonie auf etwa 90% zu konstatieren ist. Aber der Anstieg bei der Mobilfunkverbreitung auf etwa 85% hat diesen Rückgang bei weitem kompensiert, was in der Summe zu einem Absinken von Coverage-Problemen in telefonischen Befragungen geführt hat. Dennoch sind reine Festnetz-Befragungen nur noch bedingt für repräsentative Bevölkerungsstichproben geeignet, denn der Anteil der sogenannten Mobile-Onlys (Blumberg et al. 2011), also der Personen, die über keinen Festnetzanschluss (mehr) verfügen, aber per Mobilfunk-Anschluss erreichbar sind, liegt derzeit in Deutschland bei 6 bis 8% (Busse & Fuchs, 2012). Zudem unterscheiden sich die Mobile-Onlys sichtbar von den im Festnetz erreichbaren Befragten, so dass in Festnetzbefragungen signifikante Coverage-Biases zu erwarten sind (Keeter et al. 2007; Peytchev et al. 2010). Um daraus resultierende Kompositionseffekte für die Nettostichprobe zu vermeiden, ist ein beträchtlicher Aufwand erforderlich: Um zu verlässlichen Schätzungen zu gelangen, sind zwei Teilstichproben erforderlich, die aus zwei verschiedenen Frames stammen, mit leicht abweichenden Befragungs-Modes zu untersuchen und anschließend mit nicht trivialen Design-Gewichtungen zu verknüpfen sind (Kennedy 2007; Gabler & Ayhan 2007; Wolter et al. 2010). Zwar ist die Situation in der Bundesrepublik Deutschland nicht vergleichbar mit der in den baltischen Staaten, Finnland oder der Tschechischen Republik und Rumänien, wo der Anteil der ausschließlich über Mobilfunkgeräte erreichbaren Personen bei 50% oder mehr liegt, doch kann auch für Deutschland ein starker Anstieg der sogenannten Mobile-Only-Population nicht ausgeschlossen werden. Als Paradebeispiel für eine derartige Entwicklung können die Niederlande dienen, wo es traditionell, ähnlich wie in Schweden, eine ausgesprochen geringe Quote von ausschließlich über Mobilfunkgeräte erreichbaren Personen gab. Über Jahre hinweg lag der Anteil der sogenannten Mobile-Onlys bei 1 bis 2%, wie das heute in Schweden noch immer der Fall ist. Doch innerhalb eines Zeitraums von zwei Jahren ist der Anteil der Mobile-Onlys in den Niederlanden auf 12% angestiegen (Busse & Fuchs 2012) und es ist wahrscheinlich, dass diese Entwicklung weiter anhält. Angesichts solcher sprunghaften Entwicklungen scheint es notwendig, die Mobile-Onlys schon heute im Rahmen eines Dual-Frame-Ansatzes zu berücksichtigen.

1.2 Nonresponse

Hinzu kommt, dass die tatsächliche Erreichbarkeit für eine Vielzahl der oben genannten Befragungs-Modes rückläufig ist, was sich in niedrigen und z.T. weiter fallenden Response-Raten widerspiegelt. Dies gilt sowohl für Face-to-Face-Befragungen wie auch für telefonische und Internetbefragungen (de Leeuw & De Heer 2002; Groves 2006; Peytchev 2011). Zusammen mit dem ansteigenden Anteil von Verweigerungen führt die rückläufige Kontaktrate zu einem beträchtlichen Nonresponse bei standardisierten Befragungen. Wichtig ist in diesem Zusammenhang, dass Nonresponse an sich zunächst nur ein Kosten-Problem wäre, solange es sich bei den Ausfällen um eine Zufallsauswahl aus der Bruttostichprobe handelt bzw. sich die verzerrenden Auswirkungen der Ausfälle auf die interessierenden Schätzer in der realisierten Netto-Stichprobe in engen Grenzen halten. Die in den letzten Jahren zunehmend durchgeführten Analysen zum Nonresponse-Bias (vgl. z.B. die Meta-Analyse von Groves & Peytcheva 2008) haben zwar nachgewiesen, dass es keinen Automatismus gibt, wonach ein hoher Nonresponse automatisch zu einem hohen Nonresponse-Bias führt, aber es hat sich auch gezeigt, dass Nonresponse ein erhebliches Potenzial hat, Schätzer zu verzerren, und dass man ihn daher nicht ignorieren bzw. die durch ihn bedingten kleineren Umfänge der Nettostichproben ungeprüft durch einen höheren Ansatz bei der Bruttostichprobe ausgleichen kann.

Die Zunahme des Nonresponse hat dazu geführt, dass Umfrageforscher sich neue Informations- und Kommunikationstechniken zunutze machen (de Leeuw & Hox 2010; Conrad & Schober 2008), um die faktische Erreichbarkeit und die Teilnahmebereitschaft der zu befragenden Populationen an einer Befragung zu erhöhen. In diesem Zusammenhang haben Mixed-Mode-Befragungen an Bedeutung gewonnen (Dillman et al. 2009), durch die der differenzielle Nonresponse eines Modes durch die Stärken eines anderen Modes ausgeglichen werden soll, ohne dass die Kosten der Feldarbeit exorbitante Ausmaße annehmen (Vannieuwenhuyze et al. 2010). Dabei sind z.B. Online-Befragungen als Ergänzung zu Face-to-Face- oder telefonischen Befragungen zu nennen (Beukenhorst & Giesen 2010; de Leeuw & Hox 2010), die aber angesichts der rückläufigen Bedeutung von E-Mails als Kommunikationsmedium gerade jüngerer Altersgruppen möglicherweise auch nur eine begrenzte Lebensdauer haben. Demgegenüber erhalten an Mobilfunkgeräten ansetzende Befragungskanäle zunehmend an Bedeutung (Häder & Häder 2009; Vehovar et al. 2010; Lynn & Kaminska 2010). Neben der telefonischen Befragung per Handy sind in diesem Zusammenhang Befragungen zu nennen, die auf dem mobilen Internet basieren (Fuchs 2007; Raento et al. 2009; Peytchev & Hill 2010) – also selbstadministrierte Befragungen auf mobilen Endgeräten wie Smartphones, E-Readern, Tablet-PCs usw. Mobile Web-Befragungen werden einerseits als zusätzlicher Befragungs-Mode für technik-affine Befragte angeboten und andererseits eingesetzt, um z.B. in konsekutiven Mixed-Mode-Studien Befragte unter den Nonrespondenten zu gewinnen. Ein Beispiel für ein derartiges Vorgehen wird im empirischen Teil des vorliegenden Beitrags präsentiert.

1.3 Measurement

Der Einsatz alternativer Befragungs-Modes, der – wie oben begründet – durch die zunehmenden Coverage- und Nonresponse-Probleme motiviert ist, hat potenziell Auswirkungen auch auf den Messfehler. Selbst wenn in verschiedenen Befragungs-Modes identische Instrumente eingesetzt werden, besteht die Gefahr differenzieller Messfehler (Dillman & Christian 2005; Wilmot & Dewar 2006) und entsprechend besteht die Besorgnis, dass aus dem Einsatz von neuen Technologien systematisch unterschiedliche

Verzerrungen der Ergebnisse in den Teilstichproben der benutzten Modes folgen. So könnte z.b. eine Schätzer auf Basis einer Mobilfunkstichprobe im Vergleich zum gleichen Schätzer auf Basis einer Festnetzstichprobe von differenziellen Verzerrungen beeinflusst sein, die die Kombination der beiden Teilstichproben unmöglich machen, zumindest aber die Frage aufwerfen, ob Unterschiede zwischen den Teilstichproben womöglich auch – oder sogar vordringlich – auf mode-bedingt unterschiedliche Messfehler in den kombinierten Teilstichproben zurückzuführen sind. Nachdem eine Analyse der Messfehler voraussetzt, dass die mode-spezifischen Unterschiede im Bereich Coverage und Nonresponse kontrolliert werden, konzentriert sich die nachfolgende Analyse zunächst auf diese beiden Komponenten des Total Survey Errors. Dabei werden im Wesentlichen Ergebnisse des zwischen 2008 und 2011 von der Deutschen Forschungsgemeinschaft geförderten „Experimental Mobile Phone Panels" präsentiert.

2 Ausgewählte Ergebnisse des Mobilfunkpanels

Das „Experimental Mobile Phone Panel" startete im Frühjahr 2009 mit einer ersten Rekrutierung von 1.451 Panelisten, die etwa zur Hälfte im Call-Center der GESIS in Mannheim und zur Hälfte im Rahmen der Rekrutierung für ein Access-Panel der Universität Bremen im Sozialwissenschaftlichen Umfragezentrum an der Universität Duisburg-Essen zur Panel-Teilnahme eingeladen wurden. Die Ausschöpfungsquote der von der GESIS in Mannheim gelieferten Stichproben fiel in beiden Fällen sehr niedrig aus. Im Call-Center der GESIS wurde eine Response-Rate von 8% erzielt; für die Rekrutierung in Duisburg-Essen liegen keine anhand vergleichbarer Informationen berechneten Response-Raten vor, die Quote war aber ebenfalls sehr niedrig.

Es folgte eine erste Wiederbefragung der Panelmitglieder im Herbst 2009, wobei eine Response-Rate von 67% erreicht wurde. Nach der ersten Panelwelle musste etwa die Hälfte des Panels aufgegeben werden, weil der Kooperationsvertrag mit dem Access-Panel der Universität Bremen von Seiten des Kooperationspartners gekündigt wurde. Der verbleibende Teil des Panels wurde dann in zwei weiteren Wellen im Frühjahr 2010 und im Herbst 2010 befragt, wobei Response-Raten von 67 bzw. 75% erzielt wurden. Trotz erfreulicher Ausschöpfung ist eine beträchtliche Panel-Attrition zu beobachten, die nur zum Teil auf explizite Verweigerungen zurückzuführen ist – nicht erreichbare Nummern sind eine weitere wesentliche Ursache der Panel-Attrition.

Tabelle 1: Erhebungszeitpunkte und Fallzahlen im Experimental Mobile Phone Panel

			vollständige Interviews			
			Rekrutierung 2009	Auffrischung 2011	Total	Response Rate
1	Rekrutierung	Frühjahr 2009	1.451	-	1.451	(8%)[a]
2	Welle 1	Herbst 2009	812	-	812	67%
3	Welle 2	Frühjahr 2010	304	-	304	67%
4	Welle 3	Herbst 2010	208	-	208	75%
5	Auffrischung	Winter 2010/11	-	1.577	1577	12%
6	Welle 4	Frühjahr 2011	192	924	1.116	68%
7	Welle 5	Herbst 2011	842		842	63%

Anmerkungen: [a] Die angegebene Response-Rate (AAPOR RR1) bezieht sich auf den Teil der Stichprobe, der im Call-Center der GESIS in Mannheim re-krutiert wurde.

In einer Auffrischungsstudie im Winter 2010/11 wurden 1.577 Mobilfunknutzer mit einer wiederum von der GESIS gelieferten Stichprobe befragt und zum Panel eingeladen (12% Ausschöpfung; seitdem wurden alle Datenerhebungen im Call-Center an der Technischen Universität Darmstadt druchgeführt). Durch Verweigerungen der Panel-Teilnahme, nicht erreichbare Nummern und Verweigerungen bei der Kontaktierung zur folgenden Befragungswelle sinkt die Stichprobengröße in der nächsten Welle im Frühjahr 2011 auf 1.116 ab (68% Ausschöpfung), wobei zu den 924 Befragten aus der Auffrischungsstudie 192 Fälle kommen, die noch aus der ersten Rekrutierung im Jahr 2009 im Panel verblieben waren. In der abschließenden siebten Befragung (Welle 5) wurden 842 Befragte einbezogen, was einer Ausschöpfung von 63% entspricht (alle Raten nach AAPOR RR1 2011).

Die Befragungen im Panel hatten eine Dauer von 5 bis 20 Minuten – je nach Befragungswelle und Filterführung. Neben einem Kernfragebogen, der sich auf die Telefonausstattung und Telefonnutzung der Befragten bezog und dazu diente, die Mobile-Onlys zu identifizieren sowie die Auswahlwahrscheinlichkeiten zu bestimmen, in dem nach der Anzahl der Festnetznummern und der Mobilfunknummern gefragt wurde, wurden wechselnde Fragebogenmodule administriert, die sich mit Fragen des Telefon-Sharings, mit der Beantwortung sensitiver Fragen, mit Einstellungen gegenüber Befragungen und mit der Bereitschaft zu Mobile-Web-Befragungen beschäftigten. Die Daten des Panels bieten damit umfassende Möglichkeit, methodische und methodologische Implikationen der Durchführung von Mobilfunkbefragungen zu studieren.

2.1 Number Validation

Die Ergebnisse der Feldarbeit zeigen, dass sich eine möglicherweise zu Beginn des Jahrtausends vorhandene, auf einen Novelty-Effekt zurückzuführende zunächst positive Attitüde der Befragten gegenüber Handy-Befragungen (vgl. Schneiderat & Schlitzig 2009) in eine relativ strikte Ablehnung verwandelt hat, die den Feldabteilungen aus Festnetz-Befragungen gut bekannt ist. Die Ausschöpfungsraten der Rekrutierungsstudien des Mobilfunkpanels sind ähnlich niedrig wie in anderen Querschnittsuntersuchungen im Mobilfunk-Frame bei kalter Kontaktierung (vgl. Steeh 2009; Link et al. 2007; Brick et al. 2007). Die Feldarbeit wird nicht nur durch Verweigerungen erschwert, sondern insbesondere durch Schwierigkeiten, abzuschätzen, ob eine zufällig generierte Telefonnummer tatsächlich zu einem funktionierenden Endgerät führt oder nicht. Während anhand der Provider-Ansagen als eindeutig nicht existent zu identifizierende Nummern relativ unaufwändig im ersten Anrufversuch ausgeschlossen werden können, sind es insbesondere länger nicht mehr genutzte SIM-Karten bzw. Nummern, die zwar geschaltet, aber nicht an einen Nutzer vergeben sind, die einen hohen Aufwand im Feld erfordern (hier sind die Ansagen oder Tonzeichen weniger informativ für den tatsächlichen Status einer Nummer). Entsprechend ist die Quote der Nummern, die am Ende der Feldphase auch nach vielfachen Anrufversuchen nicht endgültig aufgeklärt werden können (unknown eligible numbers), in unseren Mobilfunkbefragungen höher, als in Festnetzbefragungen. Sie kosten viele Kontaktversuche, ohne dass sie am Ende der Feldphase einen eindeutigen Final Disposition Code erhielten.

Tabelle 2: Ergebnisse der Simulations-Studie zur Validierung von zufallsgenerierten Mobilfunknummern

		Screening-Regeln		
	Validierungsmethode	ohne Screening	weiches Screening	striktes Screening
Working Number Rate (%)	HLR-Test	56	91*	91*
	SMS-Rückgabe-Codes	54	91*	97*, †
	Kombination	53	95*	98*, †
Kontakt-Rate (%)	HLR-Test	26	44*	68*, †
	SMS-Rückgabe-Codes	28	54*	80*, †
	Kombination	28	55*	84*, †
Interview-Rate (%)	HLR-Test	6	11*	17*, †
	SMS-Rückgabe-Codes	7	14*	22*, †
	Kombination	7	14*	22*, †
Anrufversuche	HLR-Test	106	87	43
	SMS-Rückgabe-Codes	90	62	33
	Kombination	100	68	32
Gesprächsdauer (in Minuten)	HLR-Test	71	65	50
	SMS-Rückgabe-Codes	63	53	43
	Kombination	70	58	44

Anmerkungen: Angaben zur Anzahl der Anrufversuche und zur Gesprächsdauer geben die entsprechenden Werte pro vollständigem Interview an (ohne Signifikanz-Test). Signifikanzen beziehen sich auf einen Vergleich mit der Bedingung „ohne Screening" bzw. mit der Bedingung „weiches Screening" mit Hilfe eines Chi^2 goodness of fit-Tests: * $p < .001$ im Vergleich zur Bedingung „ohne Screening"; † $p < .001$ im Vergleich zur Bedingung „weiches Screening".

Ausgehend von diesem Problem haben wir versucht, durch den Einsatz von Techniken zur Validierung der Nummern bereits vor Beginn der Feldphase zu bestimmen, bei welchen zufällig generierten Handy-Nummern es sich um gültige (= geschaltete und genutzte) und bei welchen es sich wahrscheinlich um ungültige Nummern handelt. Im Rahmen der zweiten Rekrutierungs-Befragung für das Mobilfunk-Panel im Winter 2010/11 wurden 25.000 Nummern ins Feld gegeben, von denen mehrere Tausend im Rahmen experimenteller Splits zuvor mithilfe von Anfragen bei Services, die einen Home Location Register-Lookup (HLR-Test) vornehmen, validiert wurden.

Bei einem HLR-Test wird überprüft, ob eine zufällig generierte Nummer tatsächlich im Verzeichnis des Providers als geschaltete Nummer gespeichert ist. Man erhält dabei keine personenbezogenen Daten, aber eine Reihe von Codes, aus denen sich ablesen lässt, ob die Nummer geschaltet ist oder nicht. Die Kosten pro überprüfter Nummer sind minimal (0,04 €), so dass auch große Stichproben kostengünstig überprüft werden können. Aber es stellt sich die Frage, wie valide diese Vorgehensweise ist, wie groß insbesondere die Gefahr ist, dass eigentlich gültige Nummern aus der Feldarbeit ausgeschlossen werden und dadurch Verzerrungen in der Stichprobenkomposition entstehen. Wir haben entsprechend eine Simulationsstudie durchgeführt, bei der wir alle Nummern aus zufällig gezogenen Teilstichproben ins Feld gegeben und auf Basis der Feldergebnisse Final Disposition Codes ermittelt haben. Für die Nummern wurde zusätzlich der Status mithilfe eines HLR-Tests überprüft oder anhand der Rückgabe-Codes von zuvor an die generierten Nummern verschickten SMS ermittelt. Im zweiten Fall kann man aus den Rückgabe-Codes ablesen, ob eine Nummer existiert und ob sie derzeit bzw. in einem kurz zurückliegenden Zeitraum im Netz eingeloggt war. Es wurden zwei verschiedene strenge Screening-Regeln für beide Methoden getestet: Im Falle des „weichen Screening" wurden nur Nummern ausgeschlossen, die eindeutig nicht existent waren (HLR-Test) bzw. nicht bekannt (SMS-Rückgabe-Codes). Beim strikten Screening wurden zudem Nummern ausgeschlossen, die als derzeit nicht eingeloggt (HLR-Test) bzw. nicht anwesend (SMS-Rückgabe-Code) klassifiziert wurden.

Die Effekte sind eindrucksvoll (vgl. Tabelle 2): Der Anteil der gültigen Nummern im Feld kann durch den Einsatz von HLR-Tests von etwa 55% (ohne Test) auf knapp über 90% (mit Test, weiches und striktes Screening) gesteigert werden, was beinahe in einer Verdoppelung der Kontakt-Raten mündet, und auch die Interview-Raten ansteigen lässt. Noch stärkere Effekte sind von vorab versendeten SMS zu erwarten, deren Rückgabe-Codes von Anbietern für Massen-SMS geliefert und anschließend daraufhin analysiert werden können, ob die Nummer, an die eine SMS zugestellt werden sollte, gültig ist oder nicht. Während der HLR-Test nämlich nur eine einmalige Überprüfung bietet, werden für nicht zustellbare SMS über einen längeren Zeitraum hinweg (48 bis 72 Stunden) wiederholte Zustellversuche unternommen, so dass auch bei temporär ausgeschalteten Handys eine Aufklärung über den Status möglich ist, die der HLR-Test nicht bietet. Die Kontakt-Rate steigt beim strikten Screening mit SMS-Rückgabe- Code auf 80% und beim weichen Screening immerhin noch auf 54% an. Allerdings sind die Kosten einer SMS etwa doppelt so hoch wie die eines HLR-Tests. Eine

Kombination beider Methoden bietet keine zusätzliche Information (vgl. Kunz & Fuchs 2011 zu Details zum Vorgehen und weiteren Ergebnissen).

Neben den vergleichsweise geringen Kosten sprechen auch die geringen Anteile falsch negativ ausgesonderter Nummern für den Einsatz des HLR-Tests (vgl. Tabelle 3). Der Anteil der fälschlicherweise aus dem Feld genommenen Nummern liegt bei nur wenigen Prozent, wobei diese nur in großen Ausnahmen zu Interviews führen würden. Ganz überwiegend handelt es sich dabei um Nummern, die auch mit 15 Kontaktversuchen im Feld nicht endgültig aufzuklären sind und daher vermutlich geschaltete, aber nicht mehr genutzte oder noch nicht vergebene Mobilfunknummern darstellen. In jedem Fall sind die Verzerrungen einer realisierten Mobilfunkstichprobe durch das fälschliche Ausscheiden dieser Nummern mithilfe von HLR minimal und nicht signifikant. Allerdings konzentrieren sich die bisherigen Analysen vor allem auf Alter und Geschlecht, die durch die Basic Question-Technik (Kersten & Bethlehem 1984) bzw. durch Interviewer-Schätzungen für alle Mitglieder der Bruttostichproben ermittelt wurden (vgl. auch weiter unten).

Doch kann mit dieser Technik nur ein Teil des zusätzlichen Aufwands während der Feldarbeit einer Mobilfunkbefragung im Vergleich zu einer traditionellen Festnetzbefragung kompensiert werden. Viele auch nach 15 Anrufversuchen nicht erreichte Nummern scheinen nach wie vor gültig zu sein – auch nach einer Validierung durch einen HLR-Test – und resultieren daher in erheblichem Zusatzaufwand, der sich in Kosten für Interviewerarbeitszeit und Verbindungskosten (wenn z.B. eine ggf. noch aktive Mailbox anspringt) niederschlägt.

Eine weitere Reduktion dieser Nummern im Feld wird sich mithilfe der hier vorgestellten Techniken nicht ohne das Risiko eines beträchtlichen Screening-Bias erreichen lassen. Zwar lassen sich durch eine Auswertung der SMS-Rückgabe-Codes Nummern identifizieren, die längere Zeit nicht eingeloggt waren, denn eine SMS wartet 48 bis 72 Stunden lang in der Warteschlange auf eine Gelegenheit zur erfolgreichen Zustellung. Wenn eine SMS nach dieser Zeit nicht zugestellt wurde, kann man annehmen, dass die Mobilfunknummer über diesen Zeitraum hinweg nicht eingeloggt war. Daraus aber zu schließen, dass diese Nummer überhaupt nicht mehr genutzt wird (oder nicht vergeben ist), ist mit der Gefahr verbunden, nur gelegentlich genutzte Mobilfunknummern auszuschließen. Ob daraus über die bisher dokumentierten Verzerrungen hinausgehende Biases für sozialstatistische oder inhaltliche Schätzer einer Befragung resultieren würden, lässt sich auf Basis der vorliegenden Daten nicht entscheiden. Hierüber muss die weitere Forschung mit gründlicheren Validierungsstudien Aufschluss geben. Außerdem stellt sich die Frage, ob auch für andere soziodemographische oder inhaltliche Variablen die gleichen zu vernachlässigenden Screening-Biases zu beobachten sind, wie für die bisher untersuchten Merkmale Geschlecht und Alter.

Tabelle 3: Fälschlich als ungültig klassifizierte Nummern (falsch Negative) und daraus resultierender Bias

Screening-Bedingung	falsch Negative % (N)	Bias aufgrund von falsch Negativen	
		Alter	Geschlecht
HLR-Test			
weiches Screening	4 (22)	0,6 *n.s.*	0,0 *n.s.*
striktes Screening	41 (232)	0,4 *n.s.*	0,9 *n.s.*
SMS-Rückgabe-Code			
weiches Screening	17 (106)	0,6 *n.s.*	0,3 *n.s.*
striktes Screening	46 (281)	0,4 *n.s.*	0,6 *n.s.*
Kombination beider Methoden			
weiches Screening	17 (103)	0,5 *n.s.*	1,3 *n.s.*
striktes Screening	52 (311)	1,0 *n.s.*	2,9 *n.s.*

Anmerkung: n.s. = nicht signifikant

2.2 Incentives

Ebenfalls von beträchtlicher Bedeutung in Mobilfunkbefragungen sind die expliziten Verweigerungen und die nicht eingelösten Terminvereinbarungen, bei denen es sich zumindest zum Teil vermutlich um verdeckte Verweigerungen handelt, wenn Befragte angesichts der eingehenden Anrufe von der bekannten Nummer des Call-Centers nicht antworten. Es stellt sich entsprechend die Frage, wie man die Kooperationsbereitschaft der potenziellen Befragten bei Mobilfunkbefragungen erhöhen kann. In diesem Zusammenhang haben wir mithilfe von Ankündigungs-SMS und per SMS verschickten Incentives experimentiert und die Wirkung dieser Maßnahmen auf die Response-Rate überprüft.

Im Rahmen der Panelwelle 5 des Mobilfunkpanels wurden 1.087 Befragte aus der vorhergehenden Welle 4 sowie 301 Befragte aus früheren Wellen, die in Welle 4 nicht mehr kontaktiert werden konnten, angerufen und um ein Interview von etwa 10 Minuten Dauer gebeten. Insgesamt ist die Response-Rate in Panelwelle 5 mit 74% derjenigen, die zuletzt in der vorausgehenden Welle 4 kontaktiert werden konnten und 13% derjenigen, die in Befragungswelle 3 oder früher letztmalig am Panel teilgenommen haben, akzeptabel (vgl. Tabelle 4).

Tabelle 4: Experimentelle Bedingungen zur Überprüfung der Wirksamkeit von Ankündigungs-SMS und von per SMS verschickten Incentives

	letztes Interview in Welle 4	letztes Interview vor Welle 4	Summe
Bruttostichprobe	1.087	301	1.388
Nettostichprobe	803	39	842
Response-Rate AAPOR RR1	74%	13%	61%

In der Bruttostichprobe von Welle 5 (nach Ausscheiden ungültiger Nummern) wurde mit zwei randomisierten Experimentalgruppen operiert, die mit einer Non-Treatment-Gruppe verglichen wurden. Einerseits erhielten 200 Befragte vor der Erstkontaktierung durch die Interviewer einen Geschenkcoupon im Wert von fünf Euro als Code per SMS zugeschickt, den sie bei einer Online-Plattform, der verschiedene große Online-Händler (Amazon, aber auch Media-Markt und Otto usw.) angehören, einlösen konnten. Andererseits erhielt eine etwa dreimal so große Gruppe (n = 593) eine reine Ankündigungs-SMS, in der der bevorstehende Anruf der Interviewer angekündigt wurde (ohne Incentive). Die verbleibenden Fälle wurden ohne Ankündigungs-SMS oder Incentive kontaktiert und repräsentieren die Kontrollgruppe (n = 595).

Die Ergebnisse des Experiments in Tabelle 5 zeigen, dass die Response-Rate RR1, berechnet nach der AAPOR-Formel, in der Gruppe der Befragten, die das Incentive erhielten, mit 80% signifikant höher als in der Non-Treatment-Kontrollgruppe lag (p < 0,05). Die reine Ankündigungs-SMS hat demgegenüber keinen signifikanten Einfluss auf die Ausschöpfungsquote. Der Effekt dieses Prepaid-Incentives, das bedingungslos vor Teilnahme an der

Befragung übergeben wurde, resultiert wesentlich aus der höheren Kooperations-Rate, die mit 87% um 6 Prozentpunkte signifikant höher liegt als in der Kontrollgruppe (p < 0,01). Die Kontakt-Rate konnte durch das Incentive nicht wesentlich gesteigert werden, obwohl wir angenommen hatten, dass einige der nicht kontaktierbaren Nummern verdeckte Verweigerungen sind (weil die Angerufenen die auf dem Display sichtbare Rufnummer des Call-Centers erkennen und den Anruf ignoriert bzw. weggedrückt haben), die durch Gabe eines Incentives verringert werden könnten. Dieser erwartete Effekt fällt aber mit 2 Prozentpunkten in der Gruppe der zuletzt in Welle 4 Befragten (91% vs. 89%) gering aus und kann nicht als signifikant nachgewiesen werden. Unter den zuletzt in Welle 3 oder früher Befragten ist der Effekt des Incentives auf die Kontakt-Rate ebenfalls nicht nachweisbar (hier deuten die Zahlen sogar eher auf einen negativen Effekt hin (40% vs. 51%).

Insgesamt sind diese Befunde jedoch ermutigend. Das Incentive kann mithilfe einer SMS übergeben werden; es ist also keine zusätzliche Postadresse oder andere Informationen über den Befragten erforderlich. Und die Gabe eines bedingungslosen Incentives hat einen die Kooperation fördernden Effekt auf die Befragten. Zu berücksichtigen ist allerdings, dass wir uns hier in einem Panel bewegen, in dem nur bereits kontaktierte und einer weiteren Befragung zustimmende Personen zur Welle 5 eingeladen wurden. Die Befunde zeigen weiter, dass eine Ankündigungs-SMS keinen nachweisbaren Effekt auf die Kontakt-Rate und die Kooperations-Rate hat. Positive Effekte, wie sie von Ankündigungsbriefen in anderen Befragungs-Modes (Link & Mokdad 2005) und vereinzelt für SMS-Reminder bzw. SMS-Ankündigungen (Virtanen et al. 2007; Schlinzig & Schneiderat 2009) belegt sind, lassen sich in dieser Panel-Studie für Ankündigungs-SMS nicht nachweisen.

Weiterhin zu berücksichtigen ist, dass sich der positive Effekt des Incentives nur für die in der vorhergehenden Welle zuletzt Kontaktierten nachweisen lässt, nicht hingegen für diejenigen Befragten, die zuletzt in vorhergehenden Wellen, aber nicht mehr in Welle 4, teilgenommen haben. Entweder können die Befragten aufgrund der bereits länger zurückliegenden letzten Befragung den Bezug zwischen Incentive und bevorstehendem Interview nicht mehr herstellen oder die Entscheidung gegen eine weitere Teilnahme am Panel ist bereits so verfestigt, dass auch das Incentive bzw. die Ankündigungs-SMS daran nichts mehr ändern können. Die Tatsache, dass die Kontakt-Rate in der SMS-Gruppe und in der Incentive-Gruppe (unter den in Welle 4 nicht mehr Erreichten) noch sichtbar unter der der Vergleichsgruppe liegt, legt den Schluss nahe, dass einige dieser potenziellen

Befragten schon die Annahme des eingehenden Anrufs verweigert haben, nachdem sie durch die SMS mit der Ankündigung bzw. mit dem Incentive auf den bevorstehenden Anruf des Interviewers vorbereitet wurden.

Tabelle 5: Kontakt-Rate, Kooperations-Rate und Response-Rate (AAPOR) nach den experimentellen Bedingungen und den Teilsamples in Welle 5

	Kontrollgruppe	Gruppe mit Ankündigungs-SMS	Gruppe mit Incentive
Kontakt-Rate			
zuletzt vor Welle 4 befragt (n=301)	51%	45%	40%
zuletzt in Welle 4 befragt (n=1.087)	89%	88%	91%
Welle 5 (zusammen n=1.388)	81%	79%	80%
Kooperations-Rate			
zuletzt vor Welle 4 befragt (n=301)	30%	24%	32%
zuletzt in Welle 4 befragt (n=1.087)	81%	84%	87% **
Welle 5 (zusammen n=1.388)	74%	76%	80% *
Response-Rate			
zuletzt vor Welle 4 befragt (N=301)	15%	11%	13%
zuletzt in Welle 4 befragt (N=1.087)	72%	74%	80% **
Welle 5 (zusammen n=1.388)	60%	60%	64% *

Anmerkung: * < .05; ** < .01 Chi^2 Unabhängigkeitstest, jeweils verglichen mit der Kontrollgruppe. Kontakt-Rate, Kooperations-Rate und Response-Rate nach AAPOR.

2.3 Nonresponse-Bias

Die bisherigen Analysen haben gezeigt, dass die Response-Rate in der Rekrutierung zum Mobilfunkpanel gering ist und die Ausfälle von Welle zu Welle beträchtlich sind. Zudem hatten Incentives zwar einen nachweisbaren positiven Effekt, konnten aber den Nonresponse nicht vollständig kompensieren. Interessant ist, dass die verzerrenden Effekte, die durch Panel-Attrition entstehen, also durch den Ausfall von zunächst befragungsbereiten Befragten in einer Panel-Welle und durch die Verweigerung der Einwilligung, bei zukünftigen Panel-Wellen kontaktiert zu werden, beträchtlich sind und den ursprünglichen Nonresponse-Bias aus der Rekrutierung verstärken (vgl. Tabelle 6). Schon die Rekrutierung der Auffrischungsstichprobe 2010/11 zum Mobilfunkpanel führt zu einer verzerrten Komposition der Netto-Stichprobe, und diese Verzerrungen werden durch Ausfälle von Panelisten im Laufe der Zeit von Welle zu Welle verstärkt. Die Ergebnisse in Tabelle 6 zeigen, dass die zur Teilnahme an der Auffrischungsbefragung (nicht unbedingt am Panel) bereite Teilgruppe der Handy-Nutzer (Spalte „Befragte in der Auffrischung") jünger ist als die Handy-Nutzer in Deutschland insgesamt (weniger Befragte ab 60 Jahre und mehr Befragte unter 40 Jahre). Weiter ist der Anteil der Erwerbstätigen in der Netto-Stichprobe der Auffrischungs-Studie deutlich erhöht (76% vs. 60%) und es finden sich mehr Männer bereit, an der Auffrischungs-Befragung teilzunehmen, als unter den Handy-Nutzern in Deutschland vorhanden sind. Auffällig ist weiter, dass der Anteil der Befragten mit (Fach-)Hochschulreife viel höher ausfällt als in der Grundgesamtheit (47% vs. 33%).

Diese Verzerrungen werden – mit Ausnahme des Alters – durch die Ausfälle im Laufe des Panels (Attrition) weiter verstärkt. So steigt der Anteil der Männer in der Stichprobe in Welle 5 auf 62% an und der der Erwerbstätigen auf 79%. Auch beim Anteil der höher Gebildeten ist ein weiterer leichter Anstieg auf 49% zu verzeichnen. Beim Alter bleibt der Anteil der Älteren mit 11% deutlich unterrepräsentiert; zugleich sinkt der zunächst überrepräsentierte Anteil der Jüngeren auf einen angemessenen Anteil ab, so dass im Ergebnis der Anteil der 40 bis 59 Jahre alten Befragten weiter ansteigt (bis auf 52%).

Als erfreuliches Detailergebnis zum Einsatz der Incentives (vgl. den vorhergehenden Abschnitt) kann jedoch gezeigt werden, dass diese den ursprünglichen Nonresponse-Bias aus der Rekrutierung verstärkenden Effekte der Panel-Attrition durch das Incentive vermieden oder zumindest abgemildert werden können. Die eingesetzten Incentives konnten nämlich nicht nur zu einer Erhöhung der Response-Rate und damit zu einer Verringerung der Zahl der fehlenden Fälle führen, sondern haben zugleich zu einer verbesserten Komposition der Netto-Stichprobe geführt – soweit man das anhand der untersuchten sozio-demografischen Merkmale Alter, Geschlecht, Einkommen und Erwerbsstatus feststellen kann (nicht in der Tabelle).

Tabelle 6: Non-Response-Bias und Attrition-Bias in der Auffrischungs-Studie 2010/11 und in den beiden nachfolgenden Panel-Wellen.

	Handynutzer in Deutschland	Befragte in der Auffrischung 2010/11	Welle 4	Welle 5
Geschlecht				
männlich	52%	59%	60%	62%
weiblich	48%	41%	40%	38%
Altersgruppen				
bis 39 Jahre	37%	45%	40%	37%
40 bis 59 Jahre	43%	43%	48%	52%
ab 60 Jahre	20%	12%	12%	11%
Erwerbstätigkeit				
erwerbstätig	60%	76%	78%	79%
nicht erwerbstätig	40%	24%	22%	21%
Höchster Schulabschluss				
noch Schüler	4%	1%	1%	1%
Schule beendet ohne Abschluss	1%	1%	0%	0%
Haupt-/Volksschule	26%	17%	17%	17%
Mittlere Reife	36%	34%	34%	33%
(Fach-)Hochschulreife	33%	47%	49%	49%

Anmerkung: Die Vergleichszahlen stammen aus der deutschen Teilstichprobe des European Social Survey 2008, die auf die Personen mit Handy eingegrenzt wurde.

Dieser doppelte positive Effekt der Incentives führt uns dazu, weitere Experimente vorzuschlagen: Während wir bisher lediglich mit fünf-Euro-Gutscheinen als Incentives gearbeitet haben, stellt sich für zukünftige Untersuchungen die Frage, ob höhere Incentives oder eine Kombination von prepaid Incentives und promised Incentives einen stärkeren Effekt auf die Kooperation der Befragten und auf die Komposition der Netto-Stichprobe hinsichtlich soziogenographischer Variablen haben könnte. Zudem sind wir nicht sicher, ob das per SMS übergebene Incentive tatsächlich von den Befragten vor der Kontaktaufnahme durch den Interviewer zur Kenntnis genommen wurde. Viele Befragte könnten die SMS, die zwar von einem ihnen aus vorhergehenden Befragungswellen bekannten Absender, der Technischen Universität Darmstadt, stammte, gelöscht haben und so gar nicht in den Genuss des vorab übergebenen Incentives gekommen sein. Oder sie haben die SMS mit dem Incentive erst nach dem Anruf durch den Interviewer entdeckt. Hier werden wir in weiteren Experimenten herauszufinden versuchen, auf welche Art und Weise Incentives übergeben werden müssen, damit die Befragten bei der Kontaktaufnahme durch den Interviewer in jedem Fall von dem Incentive Kenntnis genommen haben.

2.4 Mobile Web

Einen entscheidenden Nachteil telefonischer Surveys hat die Mobilfunkbefragung aus dem Festnetz übernommen: Die Befragten müssen zu einem Zeitpunkt erreicht werden, zu dem sie bereit sind, sich für die Dauer des Interviews auf die Befragung einzulassen. Terminvereinbarungen in erheblichem Umfang, und nicht nur solche, die am Ende auch eingelöst werden, sind Folge dieser Tatsache, dass dies nur bedingt gelingt – trotz der Versuche, die Anrufzeiten zu optimieren (vgl. z.B. Weeks et al. 1987). Von daher stellt sich die Frage, wie im Rahmen von Mobilfunkbefragungen von selbstadministrierten Elementen Gebrauch gemacht werden kann, was durch deren asynchronen Charakter den Vorteil bietet, dass Befragte den Fragebogen zu einem für sie günstigen Zeitpunkt bearbeiten können.

Wir haben daher im Rahmen unseres Mobilfunkpanels auch mit einer Mobile-Web-Komponente experimentiert, bei der wir Befragten eine URL zu einem Mobile-Web-Fragebogen per SMS zugeschickt haben. An insgesamt 444 nicht erreichte Telefonnummern und softe Verweigerungen aus der Befragungswelle 5 haben wir nach Ende der Feldarbeit im Call-Center eine SMS mit der URL zu einer Mobile-Web-Version des Kernfragebogens unserer Panelwelle 5 geschickt.

Der Erfolg unserer Bemühungen (vgl. Tabelle 7), diese nicht in der traditionellen Feldarbeit erreichten bzw. zu einem telefonischen Interview bereiten Befragten im Panel zu halten, war bescheiden. Lediglich 22 Personen (ungefähr 5%) haben den Mobile-Web-Fragebogen aufgerufen, und von diesen haben wiederum nur 18 den Fragebogen vollständig bearbeitet. Interessanterweise sind darunter vor allem Befragte, die in der Befragungswelle 5 eine weiche Verweigerung abgegeben haben; hier konnten immerhin 7% der Befragten dazu bewegt werden, den Mobile-Web-Fragebogen vollständig zu bearbeiten, und immerhin die Hälfte von diesen hat auch die

Einwilligung erteilt, in der nächsten Panel-Welle wiederum kontaktiert zu werden. Die Ausschöpfungsrate der Welle 5 konnte durch dieses Vorgehen insgesamt um gut 2 Prozentpunkte gesteigert werden.

Tabelle 7: Mobile-Web-Experiment unter Non-Respondenten der Welle 5

Status nach Welle 5	SMS versendet	Online-Fragebogen geöffnet	Fragebogen vollständig bearbeitet	Einverständnis zur Befragung in Welle 6
weiche Verweigerungen	37% (166)	59% (13)	67% (12)	67% (6)
Noncontact	27% (119)	27% (6)	17% (3)	11% (1)
Sonstiges	1% (5)	-	-	-
Unknown Eligibility	35% (154)	14% (3)	17% (3)	22% (2)
Summe	100% (444)	100% (22)	100% (18)	100% (9)

Man muss natürlich berücksichtigen, dass es sich bei den in diesem Test zur Befragung Eingeladenen nicht um eine zufällig generierte Stichprobe von Handy-Nutzern handelt, sondern um softe Verweigerungen und Nicht-Erreichte in einem Mobilfunkpanel. Wie sich die Teilnahmebereitschaft im Rahmen von Querschnittsbefragungen mit zufällig generierten Mobilfunknummern darstellt, lässt sich aus diesen Zahlen nicht ableiten.

Insgesamt zeigen diese Befunde, dass die negativen Entwicklungen im Bereich des Coverage und des Nonresponse, von denen die telefonische Befragung betroffen ist, durch den Einsatz von Mobilfunkbefragungen (interviewer-administriert oder selbst-administriert) abgemildert werden können. Allerdings erfordert dies eine beträchtliche methodische Entwicklungsarbeit und Begleitforschung, die über die Auswirkungen der technischen und methodologischen Innovationen Auskunft geben kann. Hier soll der vorliegende Text einen Beitrag liefern.

Literatur

AAPOR (2011): *Standard definitions. Final dispositions of case codes and outcome rates for surveys*: AAPOR.

Blumberg, S. J.; Luke, J. V.; Ganesh, N.; Davern, M. E.; Boudreaux, M. H.; Soderberg, K. (2011): *Wireless substitution: State-level estimates from the National Health Interview Survey, January 2007–June 2010*. Washington, D.C.: National Center for Health Statistics.

Beukenhorst, D.; Giesen, D. (2010): *Internet use for data collection at Statistics Netherlands*. Paper presented at the 2nd International Workshop on Internet Survey Methods.

Brick, J. M.; Brick, P. D.; Dipko, S.; Presser, S.; Tucker, C.; Yuan, Y. (2007): Cell phone survey feasibility in the U.S.: Sampling and calling cell numbers versus landline numbers. Public Opinion Quarterly, 71(1), 23-39.

Busse, B.; Fuchs, M. (2012): The components of landline telephone survey coverage bias. The relative importance of no-phone and mobile-only populations. *Quality & Quantity, 46*(4), 1209-1225.

Conrad, F. G.; Schober, M. (2008): *Envisioning the survey interview of the future*. Hoboken, NJ: Wiley.

Couper, M. P. (2011): The future of modes of data collection. *Public Opinion Quarterly, 75*(5), 889-908.

Daas, P.; Roos, M.; de Blois, C.; Hoekstra, R.; ten Bosch, O.; Ma, Y. (2011): *New data sources for statistics: Experiences at Statistics Netherlands*. Paper presented at the NTTS - Conferences on New Techniques and Technologies for Statistics.

de Leeuw, E. D.; De Heer, W. (2002): Trends in household survey nonresponse: A longitudinal and international comparison. In R. M. Groves, D. A. Dillman, J. L. Eltinge & R. J. A. Little (Eds.), *Survey nonresponse* (pp. 41-54): New York: Wiley.

de Leeuw, E. D.; Hox, J. J. (2010): Internet surveys as part of a mixed-mode design. In M. Das, P. Ester & L. Kaczmirek (Eds.), *Social and Behavioral research and the internet* (pp. 45-76): New York: Routledge.

Dillman, D. A.; Christian, L. M. (2005): Survey mode as a source of instability in responses across surveys. *Field Methods, 17*(1), 30-52.

Dillman, D. A.; Phelps, G.; Tortora, R. D.; Swift, K.; Kohrell, J.; Berck, J. et al. (2009): Response rate and measurement differences in mixed-mode surveys using mail, telephone, interactive voice response (IVR) and the Internet. *Social Science Research, 38,* 1-18.

Fuchs, M. (2007): Mobile Web Survey. Möglichkeiten der Verknüpfung von Online-Befragung und Handy-Befragung. *ZUMA-Nachrichten Spezial* (13), 105-126.

Fuchs, M. (2008a): Mobile Web Survey: A preliminary discussion of methodological implications. In F. G. Conrad & M. F. Schober (Eds.), *Envisioning the survey interview of the future* (pp. 77-94): New York: Wiley.

Fuchs, M. (2008b): Total survey error. In P. J. Lavrakas (Ed.), *Encyclopedia of survey research methods* (Vol. 2, pp. 896-902): Thousand Oaks, CA: Sage.

Fuchs, M.; Busse, B. (2009): The coverage bias of mobile Web surveys across European countries. *International Journal of Internet Science, 4*(1), 21-33.

Gabler, S.; Ayhan, Ö. (2007): Gewichtung bei der Erhebung im Festnetz und über Mobilfunk. Ein Dual Frame Ansatz. *ZUMA-Nachrichten Spezial* (13), 39-46.

Groves, R. M. (2006): Nonresponse rates and nonresponse bias in household surveys. *Public Opinion Quarterly, 70*(5), 646-675.

Groves, R. M.; Peytcheva, E. (2008): The impact of nonresponse rates on nonresponse bias. *Public Opinion Quarterly, 72*(2), 167-189.

Häder, M.; Häder, S. (Eds.): (2009): *Telefonbefragungen über das Mobilfunknetz. Konzept, Design und Umsetzung einer Strategie zur Datenerhebung.* Wiesbaden: VS Verlag.

Harrison, C. H. (2005): Coverage error. In S. J. Best & B. Radcliff (Eds.), *Polling America: An encyclopedia of public opinion* (Vol. 1, pp. 134-140): Westpost: Greenwood.

Hofmann, H. (2007): Kombinierte Stichproben für Telefonumfragen - Ansätze in Europa. *ZUMA-Nachrichten Spezial* (13), 47-58.

Keeter, S.; Kennedy, C.; Clark, A.; Tompson, T.; Mokrzycki, M. (2007): What's missing from national landline RDD surveys? The impact of the growing cell-only population. *Public Opinion Quarterly, 71*(5), 772-792.

Kennedy, C. (2007): Evaluating the effects of screening for telephone service in dual frame RDD surveys. *Public Opinion Quarterly, 71*(5), 750-771.

Kersten, H. M. P.; Bethlehem, J. G. (1984): Exploring and Reducing the Nonresponse Bias By Asking the Basic Question. *The Statistical Journal of the United Nations Commission for Europe, 2,* 369-380.

Kunz, T.; Fuchs, M. (2011): Pre-call validation of RDD cell phone numbers. A field experiment. Paper presented at the Annual Conference of the American Association for Public Opinion Research.

Lepkowski, J. M.; Tucker, C.; Brick, J. M.; De Leeuw, E. D.; Japec, L.; Lavrakas, P. J. et al. (Eds.): (2008): *Advances in telephone survey methodology.* Hoboken, NJ: Wiley.

Link, M. W.; Mokdad, A. (2005): Advance letters as a means of improving respondent cooperation in random digit dial studies. A multistate experiment. Public Opinion Quarterly, 69(4), 572-587.

Link, M. W.; Battaglia, M. P.; Frankel, M. R.; Osborn, L.; Mokdad, A. (2007): Reaching the U.S. cell phone generation. Comparison of cell phone survey results with an ongoing landline telephone survey. Public Opinion Quarterly, 71(5), 814-839.

Lynn, P.; Kaminska, O. (2010): *The impact of mobile phones on survey measurement error.* Paper presented at the Mobile Research Conference 2010.

Miller, G. (2011): Social scientists wade into the tweet stream. *Science, News & Analysis, 333,* 1814-1815.

Peytchev, A. (2011): Breakoff and unit nonresponse across web surveys. *Journal of Official Statistics, 27*(1), 33-47.

Peytchev, A.; Carley-Baxter, L. R.; Black, M. C. (2010): Coverage bias in variances, associations, and total error from exclusion of the cell phone-only population in the United States. *Social Science Computer Review, 28*(3), 287-302.

Peytchev, A.; Hill, C. A. (2010): Experiments in mobile web survey design. Similarities to other modes and unique considerations. *Social Science Computer Review, 28*(3), 319-335.

Raento, M.; Oulasvirta, A.; Eagle, N. (2009): Smartphones: An emerging tool for social scientists. *Sociological Methods Research, 37*(3), 426-454.

Schlinzig, T.; Schneiderat, G. (2009): Möglichkeiten zur Erhöhung der Teilnahmebereitschaft bei Telefonumfragen über Festnetz und Mobilfunk. Zum Potenzial von Warmkontakt und randomisierter Geburtstagsauswahl. In M. Weichbold, J. Bacher & C. Wolf (Eds.), Umfrageforschung. Herausforderungen und Grenzen (pp. 21-44): Meppel: Krips b.v.

Schneiderat, G.; Schlinzig, T. (2009): Teilnahmebereitschaft und Teilnahmeverhalten bei Telefonumfragen in der Allgemeinen Bevölkerung über das Mobilfunknetz. In M. Häder, S. Häder (Eds.), Telefonbefragungen über das Mobilfunknetz. Konzept, Design und Umsetzung einer Strategie zur Datenerhebung (pp. 83-98): Wiesbaden: VS Verlag.

Steeh, C.; Buskirk, T. D.; Callegaro, M. (2007): Using text messages in U.S. mobile phone surveys. Field Methods, 19(1), 59-75.

Stieger, S.; Reips, U. D. (2005): *Dynamic Interviewing Program (DIP): Automatic online interviews via the instant messenger ICQ*. Paper presented at the General Online Research Conference (GOR):

Vannieuwenhuyze, J.; Loosveldt, G.; Molenberghs, G. (2010): A method for evaluating mode effects in mixed-mode surveys. *Public Opinion Quarterly, 74*(5), 1027-1045.

Vehovar, V.; Berzelak, N.; Manfreda, K. L. (2010): Mobile phones in an environment of competing survey modes: Applying metric for evaluation of costs and errors. *Social Science Computer Review, 28*(3), 303-318.

Virtanen, V.; Sirkiä, T.; Jokiranta, V. (2007): Reducing nonresponse by SMS reminders in mail surveys. Social Science Computer Review, 25(3), 384-395.

Weeks, M. F.; Kulka, R. A.; Pierson, S. A. (1987): Optimal call scheduling for a telephone survey. Public Opinion Quarterly, 51(4), 540-549.

Wilmot, A.; Dewar, A. (2006): Developing harmonised questions for use in a mixed-mode data collection environment. *Survey Methodology Bulletin, Special Edition, 58*, 75-89.

Wolter, K. M.; Smith, P.; Blumberg, S. J. (2010): Statistical foundations of cell-phone surveys. *Survey Methodology, 36*(2), 203-215.

Innovation der Online-Datenerhebung für wissenschaftliche Forschungen
Das niederländische MESS-Projekt[1]

Marcel Das
CentERdata und Tilburg School of Economics and Management
Tilburg University, Niederlande

Zusammenfassung

Nicht viele wissenschaftliche Langzeitstudien in Europa oder in den Vereinigten Staaten stützen sich auf Online-Panels. In führenden wissenschaftlichen Studien wird zur Datenerhebung meist auf Face-to-Face-Interviews oder Telefoninterviews zurückgegriffen. Im Vergleich dazu ist die Internetbefragung kosteneffizienter und bietet der empirischen Forschung in den Sozialwissenschaften verschiedene neue Möglichkeiten. Grundsätzlich können neue oder komplexe Konzepte innerhalb viel kürzerer Zeitrahmen bewertet werden, als dies in der herkömmlichen Meinungsforschung üblich ist. Außerdem sind technologiebedingt z.B. experimentelle Untersuchungen, die Erhebung von Folgedaten und ein Feedback der Befragten möglich.

Basierend auf früheren Erfahrungen mit einem wissenschaftlichen Online-Panel wurde in den Niederlanden eine moderne Datenerhebungsumgebung für die Sozialwissenschaften geschaffen. Es handelt sich dabei um eine moderne multidisziplinäre Einrichtung für Erhebungen und experimentelle Untersuchungen in den Sozialwissenschaften mit der Kurzbe-

---

1 Der vorliegende Beitrag ist eine Zusammenfassung des Vortrags, den der Verfasser am 24. November 2011 auf der Wissenschaftlichen Jahrestagung von ASI und ADM gehalten hat. Der Text basiert auf Teilübersetzungen von Das (2012) und Scherpenzeel und Das (2011).

zeichnung *MESS (Advanced Multi-Disciplinary Facility for Measurement and Experimentation in the Social Sciences)*). Die Einrichtung bietet optimale Innovationsmöglichkeiten, ist schnell und für alle Mitglieder der akademischen Gemeinschaft frei zugänglich. Zentraler Bestandteil ist ein repräsentatives Panel von Haushalten, die sich einverstanden erklärt haben, für regelmäßige Interviews über das Internet verfügbar zu sein: das LISS-Panel (LISS: Longitudinal Internet Studies for the Social sciences). Neben herkömmlichen Fragebögen stützt sich die Einrichtung auf optische Schautafeln, das Preloading von Daten und den selbstverwalteten Einsatz von Biomarkern. Das Projekt zielt auf die Integration verschiedener Studiengebiete ab, Wirtschaft, Sozialwissenschaften, (Bio)Medizinische Wissenschaften und Verhaltenswissenschaften.

1 Einleitung

Zwingende Gründe sprechen für die Annahme, dass die Internetbefragung in den Sozialwissenschaften in den nächsten 10 - 20 Jahren das vorherrschende Umfrageinstrument darstellt und schriftliche, persönliche und telefonische Befragungen weitestgehend ersetzen wird. Die Verbreitung des Internets nimmt in allen Ländern und in allen sozioökonomischen Gruppen rasant zu. Auch die Akzeptanz von Internetbefragungen hat wegen der Aussicht rascher und kostengünstigerer Datenerhebungen rasch zugenommen (Couper, 2008). Viele dieser Studien basieren auf bedarfsorientiert zusammengestellten Panels ohne solide zugrunde liegende Auswahlkonzepte, nur einige basieren auf Wahrscheinlichkeitsstichproben der betreffenden Population. Die Erfassung der Gesamtpopulation kann dadurch weiter gesteigert werden, dass nach dem Zufallsprinzip ausgewählte Teilnehmer mit den erforderlichen Geräten für die Teilnahme ausgestattet werden, sofern sie noch keinen Internetzugang haben.

Technologische Entwicklungen machen die Internetbefragung nicht nur kosteneffizient, sondern auch flexibel und zukunftsorientiert, weil neu entwickelte Technologien und neue Ansätze leicht, schnell und effizient berücksichtigt werden können. Hierdurch erhöht sich die Effizienz der wissenschaftlichen Forschung beachtlich und erlaubt eine schnelle Reaktion auf gesellschaftliche Entwicklungen. Außerdem bietet die Internetbefragung Möglichkeiten zur Verwendung innovativer Fragetechniken, z.B. durch Nutzung visueller Tools auf dem Bildschirm oder eine andere Form der Datenerhebung als durch Fragen, die im Rahmen von Umfragen gestellt werden. Dazu sind verschiedene neue Kommunikations- und Erfassungsgeräte erforderlich, wie z.b. Smartphones mit GPS und der Fähigkeit, Barcodes zu lesen (z.B. QR-Codes) wie auch Geräte zur Erfassung von Biomarkern wie Gewicht, bioelektrische Impedanz, körperliche Aktivitätslevel und Blutdruck. Diese Tools erlauben eine viel präzisere und kosteneffektivere Messung und experimentelle Untersuchung großer repräsentativer Stichproben mit dem Ergebnis umfassenderer, aussagekräftigerer Daten zu vielen Lebensbereichen der Befragten.

Im Jahr 2006 wurde die *Advanced Multi-Disciplinary Facility for Measurement and Experimentation in the Social Sciences* (MESS) als eine von fünf großen Forschungsinfrastrukturen gestartet, die von der niederländischen Regierung gefördert werden. MESS ist eine innovative Datenerhebungseinrichtung zur Förderung und Integration der Forschung in verschiedenen Disziplinen wie Wirtschaft, Sozialwissenschaften, Biowissenschaften und Verhaltenswissenschaften. Der zentrale Bestandteil dieser Einrichtung, das LISS-Panel (LISS: Längsschnitt-Internetstudien für die Sozialwissenschaften), ist ein repräsentatives Panel von rund 5.000 Haushalten, die auf einer aus Melderegistern gezogenen Wahrscheinlichkeitsstichprobe basieren. Die Befragten beantworten monatlich über das Internet Interviewfragen. Haushalte, die auf Grund fehlender technischer Ausstattung nicht teilnehmen könnten, werden mit einem Computer und Breitband-Internetzugang versorgt. Neben herkömmlichen Fragebögen stützt sich die Einrichtung auf optische Schautafeln, das Preloading von Daten, die Erhebung von Nicht-Interview-Daten wie die selbstverwaltete Erfassung von Biomarkern oder das „Ecological Momentary Assessment" mit wiederholten Real-Time-Erhebungen in Bezug auf aktuelle Verhaltensweisen und Erlebnisse der Personen in ihrer natürlichen Umgebung.

Wirksame Elemente dieser Infrastruktur sind der offene Zugang (für alle wissenschaftlichen Mitarbeiter in den Niederlanden und im Ausland) und die gute Repräsentativität der Population, wodurch eine Umgebung für disziplinübergreifende Studien und Experimente in Bezug auf eine große Themenvielfalt unter Nutzung moderner Erhebungsinstrumente geschaffen wird. Die meisten Befragten nehmen schon seit 2007 teil, so dass gute Hintergrundinformationen zu vielen Aspekten ihres Lebens auf einer jährlichen Basis gesammelt oder aktualisiert und für neue Studien oder Experimente zur Verfügung gestellt werden konnten. Viele dieser Experimente haben eine longitudinale Komponente, mit wiederholten Messungen in Abständen von wenigen Monaten bis über einem Jahr. MESS steht allen wissenschaftlichen Mitarbeitern zur freien Verfügung. Es ist ein öffentliches Gut mit einem signifikanten wissenschaftlichen und gesellschaftlichen Mehrwert. Das System ist eingebunden in ein globales Forschernetzwerk, das eng mit dem American Life Panel (ALP) kooperiert, einer vergleichbaren Einrichtung in den USA, wie auch mit Vertretern ähnlicher Initiativen in mehreren anderen europäischen Ländern.

Hauptziel des MESS-Projekts ist die Schaffung einer Infrastruktur für die Datenerhebung zur Ankurbelung der Forschung in den Sozialwissenschaften durch Einsatz neuer Technologien in der Meinungsforschung. Sechs charakteristische Merkmale sprechen für die Umsetzung des MESS-Verfahrens:

1. Es ist kosteneffizient. Die Kosten der Datenerhebung mit herkömmlichen Methoden steigen weiter, während die Sätze für kooperative Verfahren sinken.
2. Neu verfügbare Technologien und Verfahren werden optimal genutzt. Das System ist flexibel und zukunftsorientiert, weil neu entwickelte Technologien und Ansätze problemlos berücksichtigt werden können
3. Es ist offen. Viele Infrastrukturen sind der Nutzung durch eine kleine Forschergruppe vorbehalten. Der Zugriff auf MESS ist unkompliziert und ist jedem wissenschaftlichen Mitarbeiter möglich.
4. Es ist effizient. Die meisten Umfragen haben einen eigenen Fokus, aber es gibt auch wesentliche Überlappungen. Durch Kombination von Fragebögen können getrennte, aber sich überlappende Umfragen durch eine neue Umfrage ersetzt werden.
5. Es ist schnell. Die Daten stehen für Analysen viel schneller zur Verfügung als bei herkömmlichen und konventionelleren Datenerhebungsverfahren. Dadurch erhöht sich die Effizienz der wissenschaftlichen Forschung enorm und passt sich der gesellschaftlichen Dynamik besser an.
6. Es ist disziplinübergreifend. Die Beziehungen zwischen Bereichen, die in bestehenden Umfragen separat behandelt werden, können untersucht werden. MESS vereint verschiedene wissenschaftliche Disziplinen wie u. a. Wirtschafts-, Verhaltens-, Sozial-, Biomedizinische und Rechtswissenschaften.

In diesem Paper werden Details des MESS-Projekts vorgestellt. Abschnitt 2 enthält Hintergrundinformationen. Abschnitt 3 konzentriert sich auf den zentralen Bestandteil der Einrichtung, das LISS-Panel (Längsschnitt-Internetstudien für die Sozialwissenschaften). Es wird im Einzelnen beschrieben, wie die Einrichtung umgesetzt wurde und kurz auf die Qualität der Daten eingegangen. In Abschnitt 4 wird die Nutzung des LISS-Panels beschrieben. In Abschnitt 5 werden Schlüsselelemente des MESS-Projekts vorgestellt: die Längsschnitt-Kernstudie, die Realisierung neuer innovativer Erhebungsinstrumente, Links zu administrativen Daten und besonderen Gruppen. Ausführungen zur Nachhaltigkeit und Weiterentwicklung von MESS sind in Abschnitt 6 das Thema. Abschnitt 7 enthält ein Fazit.

2 Hintergrund

Im Allgemeinen gibt es bei Internetbefragungen Probleme in Bezug auf durch Coverage und Selbstselektion verursachte Verzerrungen. Erfassungsfehler sind auf eine Diskrepanz zwischen der Ziel-Auswahlpopulation (frame population) zurückzuführen (Couper, 2000). Man könnte meinen, diese Art von Fehler würde mit der Zeit an Bedeutung verlieren, weil die Internetnutzung in fast allen Ländern in den letzten zehn Jahren stetig zugenommen hat und in den meisten Ländern weiter zunimmt. In der EU-27 ist die Internetnutzung von 51,3% in 2006 auf 67,6% in 2010 gestiegen; in den Niederlanden von 65,9% auf 88,6% (http://www.internetworldstats.com). Fehler durch Unterdeckung der Zielpopulation in der Auswahlgrundlage (undercoverage error) stellen nach wie vor ein Problem dar, weil der Internetzugang in bestimmten Gruppen wie bei älteren Menschen oder Personen mit einem niedrigen sozioökonomischen Status nur eingeschränkt vorhanden ist. Der Umfang der Gesamtverzerrung aufgrund von Unterdeckung bemisst sich am Anteil jener, die in der Auswahlpopulation fehlen sowie Unterschieden in Merkmalen, Einstellungen und Verhaltensweisen zwischen Internetnutzern und Nicht-Internetnutzern. Bei Berücksichtigung der kombinierten Wirkung beider Faktoren gibt es keine Garantie, dass durch Zunahme der Internetverbreitung die durch Untererfassung entstehende Verzerrung kleiner wird (Bethlehem, 2007).

Viele Internetumfragen basieren auf einer Selbstselektion. Durch Banner, Pop-up-Fenster und E-Mails werden die Respondenten zur Beteiligung an der Umfrage durch Selbstselektion eingeladen. Aufgrund der Selbstselektion kann das Auswahlverfahren nicht (länger) kontrolliert werden. Die Auswahlwahrscheinlichkeiten sind nicht bekannt und machen es unmöglich, in Bezug auf die Genauigkeit der Prognosen Rückschlüsse zu ziehen.

Aufgrund von Problemen mit der Erfassung und Selbstselektion hegt die wissenschaftliche Gemeinschaft in Bezug auf die Nutzung des Internets zum Zwecke der Datenerhebung Vorbehalte, insbesondere in Bezug auf allgemeine Bevölkerungsstudien. Allerdings offenbaren die herkömmlichen

Umfrageverfahren auch in zunehmendem Maße Mängel. Per Telefon oder über persönliche Interviews durchgeführte wissenschaftliche Erhebungen zeigen wachsende Probleme im Hinblick auf eine Unterdeckung und Verzerrung durch Nichtantwort (nonresponse). Insbesondere Telefonumfragen werden zunehmend schwieriger, weil Befragte seltener direkt erreicht werden, teils wegen des zunehmenden Einsatzes von Anrufbeantwortern und Mobiltelefonen (siehe z.b. Berrens et al., 2001) und teils wegen des schnellen Wachstums nicht gemeldeter Telefonnummern (siehe z.b. Piekarski, Kaplan und Prestegaard, 1999). Vor über zehn Jahren schloss Kalton (2000) bereits darauf, dass die Bedeutung des Telefons für die Datenerhebung aufgrund rückläufiger Antwortquoten nicht haltbar sei. Die abnehmende Erfassung von (Festnetz-) Telefoninterviews in den westlichen Staaten trägt zum Problem der niedrigen Antwortquoten bei.

Die jüngsten Entwicklungen haben auf die Umfragemethoden bedeutende Auswirkungen. Zusätzlich zur Untererfassung und Verzerrung durch Nichtbeantwortung sind die herkömmlichen Verfahren deutlich teurer als Internetbefragungen. Dazu können Erhebungsdaten per Internet viel schneller gesammelt werden als über herkömmliche Methoden. Wie kann die akademische Gemeinschaft all diese Vorteile nutzen, ohne dass die beiden nicht zu unterschätzenden Nachteile der Nichterfassung und Selbstselektion ignoriert werden?

Es gibt zwei offensichtliche Wege zur Realisierung einer Stichprobe, die möglicherweise für mehr als nur die Gruppe der aktiven Internetnutzer repräsentativ ist. Eine Strategie ist die gleichzeitige Nutzung mehrerer Interviewverfahren (Mixed Mode-Design): das internetbasierte Verfahren für diejenigen mit Internetzugang und andere Verfahren, z.B. das computergestützte Telefon-Interview (CATI) oder das computergestützte persönliche Interview (CAPI) für andere. Dieses Vorgehen reduziert Kosten und garantiert allen eine aus Melderegistern gezogene Wahrscheinlichkeitsstichprobe. Allerdings hat der gemischte Einsatz von Verfahren einige bedeutende Nachteile: (1) Die Durchlaufzeiten zwischen Fragebogenentwurf und Produktion der abschließenden Daten sind beträchtlich länger als bei Verwendung nur eines Verfahrens; (2) es werden Kosten gespart, aber das Verfahren ist immer noch kostenintensiv und organisatorisch aufwändig, zum Teil, weil die Interviewer nach wie vor für jedes Interview geschult werden müssen; (3) soweit andere Interviewverfahren zum Einsatz kommen, kann es problematisch, wenn nicht unmöglich sein, die über verschiedene Verfahren erhaltenen Ergebnisse zu vergleichen.

Statt mit verschiedenen Interviewverfahren zu arbeiten, ist ein anderer Weg zur Realisierung einer Stichprobe, die möglicherweise für die Gesamtpopulation repräsentativ ist, die zufällige Ziehung von Befragten aus der Gesamtpopulation und die Bereitstellung eines Internetzugangs für alle an der Erhebung beteiligten Haushalte, die über einen solchen noch nicht verfügen. Dieser Ansatz war Bestandteil des MESS-Projekts.

3 Zentraler Bestandteil der Einrichtung: das LISS-Panel

Zentraler Bestandteil des MESS-Projekts ist ein repräsentatives Panel von Haushalten, die sich einverstanden erklärt haben, für regelmäßige Interviews über das Internet verfügbar zu sein: das LISS-Panel (LISS: Längsschnitt-Internetstudien für die Sozialwissenschaften). Die Panelteilnehmer füllen jeden Monat Online-Fragebögen aus (die Beantwortung dauert rund 30 Minuten) und werden für jeden ausgefüllten Fragebogen bezahlt (15 Euro pro Stunde). Ein Haushaltsangehöriger übermittelt die Haushaltsdaten und aktualisiert die Informationen monatlich. Das Panel basiert auf einer Wahrscheinlichkeitsstichprobe, die mit Hilfe von Statistics Netherlands aus den Melderegistern gezogen wird. In Abschnitt 3.1 wird im Einzelnen beschrieben, wie die Wahrscheinlichkeitsstichprobe gezogen wird. Eine solche Wahrscheinlichkeitsstichprobe unterscheidet das LISS-Panel von vielen anderen Internet-Panels, die mit einer nicht repräsentativen Stichprobenauswahl anhand von einfacher Verfügbarkeit arbeiten (sog. Convenience Samples). Die LISS-Probe berücksichtigt Haushalte ohne einen Breitband- oder einfachen Internetzugang, denen dieser zum Zwecke der Teilnahme bereitgestellt wird. In Abschnitt 3.2 wird auf das Rekrutierungsverfahren und in Abschnitt 3.3 kurz auf die Datenqualität eingegangen.

3.1 Ziehung der Wahrscheinlichkeitsstichprobe

Die Referenzpopulation für das LISS-Panel ist die niederländisch-sprachige Bevölkerung, die in den Niederlanden ihren ständigen Wohnsitz hat. Die Erhebungs- und Umfrageeinheiten des LISS-Panels sind individuelle Privathaushalte unter Ausschluss von Organisationen und anderen Formen von institutionellen Haushalten. Haushalte, in denen kein Erwachsener der niederländischen Sprache mächtig ist, werden in der Referenzpopulation nicht berücksichtigt. Der Erhebungsrahmen basierte auf dem nationalen

Adressverzeichnis von Statistics Netherlands. Dieser adressbasierte Stichprobenrahmen, der auf Datensätzen mit Adresse und Postleitzahl basiert, wurde von Statistics Netherlands durch jährliche Ziehung einer Zufallsstichprobe (10%) aus den Bevölkerungsregistern generiert (Datenbank der Gemeindeverwaltung). Der adressbasierte Stichprobenrahmen kann Situationen berücksichtigen, in denen mehrere Haushalte eine gemeinsame Adresse haben, z.B. ein Studentenwohnheim. In der postalischen Lieferanschrift enthaltene Informationen wurden zur Identifizierung dieser Mehrfachhaushalte genutzt. Eine Adresse kann damit mehreren Einheiten des Stichprobenrahmens zugeordnet werden.

In Zusammenarbeit mit Statistics Netherlands wurde eine einfache Zufallsstichprobe aus 10.150 Adressen aus der vorstehend beschriebenen adressbasierten Auswahlgrundlage gezogen. Weil mit „An die Bewohner dieses Hauses" adressierte Briefe normalerweise ungeöffnet weggeworfen werden, wurde für jede Adresse ein Name aus dem Register entnommen, der auf dem postalisch zugestellten Brief und Umschlag angegeben wurde. Dabei ist zu beachten, dass die Auswahl einer Person des Haushalts lediglich zum Zwecke der Zustellung des Ankündigungsschreibens erfolgte: Die Stichprobeneinheit des Panels ist die Adresse und alle Mitglieder des Haushalts mit der Adresse der Stichprobe werden zur Teilnahme eingeladen.

Für jede Stichprobenadresse wurde eine Telefonnummer aus einer Kontaktdatenbank für Festnetzanschlüsse herausgesucht. Für rund 70% der Adressen konnten erwartungsgemäß (in Anbetracht der Tatsache, dass die Zahl der Haushalte mit Festnetzanschlüssen abnimmt) entsprechende Nummern ermittelt werden. Die Untergruppe der Befragten der Stichprobe ohne bekannten (Festnetz-)Anschluss bestand u.a. aus Haushalten mit nicht veröffentlichten Nummern und Haushalten ganz ohne Telefon oder solchen, die lediglich über Mobiltelefone verfügten. Diese Haushalte konnten telefonisch nicht erreicht werden und wurden stattdessen persönlich angesprochen.

Die Stichprobe aus den Melderegistern umfasste auch Einzelpersonen und Haushalte, die (noch) ohne Internetanschluss waren. Zur Zeit der Rekrutierung des LISS-Panels, 2007, waren in den Niederlanden rund 15% der Haushalte zuhause ohne Internetanschluss. Diese Teilnehmer wurden mit einem Gerät namens „simPC" für einen Breitbandanschluss ausgerüstet. Der „simPC" ist ein kleiner, einfacher Computer mit zentralem Support und zentraler Wartung. Die am häufigsten genutzten Funktionen können über große Schaltflächen aufgerufen werden, die Bildschirme sind so aufgebaut, dass sie auch von älteren Menschen gut lesbar sind. Die Teilnehmer der Stichprobe mit Internetzugang, aber ohne Breitbandanschluss werden mit einem Breitbandanschluss versorgt. Zu den mit Breitband möglichen Darstellungsoptionen zählen optische Schautafeln und Videos. Für die Panel-Teilnehmer wurden Computer und Breitbandanschlüsse eingerichtet. Erforderlichenfalls sollten sie zuhause betreut werden, um ihnen die Bedienung des „simPC" und das Ausfüllen der Fragebögen am Bildschirm zu erläutern.

3.2 Rekrutierung des Panels

Die Stichprobenhaushalte wurden von Mai bis Dezember 2007 rekrutiert. Die Haushalte wurden auf herkömmlichem Weg angesprochen: Zuerst wurde ein Ankündigungsschreiben mit einer Broschüre übermittelt, in dem erläutert wurde, um welche Art von Panel-Studie es sich handelt. Eine Copywriting- und Designagentur wurde mit dem Entwurf eines ansprechenden Schreibens mit Broschüre beauftragt. Die den Befragten beim Erstkontakt zur Verfügung gestellten Informationen wurden in mehreren Pretests und einer Pilotstudie einer Prüfung unterzogen (Scherpenzeel und Toepoel, 2012). Budowksi und Scherpenzeel (2005) haben gezeigt, dass die Überzeugungskraft des Textes in einem Ankündigungsschreiben oder einer Infobroschüre durch Integration sozialpsychologischer Konzepte erhöht werden kann, wie Reziprozität, Gefühl, mit der Teilnahme zu helfen, Verhaltensbeständigkeit, Personalisierung (siehe auch Groves et al., 1992). Verschiedene qualitative Pretests mit unterschiedlichen Konzeptionen für das Anschreiben haben gezeigt, dass die verantwortliche Institution, die Reziprozität und die Unterstützung in Bezug auf die Bitte, sich am Panel zu beteiligen, als besonders überzeugend wahrgenommen wurden. Folglich wurden beide Projektpartner (die Tilburg University und Statistics Netherlands) erwähnt, die Vergütung für die Teilnahme am Panel hervorgehoben und angegeben, dass die Teilnahme der Wissenschaft sehr zugute käme und helfen würde, das in Bezug auf die Gesellschaft gesammelte Wissen weiter auszubauen.

In einer Pilotstudie erhielt die eine Hälfte der Stichprobenmitglieder ein Schreiben, mit dem diese über die Art des Panels informiert wurden und als Beilage eine erläuternde Broschüre erhielten. Die andere Hälfte erhielt lediglich ein Schreiben, das über das kurze Rekrutierungsinterview informierte ohne Beilage einer Broschüre. Im Fall der zuletzt genannten Bedingung stellten die Interviewer das Internet-Panel erst nach Abschluss des Interviews vor. Es zeigte sich, dass die Art und Weise der Information keinen Effekt auf die Antwortquoten hatte. Im endgültigen Anschreiben wurde die Art der Panel-Studie erwähnt und die Broschüre beigelegt Bezüglich weiterer Informationen wurde der Leser auf die Panel-Website verwiesen. Im Schreiben war ein 10 Euro-Geldschein enthalten, entsprechend der Pilotstudie, derzufolge die Zahlung eines Symbolbetrags (10 Euro) als Teilnahmeanreiz die Bereitschaft zur Teilnahme am Panel effektiv erhöht (Scherpenzeel und Toepoel, 2012).

Im Anschluss an das Schreiben wurden die Respondenten von einem Interviewer in einem Mixed Mode-Design kontaktiert. Die Haushalte, für die eine Telefonnummer identifiziert werden konnte, wurden per Telefon kontaktiert (CATI). Die übrigen Haushalte wurden von einem Interviewer besucht und persönlich angesprochen (CAPI). Die Interviewer wurden angewiesen zu versuchen, zuerst mit derjenigen Person zu sprechen, an die das Ankündigungsschreiben adressiert war. Wenn der Empfänger nicht anwesend war oder zum Kontakt nicht in der Lage oder willens war, sollte eine beliebige andere erwachsene Person angesprochen werden, die im gleichen Haushalt lebte. Erneut war die Stichprobeneinheit der Haushalt bzw. die Anschrift, nicht eine bestimmte Person. Bei Kontaktierung des Haushalts bezogen sich die Interviewer auf das Anschreiben und die beigefügte 10-Euro-Note. Hatte der Befragte das Anschreiben weder gesehen noch gelesen, las der Interviewer die Informationen zum Panel und zur Rekrutierung über einen Informationsbildschirm weiter vor. Über den Bildschirm wurden auch Links angeboten, die die Befragten zu häufig gestellten Fragen (FAQ) mit Antworten führten.

Nach der Kontaktaufnahme forderte der Interviewer die Befragten zur Teilnahme an einem 10-minütigen Interview auf, nach dem gebeten wurde, sich am Panel zu beteiligen. Das Interview bestand aus einigen demographischen Fragen, Fragen zur Computerausrüstung und zum Internetanschluss des jeweiligen Haushalts, mehreren hardwarespezifischen Fragen, Fragen in Bezug auf die gesellschaftliche Einbindung, politischen Interessen, das Freizeitverhalten, Einstellung zu Umfragen, Anomie und Persönlichkeit. Ein bis zwei Wochen nach dem Interview erhielten die teilnahmebereiten Befragten mit Internetanschluss eine Bestätigung per E-Mail und ein Schreiben mit einem Anmeldecode, einer Informationsbroschüre und einer Antwortkarte. Mit der Antwortkarte konnte die Bereitschaft zur Teilnahme (formell) bestätigt werden. Dies war auch über Internet möglich (mit dem mit dem Schreiben geschickten Anmeldecode), woraufhin die Befragten des Haushalts mit der Beantwortung des ersten Fragebogens beginnen konnten. Befragte ohne Computer und/oder Internet mussten ihre Bereitschaft zur Teilnahme durch Rücksendung der unterzeichneten Antwortkarte bestätigen, woraufhin CentERdata sie mit der für die Teilnahme erforderlichen Ausrüstung bzw. dem Breitbandanschluss versorgte. Durch das Bestätigungsverfahren wurde das doppelte Einverständnis jedes Befragten eingeholt. In den Bestätigungen per E-Mail und Anschreiben wurden den Befragten zusätzliche 10 Euro für die Anmeldung bzw. Rücksendung der Antwortkarte versprochen, um einen Verlust von Befragten durch doppelte Einverständniserklärungen zu minimieren.

Die die Panel-Mitglieder rekrutierenden Interviewer wurden angewiesen, sich auf die Kooperation der ausgewählten Haushalte zu konzentrieren statt auf die Maximierung des Verhältnisses von Antwort und Interviewzeit wie dies bei gewerblichen Umfragen der Fall ist. Bei der Rekrutierung per Telefon lag das Maximum der Kontaktversuche bei Anrufen in regelmäßigen Abständen über mehrere Wochen bei 15. Wurde ein Haushalt nach 15 Anrufen nicht erreicht, wurde die Adresse in die persönliche Rekrutierung übernommen. Bei der persönlichen Rekrutierung wurden im ersten Anlauf vom Interviewer acht Kontaktversuche gestartet. In einem zweiten Anlauf wurden nach mehrwöchiger Pause sieben Kontaktversuche unternommen. Lehnte der Befragte die Beteiligung am gesamten Interview ab, schlug der Interviewer vor, lediglich ein bis drei zentrale Fragen zu beantworten. Wenn dies erfolgreich war, wurde im Anschluss an die Fragen darum gebeten, sich am Panel zu beteiligen. Dieses Verfahren kam im Stadium des Follow-up der Nichtbeantwortung umfassend zum Einsatz.

Ein Verfahren zur Konversion der Verweigerung wurde in Zusammenarbeit mit dem für die Vornahme der Rekrutierung zuständigen Feldforschungsinstitut entwickelt. Das Verfahren wurde auf die Art der registrierten Verweigerung zugeschnitten. War der Grund für die Verweigerung z.B. das Gefühl, für die Nutzung des Internets zu alt zu sein, wurde der Respondent zuhause von einem (älteren) Interviewer mit einem Demovideo besucht. War der Grund für die Verweigerung Zeitmangel, erhielt der Respondent einen Internetlink zu einem verkürzten Interview.

Die intensiven Bemühungen, die Befragten erneut zu kontaktieren und zur Teilnahme zu motivieren, führten zu befriedigenden Antwortquoten. Die Antwortquote für das kurze CATI- oder CAPI-Interview oder die „zentralen Fragen" (erstes Antwortstadium) lag bei insgesamt 75% (51% für beantwortete Interviews plus 24% für beantwortete zentrale Fragen). Die Bereitschaft zur Teilnahme am Panel war bei den Befragten, die das Rekrutierungsinterview oder die zentralen Fragen beantworteten, recht hoch: 84% der Teilnehmer des Rekrutierungsinterviews (oder 63% der Bruttostichprobe insgesamt) erklärten dem Interviewer, sie seien mit der Teilnahme am Panel einverstanden. Die Pilotstudie hatte einen eher großen Verlust von Respondenten zwischen der ausdrücklichen Erklärung der Teilnahmebereitschaft und einer tatsächlichen Aufnahme der Panel-Beteiligung zu verzeichnen. Aus diesem Grund wurde das Follow-up-Verfahren in Bezug auf die wesentlichen Rekrutierungsbemühungen verlängert und eine zusätzliche Belohnung in Höhe von 10 Euro nach Anmeldung versprochen. Diese Maßnahmen schienen relativ erfolgreich, da die abschließende Panel-Beteiligungsquote bei 48% der gesamten Bruttostichprobe lag.

Scherpenzeel und Bethlehem (2011) haben die Zusammensetzung des LISS-Panels mit einer herkömmlichen persönlichen Umfrage, einer großangelegten Internetumfrage und Stichproben aus 19 Online-Panels verglichen. Beim Vergleich der ungewichteten Daten lag das LISS-Panel nahe an der herkömmlichen Umfrage und war der Internetumfrage und den Online-Panels in Bezug auf fünf von sieben getesteten Charakteristika überlegen. Ausnahmen betrafen die älteste Altersgruppe der Personen über 70 und Haushalte ohne Internet, zwei Merkmale, die signifikant korrelierten. Die Gruppen der älteren Menschen und Nicht-Internet-Nutzer waren trotz deutlich besserer Berücksichtigung im LISS-Panel im Vergleich zu anderen Online-Studien in der herkömmlichen, persönlichen Umfrage deutlich besser repräsentiert.

3.3 Datenqualität

Mit dem LISS-Panel wurden mehrere Studien zur Datenqualität ausgeführt. Beim Vergleich des CATI/CAPI-Rekrutierungsinterviews mit dem LISS-Panel und über das LISS Online-Panel gesammelten Daten kam Scherpenzeel (2009) zu dem Schluss, dass die über das Internet erhobenen Daten mindestens genauso zutreffend und zuverlässig sind wie die über CATI- und CAPI-Interviews erhaltenen Daten. Die in einem Multitrait-Multimethod (MTMM)-Modell geschätzten Validitätskoeffizienten waren bei den Internetfragen im Vergleich zu den CAPI-Fragen höher und den CATI-Fragen vergleichbar. Die mit dem gleichen Modell erhaltenen Reliabilitätskoeffizienten waren bei den Internetfragen im Vergleich zu den CATI- und CAPI-Fragen eindeutig höher. Ebenfalls unter Verwendung eines MTMM-Modells verglichen Revilla und Saris (2010) die Qualität der Fragen der Europäischen Sozialstudie (European Social Survey, ESS) in der (regelmäßigen) persönlichen Umfrage mit der Qualität der gleichen Fragen im LISS-Panel. Ihr Fazit war, dass die Validitäts- und Reliabilitätskoeffizienten der ESS-Fragen den durch Internet- und persönliche Umfragen gewonnenen Daten vergleichbar waren.

Jüngst wurde ein Tool zur Identifizierung von Mustern im fragebogenübergreifenden Antwortverhalten für das LISS-Panel seit seinem Start im Jahre 2007 entwickelt. Dies bringt neue Möglichkeiten zur Analyse der Datenqualität und Fragebogenmerkmale mit sich.

Geplant ist die Untersuchung
- der Beantwortungsdauer,
- die Evaluierung der Fragebögen durch die Befragten,
- die Zahl der unvollständig beantworteten Fragebögen und der weiß-nicht-Antworten,
- die Variabilität des Antwortverhaltens bei Frageblöcken,
- die Konsistenzprüfungen und
- ein Vergleich der Antworten von verschiedenen Haushaltsmitgliedern.

Eine umfassende Sammlung von Variablen über vier aufeinanderfolgende Jahre, die von den gleichen Respondenten stammen, ist jetzt verfügbar. Die interne Validität und Reliabilität kann über MTMM-Modelle evaluiert werden (Saris und Gallhofer, 2007), die Reliabilität über Quasi Simplex-Modelle (Alwin, 2007) und die externe Validität der bewerteten Konzepte über die Kriteriums- und Konstruktvalidierung (Carmines und Zeller, 1994). Diese Kernfragenevaluierungen werden bei der Weiterführung des MESS-Projekts ein Zielprojekt darstellen; aufgrund der enormen Anzahl enthaltener Fragen wird eine einzigartige Datenbank in Bezug auf die Qualität der Umfragefragen zur Verfügung stehen, die Forscher verschiedener Disziplinen zur Validierung oder Verbesserung des Aufbaus der Internetfragebögen nutzen können.

4 Einsatz des LISS-Panels

Interviewzeit wird der Wissenschaft in den Niederlanden und im Ausland per Open Access zur Verfügung gestellt. Forscher werden zur Einreichung von Forschungsprojekten eingeladen, die, sofern sie von einem wissenschaftlichen Beirat genehmigt wurden, über das Panel unentgeltlich umgesetzt werden können. Zahlreiche Forscher unterschiedlicher Disziplinen haben die Einrichtung bereits genutzt. Eine große Anzahl an Projektvorschlägen stammt dabei von Forschern außerhalb der Niederlande, einschließlich solcher von renommierten Universitäten wie der Harvard University, Stanford University und der University of Michigan. Das LISS-Panel wurde auf mehreren internationalen Konferenzen vorgestellt, wodurch an der Nutzung der Einrichtung beachtliches Interesse besteht. Die bisherigen Projekte zeichnen sich durch eine große Themenvielfalt aus und reichen von Nutrigenomik, psychischer Gesundheit und die Viktimisierung bei Verbrechen über Mobilität, Zeitnutzung bis hin zur Wirtschaftskrise.

Alle gesammelten Daten werden der akademischen Gemeinschaft zur Verfügung gestellt. Dazu gehören Daten aus beantragten Studien wie auch Daten aus der Kernstudie (siehe Abschnitt 5.1). Im April 2012 gab es über 500 angemeldete Nutzer. Zur Verbreitung der Daten entwickelte das IT-Team von CentERdata „Questasy", eine Webanwendung für die Verwaltung der Dokumentation und die Verbreitung von Daten und Metadaten für (longitudinale) Umfragen. Verwaltet werden Fragen und Variablen, hierin inbegriffen die Wiederverwendung von Fragen in Mehrfachstudien und Längsschnittstudien. Gleichzeitig werden Konzepte, Publikationen, Studieninformationen u.ä. verwaltet. Questasy basiert auf bestehenden internationalen Spezifikationen, insbesondere solcher der Version 3 der Data Documentation Initiative (DDI). DDI scheint im Bereich der Datenarchive die verbreitetste Spezifikation zu sein (weitere Informationen auf der DDI Alliance Website, http://www.ddialliance.org).

Version 3 von DDI führt für dokumentierende Umfrageprojekte einen Lebenszyklus-Ansatz ein und unterscheidet zwischen den Metadaten von Fragen (Datenerhebung) und Variablen (Datensatz). Während frühere Versionen von DDI breit genutzt werden, fanden sich keine Anwendungen von Version 3 für Daten, die so komplex wie die LISS-Daten sind. Letzteres ist der Grund, warum CentERdata Questasy entwickelt hat. Obwohl eine große Anfangsinvestition erforderlich war, konnte mit CentERdata gleichzeitig zur internationalen Datenarchivierung und -verbreitung ein neuer Beitrag geleistet werden.

Questasy wurde auf mehreren internationalen Konferenzen und Workshops für DDI-Anwender vorgestellt und stieß auf großes Interesse. Die Reaktionen scheinen auf einen wachsenden Bedarf nach dieser Art von Anwendung hinzudeuten, da mehrere Organisationen auf DDI 3 umstellen. Der Quellcode wird Bildungs-, Wissenschafts- und Regierungsinstituten ohne Gewinnerzielungsabsicht unentgeltlich zur Verfügung gestellt.

5 Sonstige Schlüsselelemente des MESS-Projekts

5.1 Längsschnitt-Kernstudie

Die Hälfte der im Panel verfügbaren Interviewzeit ist für die LISS-Kernstudie reserviert. Diese Kernstudie wird jährlich wiederholt (Feldzeit mehrere Monate) und arbeitet mit aus diversen nationalen und internationalen Umfragen entlehnten Fragen. All diese Umfragen haben einen eigenen Fokus, jedoch gibt es auch wesentliche Überlappungen. Durch Kombination der Fragebögen dieser Panels können (1) die mit dem Internet-Panel erzielten Ergebnisse mit solchen verglichen werden, die in herkömmlicheren Umfragen erhalten wurden; (2) die Beziehungen zwischen Fachgebieten erforscht werden, die in Umfragen, die dem Fragebogen zugrunde liegen, getrennt, aber in der Internetumfrage integriert behandelt werden. Wenn der Vergleich bestehender Studien vielversprechend ausfällt, sollte zu erwarten sein, dass das Internet-Panel in Zukunft sehr kosteneffektiv neue Forschungsgegenstände ergänzend bearbeiten könnte, ohne dass neue (relativ teure) Umfragen erforderlich sind. Generell würde dies mit einem völlig neuen Datenerhebungsansatz einhergehen: Anstatt verschiedene separate Umfragen durchzuführen, erhält man von den gleichen Personen deutlich größere Informationsmengen, mit dem Ergebnis deutlicher Einsparungen und einer verbesserten Analyseumgebung.

Über die LISS-Kernstudie werden Veränderungen im Lebenslauf und den Lebensbedingungen der Panel-Teilnehmer und Trends in der Zusammensetzung des Haushalts verfolgt. Die Befragten können Online-Fragebögen jederzeit innerhalb des Monats in eigenem Tempo ausfüllen und bei Bedarf Pausen machen. Der vollständige Kernfragebogen ist in kürzere Module unterteilt, für deren Ausfüllung jeweils ca. 20 Minuten benötigt werden, die über einen Zeitraum von acht Monaten bearbeitet werden können. Damit beträgt die Interviewzeit des Kernfragebogens insgesamt rund 160 Minuten. Die acht Themen-Module umfassen: 1. Familie und Haushalt; 2. Wirtschaftliche und Wohnsituation; 3. Arbeit und Schulbildung; 4. Gesellschaftliche Einbindung und Freizeit; 5. Gesundheit; 6. Persönlichkeit; 7. Religion und ethnische Zugehörigkeit; und 8. Politik und Werte.

Eine Übersicht über die den einzelnen Modulen zugrunde liegenden Konzepte und die Dokumentation zu allen Umfrage-Elementen des Kernfragebogens finden sich unter http://www.lissdata.nl. Jedes Kernmodul besteht aus rund 100 Fragen; entsprechend werden die verschiedenen Bereiche in größerer Tiefe abgedeckt, als dies in den meisten sonstigen Panel-Umfragen der Fall ist. Einem herkömmlichen Interview-Verfahren, wie

z. B. der Telefon- oder persönlichen Befragung, sind enge zeitliche Grenzen gesetzt. Die meisten Menschen empfangen Interviewer zuhause nicht für mehrere Stunden und beantworten per Telefon keine langen Fragebögen. Das besondere Design des LISS-Panels erlaubt die Verwendung eines deutlich längeren Kernfragebogens, als es bei herkömmlicheren Panel-Interviews möglich wäre. Die Panel-Befragten werden monatlich kontaktiert und zur Beantwortung der Online-Fragebögen von insgesamt rund 30 Minuten Länge aufgefordert. Sie können diese Fragebögen jederzeit innerhalb des Monats in eigenem Tempo ausfüllen. Außerdem können sie bei Bedarf Pausen machen und mit der Beantwortung zu einem späteren Zeitpunkt fortfahren. Der vollständige Kernfragebogen ist in kürzere Module unterteilt, für deren Ausfüllung jeweils ca. 20 Minuten benötigt werden, verteilt über einen Zeitraum von acht Monaten. Damit beträgt die Interviewzeit des Kernfragebogens für die acht monatlichen Module insgesamt rund 160 Minuten. Die Erhebung einer großen Anzahl an respondentenspezifischen Merkmalen im Kernfragebogen bedeutet einen Effizienzgewinn, weil für keinen Fragebogen mehr Hintergrundvariablen gesammelt werden müssen. Außerdem können die Merkmale zur Schichtung der Stichprobe und zum maßgeschneiderten Zuschnitt der Fragebögen auf die Merkmale eines Respondenten verwendet werden.

5.2 Neue Formen der Datenerhebung

Neben Online-Fragebögen arbeitet MESS mit verschiedenen neuen Formen der Datenerhebung. Die Einrichtung wirkt für Pioniere auf dem Gebiet der Datenerhebung aus sehr unterschiedlichen Forschungsbereichen wie ein Magnet. In einem innovativen Experiment wurde die Machbarkeit der Erfassung von Biomarkern über Internetbefragungen untersucht, wie Blutcholesterinwerte, die Cortisol-Konzentration im Speichel und der Taillenumfang. Die Teilnehmer konnten mit Selbsttestgeräten, die per Video erklärt wurden, eigenständig Messungen vornehmen. Die gemessenen Biomarker-Werte entsprachen den erwarteten Bandbreiten und Durchschnittswerten. Die Erhebung von Biomarker-Werten in einer Internetumfrage erwies sich als potenziell machbar, doch künftige Strategien sollten sich darauf konzentrieren, wie niedrige Antwort- und Teilnahmequoten an diesem Experiment erhöht werden können (nähere Informationen zum Experiment finden sich in Avendano et al., 2011).

Im August 2010 wurde ein neues Pilotprojekt zur Validierung des selbst gemessenen Gewichts der Mitglieder des LISS-Panels anhand objektiverer Messungen von Gewicht und Körperfettanteil gestartet. Die Erfassung erfolgte mit einer hochmodernen Waage, die die Messungen per Computer und Internetanschluss direkt an die LISS-Datenbank überträgt. Eine Zufallsstichprobe von 1.000 im LISS-Panel vertretenen Haushalten erhielt eine Waage. Eine Kontrollgruppe von 385 Haushalten, die keine Waage erhielten, wurde zur Beantwortung der gleichen monatlichen Fragen aufgefordert, wie sie die Haushalte unter den Versuchsbedingungen erhalten. Erste Vergleiche der selbst gemessenen und tatsächlichen Gewichte ergaben, dass Respondenten, deren Body Mass Index (BMI) unter einem bestimmten Schwellenwert liegt, einen zu hohen BMI angeben, während Befragte, deren BMI oberhalb des Schwellenwerts liegen, einen zu niedrigen Wert angeben. Außerdem gaben Männer und Befragte ohne Hochschulabschluss öfter nicht zutreffende Werte an als Frauen und Respondenten mit Hochschulabschluss. Ein wichtiges Ergebnis, das nur veranschaulicht werden kann, wenn Gewichtsmessungen wie in der Studie täglich vorgenommen werden, ist ein klar erkennbarer und hochsignifikanter wöchentlicher Zyklus in Bezug auf Gewicht, BMI und Körperfettanteil. Das Gewicht an Montagen liegt ein halbes Pfund über dem an Freitagen. Alle drei Körpermesswerte fallen im Verlauf der Werktage ab, erreichen ihre niedrigsten Werte am Freitag und steigen über das Wochenende an. Zusätzlich dazu wurde ein Abfall aller drei Körpermesswerte während der ersten fünf Monate des Jahres festgestellt, die Bestandteil eines jährlichen Zyklus sein könnten. Künftige Analysen beziehen die Auswirkung des gegebenen Feedbacks in Bezug auf Gewicht, BMI und Körperfettanteil auf gesundheitsbezogenes Verhalten, Gesundheit und die Inanspruchnahme von Gesundheitsleistungen mit ein.

Eine weitere innovative Form der Datenerhebung, die im MESS-Projekt zum Einsatz kommt, ist die Verwendung neuer Technologie für die Zeitverwendungsforschung (Time-Use-Forschung, TUR; auch: Time-Budget-Forschung), die normalerweise anhand von Fragebögen und Tagebüchern realisiert wird. Die Befragten notieren z.B. am Ende des Tages all ihre Aktivitäten in einem Tagebuch, über festgesetzte Zeitfenster verteilt. Mit der aktuell verfügbaren Technologie wie Smartphones und entsprechenden Anwendungen („Apps") kann TUR effizienter eingerichtet werden. Befragte, die ein Smartphone bei sich tragen, können ihre Aktivitäten mehrmals während des Tages aufzeichnen. Darüber hinaus ermöglichen Smartphones die Erhebung vieler weiterer Daten wie die geografische Ortung des Respondenten zu der Zeit, zu der er die Aktivität ausführt, wie auch Fotos und Videos von der ausgeübten Tätigkeit.

Weitere Pläne sehen u.a. Experimente mit Blutdruckmessgeräten und sogenannten Accelerometern vor - leichten Geräten, die Bewegungen messen und ohne Missempfindungen und Einschränkungen der Bewegungsfreiheit über mehrere Tage am Körper getragen werden können. Ergänzende selbsterfasste Daten mit objektiven durch Accelerometrie vorgenommenen Messungen haben viele Vorteile. Durch objektive Messungen wird fehlerhaften Datenmeldungen vorgebeugt und ein genaueres Bild der für verschiedene Aktivitäten eingesetzten Energie erhalten. Über Accelerometer können auch Daten über Muster von körperlichen Aktivitäten während des Tages und der Woche erhalten werden. Dies sind wichtige Aspekte, um zu verstehen, inwiefern ältere Menschen in ihren Aktivitäten eingeschränkt sind und welche Möglichkeiten zur Förderung einer regelmäßigen körperlichen Betätigung bestehen. Jüngste mit älteren Menschen in Großbritannien und den Vereinigten Staaten durchgeführte Studien haben gezeigt, dass diese Verfahren durchführbar sind; es wurden Zusammenhänge zwischen körperlicher Betätigung und seelischem Wohlbefinden, Behinderung, BMI und Selbstvertrauen festgestellt (z.B. Harris et al., 2009; Troiano et al., 2008).

Es ist unmöglich vorherzusehen, welche neuen Erhebungsinstrumente in der nahen Zukunft verfügbar sein werden. Wegen der flexiblen Konzeption des MESS-Projekts können neu entwickelte Technologien und Ansätze jedoch zu gegebener Zeit problemlos berücksichtigt werden.

5.3 Links zu administrativen Datenquellen

Die Melderegister enthalten Daten, die mit den Daten aus dem LISS-Panel kombiniert werden können. Registern von Statistics Netherlands wurden z.B. unter anderem steuerliche Daten mit detaillierten Angaben zu Einkommen, Sozialversicherungsangaben und altersbedingten Sozialleistungen sowie Daten zu voraussichtlichen betrieblichen Rentenanwartschaften entnommen. Mit der Verfügbarkeit dieser Daten ergeben sich verschiedene Forschungsmöglichkeiten. Erstens können die administrativen Daten zur Verbesserung und Korrektur von Daten genutzt werden, die für das LISS-Panel gesammelt wurden (z.B. durch Vergleich administrativer Informationen zum Haushaltseinkommen mit im Rahmen der Umfrage selbstgelieferten Angaben). Zweitens können über die Daten Informationen beschafft werden, die über eine Umfrage schwer zu erheben sind (z.B. Einkommenshistorie oder genaue Rentenansprüche). Drittens können die Daten mit Einwilligung der Panel-Mitglieder Umfrageangaben ersetzen und so die Respondenten entlasten. Viertens eröffnen sich durch Verknüpfung von Daten aus dem LISS-Panel mit Registerdaten Möglichkeiten für methodologische Studien zu Repräsentativität, Item-Non-Response, verfahrens- und kontextbedingten Auswirkungen sowie Auswahlwirkungen.

5.4 Besondere Gruppen

Alle Studien, die sich auf die Gesamtbevölkerung beziehen, haben mit schwer erreichbaren Gruppen zu tun. MESS erhebt den Anspruch, für Befragungen der Gesamtbevölkerung höchstmögliche Standards zu setzen. Die schwer erreichbaren Gruppen sind entsprechend mitzuberücksichtigen. Es wurde bereits viel unternommen, um die Gruppe der hochbetagten Menschen einzubeziehen, indem - falls erforderlich - für die Beantwortung der Fragebögen Ausrüstungen und ein umfassender Support zur Verfügung gestellt werden. Eine weitere schwer zu erreichende Gruppe der (niederländischen) Bevölkerung ist die Immigrantenpopulation unter Einbeziehung ethnischer Minderheiten.

MESS sieht neben dem LISS-Panel ein eigenes Panel für Immigranten vor und sorgt so für eine signifikante Erweiterung der Infrastruktur für an Akkulturationsfragen interessierte Forscher. Es handelt sich um ein gemeinsames Projekt von CentERdata, der Abteilung für kulturübergreifende Psychologie (Department of Cross-Cultural Psychology) der sozialwissenschaftlichen Fakultät der Tilburg University und Statistics Netherlands. Das Immigranten-Panel des MESS-Projekts bietet eine einmalige Gelegenheit zur Beobachtung der Akkulturation verschiedener Zuwanderergruppen über einen längeren Zeitraum, um die Auswirkungen des Alterns in dieser besonderen Bevölkerungsgruppe im Vergleich zur niederländischen Gesamtbevölkerung zu studieren, und langfristig die Transition in Bezug auf die Zuwanderergruppen der zweiten und dritten Generation.

Die Stichprobe umfasst Zuwanderer (der ersten und zweiten Generation) aus den vier großen nicht-westlichen Immigrantengruppen: Personen mit marokkanischem, türkischem, surinamesischem und antillischem Hintergrund. Außerdem wird die große westliche Zuwanderergruppe aus Personen mit indonesischem Hintergrund erfasst. Aufgrund ihrer sozioökonomischen und kulturellen Stellung werden Menschen aus Indonesien, die in den Niederlanden leben, als Menschen mit „westlichem" Hintergrund angesehen. Es handelt sich vorwiegend um Menschen, die im ehemaligen Niederländisch-Ostindien geboren sind. Personen mit südafrikanischem Hintergrund stellen eine kleine, aber besondere Gruppe dar, die gezielt überrepräsentiert wurde, um den Akkulturationsprozess einer Gruppe, die der niederländischen Kultur und Sprache nahe ist, mit der anderer kultureller Gruppen zu vergleichen. Zusätzlich zu diesen sechs spezifischen Gruppen wurde eine Personengruppe mit westeuropäischem Hintergrund gezogen, eine Personengruppe mit westlichem nicht-europäischen Hintergrund und eine Gruppe aus Personen mit unterschiedlichem nicht-westlichen Hintergrund. Alle Gruppen setzen sich aus Zuwanderern der ersten und zweiten Generation zusammen. Außerdem beinhaltete die Stichprobe eine Kontrollgruppe mit Personen niederländischer Herkunft. Dem Immigranten-Panel des MESS-Projekts werden simPCs und Breitband-Internetzugänge zur Verfügung gestellt, wenn sie über keinen Computer und/oder Internetanschluss verfügen, und sie erhalten den oben für LISS-Panel-Mitglieder beschriebenen Symbolbetrag als Teilnahmeanreiz.

Die Rekrutierung fand zwischen März und Dezember 2010 statt. Die Rekrutierungsverfahren wurden auf Gruppen mit nichtwestlichem Hintergrund zugeschnitten, basierend auf Erfahrungen mit diesen Gruppen bei früheren Rekrutierungen für das LISS-Panel. Zusätzlich dazu wurden die Antwortquoten der verschiedenen ethnischen Gruppen während der Rekrutierung kontinuierlich überwacht und für spezifische Gruppen bei Bedarf verändert. Die abschließende Panel-Beteiligungsquote lag bei 28% der gesamten Bruttostichprobe. Insgesamt meldeten sich 1.885 Haushalte für die Beteiligung am Immigranten-Panel an. Ein Zuschuss zur ursprünglichen Unterstützung machte es möglich, das Immigranten-Panel wie das LISS-Panel zu behandeln: Es steht allen interessierten Wissenschaftlern unentgeltlich zur Verfügung.

6 Nachhaltigkeit und Weiterentwicklung des MESS-Projekts

6.1 Nachhaltigkeit

Über die Kernstudie mit Sammlung einer multidisziplinären, umfangreichen Reihe longitudinaler Daten erhält man einzigartige Datenmengen mit einer großen Themenvielfalt, die in bestehenden sozio-oekonomischen Panel-Umfragen ihresgleichen suchen. Die Investitionsrentabilität nimmt mit der Zeit stetig zu; die Panel-Daten sind erst nach drei oder mehr Umfragewellen für Längsschnittanalysen brauchbar.

Forscher haben Daten aus dem Kernfragebogen in Kombination mit Daten verwendet, die in einer spezifischen, genehmigten Studie innerhalb des LISS-Panels erhoben worden waren. Bei zahlreichen genehmigten Studien wird das Panel-Design effektiv genutzt und werden Daten zu verschiedenen Zeitpunkten erhoben. Die Qualität des Panels in Bezug auf Coverage und Stichprobenauswahl ist für die Zielerreichung ausreichend und hat eine breite Nutzung des Panels und der Kerndaten zur Folge. Selbst bei Verwendung geeigneter Stichproben und Bereitstellung eines Internetzugangs (falls erforderlich) ist allerdings Selektivität bei den Antwortquoten potenziell möglich. Die Panelmortalität und monatliche Non-Response sind deshalb kontinuierlich zu überwachen.

Die Panelmortalität war in den ersten Jahren des LISS-Panels relativ niedrig (durchschnittlich weniger als 10% jährlich). De Vos (2009a) untersuchte, ob spezifische Gruppen durch außergewöhnlich hohe oder niedrige Verlustquoten gekennzeichnet sind. Die Wahrscheinlichkeit von Abgängen korreliert signifikant mit dem Alter, der Bereitstellung eines simPC und Breitband-Internetanschlusses und dem Beschäftigungsstatus der Haushaltsangehörigen (altersbedingt z.B.: die Ausscheidewahrscheinlichkeit ist bei älteren Menschen höher, in Bezug auf simPC: diese Haushalte scheiden seltener aus; in Bezug auf den Beschäftigungsstatus: das Ausscheiden von Haushalten mit Doppelverdienern ist am unwahrscheinlichsten). Allerdings korreliert die Panelmortalität noch enger mit dem vergangenen Antwortverhalten der Respondenten als mit den Merkmalen ihres Haushalts. Das Auslassen eines Fragebogens oder die unvollständige Ausfüllung von Fragebögen sind die zuverlässigsten Indikatoren für ein künftiges Ausscheiden.

Neben der Panelmortalität ist die Gruppe der Respondenten, die noch am Panel beteiligt sind, aber über mehrere Monate keinen Fragebogen ausgefüllt haben, genauso problematisch. Ein beachtlicher Anteil der monatlich ausbleibenden Antworten ist jeden Monat auf dieselben Panel-Mitglieder zurückzuführen. Panel-Mitglieder, die zuvor teilnahmen, aber über einen Zeitraum von drei Monaten oder länger keinen Fragebogen ausgefüllt haben, werden als „Sleeper" bezeichnet. Diese machten im Juli 2009 22% der Panel-Mitglieder aus.

De Vos (2009b) hat die für Sleeper charakteristischen Merkmale untersucht. Er beschreibt die Merkmale von Respondenten, die es wahrscheinlicher machen, dass sie sich als Sleeper entpuppen. Z.B. ist der Anteil bei nichtwestlichen Immigranten höher als bei Nicht-Immigranten. Allerdings ist genau wie bei der Panelmortalität die vorherige Nichtbeantwortung ein zuverlässigerer Indikator für ein künftiges „Sleeping" als alle anderen exogenen erklärenden Variablen, die Bestandteil der Analyse sind. Dies legt nahe, dass es einen Bedarf gibt, regelmäßig um die Aufmerksamkeit der Panel-Mitglieder zu werben und sie zur Teilnahme zu motivieren, damit sie aktiv dabei bleiben. Das Panel-Management von CentERdata bleibt jetzt durch regelmäßige Telefonanrufe mit den Panel-Mitgliedern im Kontakt, die eine Zeit lang inaktiv waren. Diese Anrufe werden auch zur Beobachtung der persönlichen Situation und (Änderungen der) Kontaktdaten der Panel-Mitglieder verwendet. Bleibt ein Sleeper nach Verstreichen eines längeren Zeitraums und mehreren Kontaktversuchen inaktiv, wird er aus dem Panel ausgeschlossen.

Obwohl das LISS-Panel auf einer ordnungsgemäßen Wahrscheinlichkeitsstichprobe basiert und die Rekrutierung unter besonderer Berücksichtigung der Coverage und antwortfördernder Verfahren erfolgte, sind einige Verzerrungen in Bezug auf die Zusammensetzung der Stichprobe gegeben. Zur Korrektur dieser Verzerrungen wurde 2009 eine geschichtete Auffrischungsstichprobe gezogen, in der schwer zu erreichende Gruppen mit einer unterdurchschnittlichen Beantwortung in Bezug auf die Hauptrekrutierung überrepräsentiert waren. Die Probe wurde geschichtet nach Haushaltsgröße, Alter und ethnischer Zugehörigkeit. Zusätzlich dazu wurde für eine weitere Auffrischungsstichprobe im Herbst 2011 rekrutiert. Diese Auffrischungsstichprobe wurde von Statistics Netherlands willkürlich aus dem Bevölkerungsregister gezogen, auf die gleiche Weise wie die ursprüngliche Stichprobe 2007.

Der Zusammensetzung des LISS-Panels und den monatlichen Antwortquoten wird viel Aufmerksamkeit gewidmet. Die erste Auffrischungsstichprobe wurde gezogen, um die Repräsentation der schwer zu erreichenden Gruppen zu steigern, die in den ersten Umfragewellen durch niedrige Antwortquoten gekennzeichnet waren. Allerdings werden wegen einer kontinuierlichen Mortalität auch weiterhin Auffrischungsstichproben erforderlich sein.

6.2 Weiterentwicklung des MESS-Projekts

Das MESS-Projekt ist eine hochmoderne Datenerhebungsumgebung für die Sozialwissenschaften. Es bietet die Möglichkeit zur Realisierung einer neuen, innovativen und multidisziplinären Umfrageforschung in den Sozialwissenschaften. Zu den nächsten Schritten gehören Follow-up-Experimente mit fortschrittlichen Erhebungsinstrumenten. Die Kommunikationstechnologie kann zur Reduzierung der Funktion (und damit der Belastung) des Respondenten bei der Datenbeschaffung verwendet werden. Die Erhebungen sind damit nicht nur genauer, sondern können auch häufiger durchgeführt werden, bis hin zu einer wöchentlichen oder täglichen Befragung.

Falls eine Einrichtung wie MESS in größerem Maßstab entwickelt werden soll, bestände ein nächster Schritt darin, in anderen Ländern ähnliche Einrichtungen umzusetzen. MESS hat von der internationalen wissenschaftlichen Gemeinschaft bisher viel Aufmerksamkeit erhalten. Neue ausländische Initiativen nach dem Vorbild des MESS-Projekts wurden ins Leben gerufen und werden immer mehr. Die Universität Bremen (Deutschland) war eine der Ersten, die sich für ihr Access Panel-Projekt (gefördert vom Schwerpunktprogramm „Survey Methodology" der Deutschen Forschungsgemeinschaft) stark am Design und der Rekrutierungsstrategie des LISS-Panels orientierte. Weitere Beispiele sind:

1. ELLIPS (Étude Longitudinal par Internet Pour les Sciences Sociales) des Sciences Po in Paris (Pariser Institut für politische Studien). Das Projekt wurde im Dezember 2010 genehmigt und besteht aus den folgenden drei Komponenten: (1) wahrscheinlichkeitsbasiertes Internet-Panel, ergänzt um ein Call-Center; (2) qualitative Datenbank und (3) Internetdatenmodul, das über das Internet Daten in Bezug auf Spontanäußerungen erhebt.
2. GIP (German Internet Panel) der Universität Mannheim, Abteilung Volkswirtschaftslehre. Das Projekt wurde 2010 genehmigt. Ziel ist der Aufbau eines neuen groß angelegten Internet-Panels von Einzelpersonen mit Wohnsitz in Deutschland.

Die Zuschussanträge für die Initiativen wurden eng an den Antrag für das MESS-Projekt angelehnt. CentERdata kollaboriert mit diesen beiden neu ins Leben gerufenen Panels, um Erfahrungen zu teilen, Kerndaten zu harmonisieren und prospektiv eine europaweite Einrichtung für die Datenerhebung anzubieten. Internationale Einrichtungen sind auch auf einzelne Komponenten des MESS-Projekts aufmerksam geworden. Verschiedene internationale Organisationen haben ihr Interesse an der Zusammenarbeit mit CentERdata in Bezug auf neue, für die Einrichtung entwickelte Instrumente und das Datenverbreitungstool (Questasy) bekundet.

7 Fazit

Die MESS-Einrichtung bietet für die empirische Forschung in den Sozialwissenschaften und die finanziellen Ressourcen zur Realisierung der Forschung eine optimale Infrastruktur. Die empirischen Sozialwissenschaften werden in mehrfacher Hinsicht revolutioniert: (1) Die Vorteile neuer, verfügbarer Technologien und Verfahren werden maximal genutzt; (2) jeder wissenschaftliche Mitarbeiter kann einfach und offen auf die Einrichtung zugreifen; (3) durch Kombination des Contents mehrerer normalerweise getrennter, aber sich überlappender Umfragen sind diese hocheffizient und kosteneffektiv und es können Zusammenhänge zwischen Themenbereichen erforscht werden, die in bestehenden Studien getrennt behandelt werden; (4) die Daten stehen für Analysen schnell zur Verfügung und erhöhen damit die Effizienz der wissenschaftlichen Forschung und ihrer gesellschaftlichen Relevanz enorm; (5) es werden verschiedene wissenschaftliche Disziplinen zusammengeführt, wie Wirtschafts-, Verhaltens- und Sozialwissenschaften, Biomedizinische und Rechtswissenschaften.

Das MESS-Projekt hat gezeigt, dass es möglich ist, die Internetbefragung zu nutzen und gleichzeitig hohe Qualitätsstandards in Bezug auf die Coverage, Stichprobenzusammensetzung und Datenqualität einzuhalten. Es wird der Beweis erbracht, dass eine korrekte Anwendung der Erhebungstheorie bei der Zusammensetzung eines Online-Panels möglich ist. Für das LISS-Panel hat Statistics Netherlands eine Wahrscheinlichkeitsstichprobe mit Haushalten aus dem Bevölkerungsregister gezogen. Die Haushalte wurden anschließend in persönlichen Interviews kontaktiert und die Befragten zur Beteiligung am Panel eingeladen. Das Forschungsinstitut stellt Haushalten einen Computer und Internetanschluss bereit, die andernfalls nicht teilnehmen könnten. Somit nutzt das Panel die Online-Befragung lediglich als weitere Möglichkeit des Fragenstellens und nicht als Auswahlgrundlage. Es wurde gezeigt, dass die Teilnehmer des Online-Panels recht effektiv aus der Wahrscheinlichkeitsstichprobe rekrutiert werden, indem auf traditionelle Kontaktmöglichkeiten wie Telefoninterviews zurückgegriffen wird, ergänzt durch persönliche Kontaktaufnahmen bei Haushalten mit unbekannter Telefonnummer.

Wir sind der Ansicht, dass das MESS-Projekt eine neue Möglichkeit zur Erhebung von Paneldaten von Haushalten über einen längeren Zeitraum bietet. Im LISS-Panel wurde ein Kernfragebogen verwendet, der in Bezug auf die Inhalte und Fachgebiete den Fragebögen vergleichbar ist, die weltweit für longitudinale Haushaltsstudien Verwendung finden. Wie in herkömmlichen Längsschnittstudien wird die Beantwortung des Kernfragebogens jährlich wiederholt. Dazu ist der Kernfragebogen des LISS-Panels länger und ausführlicher als die meisten vergleichbaren Fragebögen, die für herkömmliche Längsschnittstudien verwendet werden. Die Flexibilität der Online-Datenerhebung wird auf diese Weise mit den herkömmlichen Stichprobenerhebungen in Haushalten und Panel-Designs kombiniert, wodurch eine einzigartige Bandbreite an Längsschnittdaten erhalten wird.

Literatur

Alwin, D.F. (2007): *Margins of error. A study of Reliabilität in survey measurement*, New Jersey: Wiley.

Avendano, M.; Scherpenzeel; A.C. und Mackenbach, J.P. (2011): 'Can biomarkers be collected in an Internet survey? A pilot study in the LISS panel', in M. Das, P. Ester und L. Kaczmirek (Eds.): *Social and behavioral research and the Internet: Advances in applied methods and research strategies*. New York: Taylor & Francis.

Berrens, R.P.; Bohara, A.K.; Jenkins-Smith, H.; Silva, C. und Weimer D.L. (2001): '*Replacement Technology or Meaningless Data? How Close Are Meaningful Internet Surveys*', Arbeitspapier, University of New Mexico.

Bethlehem, J.G. (2007): '*Reducing the bias of Web survey based estimates*', Diskussionspapier 07001. Den Haag/Heerlen, Niederlande: Statistics Netherlands.

Budowski, M. und Scherpenzeel, A.C. (2005): 'Encouraging and Maintaining Participation in Household Surveys: The Case of the Swiss Household Panel', ZUMA Nachrichten, 29(56): 10-36.

Carmines, E.G. und Zeller, R.A. (1994): 'Reliability and validity assessment', in E. Lewis-Beck (Ed.): *Basic measurement*. London: Sage.

Couper, M.P. (2008): *Designing Effective Web Surveys*, Cambridge: Cambridge University Press.

Couper, M.P. (2000): 'Web Surveys: A Review of Issues and Approaches', *Public Opinion Quarterly*, 64: 464-94.

Das, M (2012): 'Innovation in online data collection for scientific research: the Dutch MESS project,' *Methodological Innovations Online*, 7 (1): 7-24.

De Vos, K. (2009a): 'Panel Attrition in LISS', Arbeitspapier, *CentERdata*, Tilburg University, Niederlande.

De Vos, K. (2009b): 'Sleepers in LISS', Arbeitspapier, *CentERdata*, Tilburg University, Niederlande.

Groves, R.M.; Cialdini, R.B. und Couper, M.P. (1992): 'Understanding the Decision to Participate in a Survey', *Public Opinion Quarterly*, 56(4): 475-495.

Harris, T.J.; Owen, C.G.; Victor, C.R.; Adams, R. und Cook, D.G. (2009): 'What factors are associated with physical activity in older people, assessed objectively by accelerometry?', *British Journal of Sports Medicine*, 43: 442-450.

Kalton, G. (2000): 'Developments in Survey Research in the Past 25 Years', *Survey Methodology*, 26: 3-10.

Piekarski, L.; Kaplan, G. und Prestegaard, J. (1999): 'Telephony and Telephone Sampling', Auf der Jahrestagung der American Association for Public Opinion Forschung (AAPOR) vorgelegtes Paper, St. Petersburg, Florida.

Revilla, M.A. und Saris, W.E. (2010): 'Comparison of surveys using different modes of data collection: European Social Survey versus LISS Panel', Arbeitspapier, "New Developments in Survey Methodology" – Seminarreihe, Universität Pompeu Fabra, Spanien.

Saris W.E. und Gallhofer, I. (2007): *Design, evaluation, and analysis of questionnaires for survey research*, New York: Wiley.

Scherpenzeel, A.C. (2009): 'Online interviews and data quality: A multitrait-multimethod study', Arbeitspapier, *CentERdata*, Tilburg University, Niederlande.

Scherpenzeel, A. und Bethlehem, J.G. (2011): 'How Representative are Online Panels? Problems of Coverage and Selection and Possible Solutions', in M. Das, P. Ester und L. Kaczmirek (Eds.): *Social and behavioral research and the Internet: Advances in applied methods and research strategies*. New York: Taylor & Francis.

Scherpenzeel, A. und Das, M. (2011): 'True Longitudinal and Probability-Based Internet Panels: Evidence from the Netherlands,' in M. Das, P. Ester und L. Kaczmirek (Eds.): *Social and behavioral research and the Internet: Advances in applied methods and research strategies*. New York: Taylor & Francis.

Scherpenzeel, A.C. und Toepoel, V. (2012): 'Recruiting a Probability Sample for an Online Panel: Effects of Contact Mode, Incentives and Information', *Public Opinion Quarterly*, ausstehend.

Troiano, R.P.; Berrigan, D.; Dodd, K.W.; Masse, L.C.; Tilert, T. und McDowell, M. (2008): 'Physical activity in the United States measured by accelerometer', *Medicine and Science in Sports and Exercise*, 40: 181-188.

Biographie

Marcel Das hat an der Tilburg University in Ökonometrie promoviert (1998). Im Jahr 2000 übernahm er die Leitung von CentERdata, eines auf internetbasierte Umfragen und angewandte Wirtschaftsforschung spezialisierten Meinungsforschungsinstituts, das auf dem Campus der Tilburg University seinen Sitz hat. Als Leiter von CentERdata hat er eine Vielzahl an nationalen und internationalen Forschungsprojekten geleitet. Er ist einer der Hauptforscher des niederländischen MESS-Projekts, für das CentERdata von der niederländischen Regierung eine umfangreiche Unterstützung erhielt. Seit Februar 2009 ist Marcel Das an der Tilburg University Professor für Ökonometrie und Datenerhebung. Er veröffentlichte Beiträge in internationalen Zeitschriften mit Peer-Review im Bereich der statistischen und empirischen Analyse von Erhebungsdaten und methodologischen Problemen internetbasierter (Panel-) Umfragen.

Probleme der Qualitätskontrolle und -sicherung in internationalen Umfrageprojekten

Beatrice Rammstedt
GESIS – Leibniz-Institut für Sozialwissenschaften, Mannheim

Im Zuge der zunehmenden Globalisierung bekommt die Erforschung kultureller Unterschiede eine immer größere Bedeutung. Und somit ist im Laufe der letzten Jahre das Interesse an international vergleichender Umfrageforschung deutlich gestiegen. Zunehmend mehr international vergleichende Erhebungen werden durchgeführt, von denen hier nur exemplarisch die aus deutscher und wissenschaftlicher Perspektive relevantesten genannt werden: das International Social Survey Programme (ISSP), der European Social Survey (ESS), die World Value Study (WVS), die European Value Study (EVS), das Programme for the International Student Assessment (PISA) und das aktuell erstmalig laufende Programme for the International Assessment of Adult Competencies (PIAAC).

Generell zielt die kulturvergleichende Forschung auf die Untersuchung von Verhalten, Einstellungen oder Eigenschaften in Abhängigkeit einer gegebenen Kultur, eines Landes oder einer bestimmten Region bzw. Umgebung ab. So können entweder die nationalen Ergebnisse in den in Frage stehenden Merkmalen wie bei PISA direkt verglichen werden. Alternativ kann aber auch das Ziel sein, Zusammenhänge oder Verteilungen von interessierenden Merkmalen über verschiedene Länder zu vergleichen. So simpel die Forderung nach international vergleichender Messung klingen mag, so anspruchsvoll ist sie doch in ihrer Umsetzung. Methodische Notwendigkeit hierfür ist, dass die Messungen tatsächlich über die in Frage stehenden Länder vergleichbar sind. Sind sie dies nicht oder nur eingeschränkt, kann ein methodischer Bias entstehen, der dann fälschlicherweise als Unterschied auf Merkmalsebene interpretiert wird.

Die notwendige methodische Vergleichbarkeit lässt sich grob in drei Bereiche gliedern, nämlich in die Vergleichbarkeit der Erhebungsinstrumente, die Vergleichbarkeit des Erhebungsdesigns und die Vergleichbarkeit der Datenqualität.

Vergleichbarkeit der Erhebungsinstrumente

Mit Hilfe der einzusetzenden Erhebungsinstrumente sollen die in der Umfrage interessierenden Merkmale operationalisiert werden. Daher stellt sich primär die Frage, ob diese Merkmale in den in Frage stehenden Kulturen existieren und dort erfassbar sind, auch als „konzeptuelle Äquivalenz" (Hui & Triandis, 1985) oder „dimensionale Identität" (Berry, 1980) bezeichnet. Das bedeutet, dass innerhalb der entsprechenden Kultur die Existenz dieses Konstrukts als generell gegeben angesehen wird und dass somit alle Personen, die diesem Kulturkreis angehören, eine Ausprägung in diesem Konstrukt besitzen. Lediglich das Ausmaß der individuellen Ausprägung variiert zwischen den Personen.

Wenn man die Existenz der zu erhebenden Merkmale in den verschiedenen Ländern und Kulturen als gegeben ansehen kann, muss man sich im zweiten Schritt fragen, ob die geplante Operationalisierung des Konzepts für alle Kulturen angemessen ist. So könnte z.B. geprüft werden müssen, ob die Benutzung von Sehhilfen ein guter Indikator für Sehschwäche in allen interessierenden Kulturen ist oder ob in einigen dieser Kulturen die Zugänglichkeit zu Sehhilfen eingeschränkt ist und somit nicht notgedrungen jede Sehschwäche mit einer Sehhilfe ausgeglichen wird.

Erst wenn diese beiden Aspekte positiv geklärt sind, kann der Fragebogen erstellt werden. Dies geschieht in der kulturvergleichenden Umfrageforschung meist so, dass in einer Source Language (i.d.R. Englisch) der Fragebogen erstellt und im Anschluss in alle in Frage stehenden Sprachen übertragen wird. Das überlegenere Vorgehen, nämlich die simultane Entwicklung des Fragebogens in allen Kulturen, wird aus Ökonomiegründen nur sehr selten angewendet.

Bei der Erstellung des Source Questionnaires werden meist zu den interessierenden Merkmalskomplexen Items aus anderen Studien übernommen. So ist beispielsweise ein in PISA verwendetes Item zur Messung des kulturellen Kapitals ein weitgehend verbreiteter Indikator geworden. In diesem Item werden die in PISA befragten Schülerinnen und Schüler gebeten, die Anzahl der Bücher bei sich zuhause einzuschätzen. Dieses Item wird inzwischen in zahlreichen anderen Studien verwendet. So auch in PIAAC, wo jedoch das Item so reformuliert wurde, dass retrospektiv die Bücheranzahl im Ursprungshaushalt der Zielperson im Alter von 15 Jahren abgefragt wird und somit die Aufgabenstellung deutlich erschwert wurde. Um die Angemessenheit dieser Fragenadaptation zu überprüfen, wurde für PIAAC im Vorfeld getestet, ob diese retrospektive Einschätzung zu reliablen Urteilen führt.

Die Übertragung des Source Questionnaires in die einzelnen Sprachen ist eine sehr herausfordernde Aufgabe, die allzu leicht Bias induzieren kann. Die einzelnen Fragen, Antwortskalen und ggf. Instruktionen müssen für die in Frage stehende Sprache optimal adaptiert werden. Diese Übertragung beinhaltet neben der Übersetzung eines Inventars in eine andere Sprache auch immer notgedrungen eine kulturelle Adaptation, z.B. für den zwischen Kulturen unterschiedlichen Gebrauch von Längenmaßen oder Gewichtseinheiten. Eine solche Adaptation an kulturelle Gegebenheiten kann auch dann notwendig werden, wenn keine Übersetzung erforderlich ist, weil in den zu vergleichenden Kulturen die gleiche Sprache gesprochen wird, sie sich aber kulturell unterscheiden. Forscher legen meist primäres Augenmerk auf die Übersetzung der Iteminhalte, während die Antwortskalen meist recht stiefmütterlich behandelt werden. Jedoch sind die Adaptationen insbesondere von den häufig verwendeten Likert-Skalen nicht unproblematisch, da in einigen Kulturen das Verständnis für bestimmte Antwortskalen erschwert ist. So kann die Verwendung von Antwortskalen, die von einem negativen zu einem positiven Zahlenwert reichen, in Kulturen, die keine negativen Zahlen kennen, schwierig sein.

Sind Items unscharf übersetzt, entsteht leicht ein sogenannter Itembias. Um diesen zu reduzieren, gehen große kulturvergleichende Studien mehr und mehr dazu über, den Adaptations- und Übersetzungsprozess eng zu begleiten und zu überwachen. Exemplarisch soll hier das Vorgehen im Rahmen von PIAAC, das momentan eines der methodisch hochwertigsten internationalen Programme ist, dargestellt werden. Die Erhebungsinstrumente von PIAAC enthalten rund 70.000 zu übersetzende Worte (hinzu kommen noch Interviewerhandbücher und ähnliches, die insgesamt weitere ca. 100.000 Wörter umfassen). Das PIAAC-Konsortium beabsichtigte, die nationalen Übersetzungen insbesondere für die Erhebungsinstrumente möglichst eng zu überwachen und zu kontrollieren. Hierzu wurde ein Workflow definiert, der in Abbildung 1 dargestellt ist.

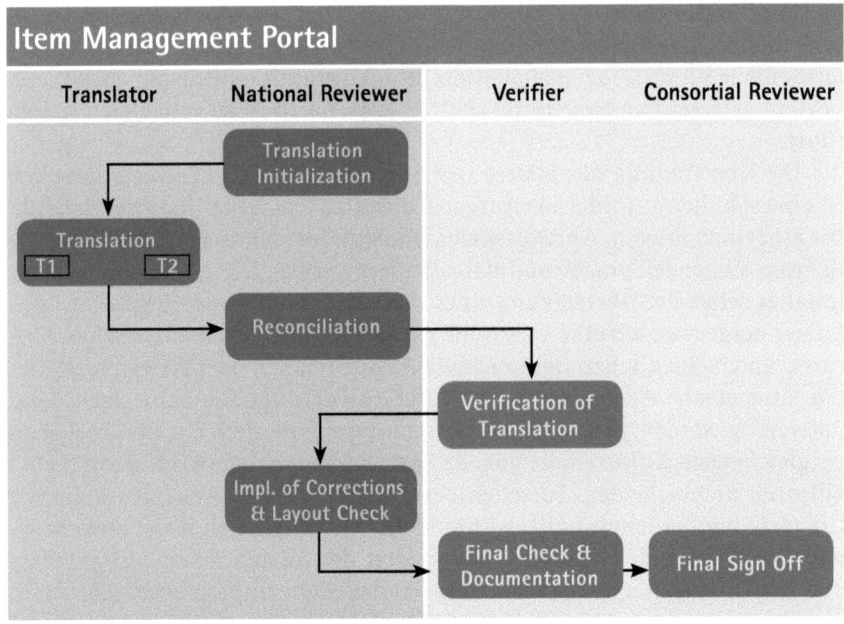

Abbildung 1: Übersetzung Workflow

Auf nationaler Ebene wird der Übersetzungsprozess initiiert und zwei voneinander unabhängige Übersetzungen in Auftrag gegeben. Wichtig bei der Auswahl der Übersetzer ist eine vorhandene Erfahrung mit der Übersetzung von Erhebungsinstrumenten, insbesondere auch von Kompetenzitems, bei denen z.B. die vergleichbare Länge von Original und Übersetzung, aber auch die vergleichbare Schwierigkeit der verwendeten Begriffe eine Rolle spielt. Um diese beiden initialen Übersetzungen zu unterstützen und in die richtigen (international vergleichbaren) Bahnen zu lenken, werden für alle Items des Source Questionnaires sogenannte Item-by-Item Translation Guidelines zur Verfügung gestellt. Diese spezifizieren z.B., welche Iteminhalte national adaptiert werden sollten. Im Rahmen einer Rekonziliation werden diese beiden Übersetzungen zu einer möglichst optimalen integriert. Diese nationalen Übersetzungsvorschläge werden daraufhin vom Konsortium verifiziert. Empfindet der Verifier eine Übersetzung als verzerrend oder, im Falle der Kompetenzitems, als die Schwierigkeit der Items verändernd, schlägt er eine Alternative vor. Diese Alternativvorschläge werden nun wiederum durch die Länder geprüft und i.d.R. implementiert. Diese überarbeitete Version wird nun durch die Verifier noch einmal geprüft und dann vom Konsortium freigegeben. Der hier bei PIAAC implementierte Verifikationsprozess der nationalen Übersetzungen gewährleistet, die Übersetzungen zu harmonisieren (z.B. zwischen verschiedenen Ländern, die die gleiche Sprache benutzen) und von konsortialer Seite zu prüfen, um somit möglichen Itembias zu reduzieren.

Ähnlich wie in PIAAC werden auch in PISA die nationalen Übersetzungen durch das Konsortium verifiziert. Auch im ESS wird versucht, die nationalen Übersetzungsprozesse eng zu begleiten. So werden im ESS auch detaillierte Übersetzungsrichtlinien zur Verfügung gestellt. Aktuell wird im ESS darüber hinaus die Einführung eines zentralen Verifikationsprozesses, ähnlich wie in PIAAC, geprüft. Im ISSP hingegen liegt die Übersetzung in Händen der Länder. Hier gibt es keine zentrale Kontrolle und Harmonisierung.

Vergleichbarkeit des Erhebungsdesigns

Neben der Vergleichbarkeit der einzusetzenden Erhebungsinstrumente ist für internationale Umfrageforschung auch die Vergleichbarkeit des Erhebungsdesigns von zentraler Bedeutung. So muss sichergestellt sein, dass in den verschiedenen Ländern die Grundgesamtheit und das Coverage dieser Population vergleichbar sind. Grundgesamtheiten werden in populationsrepräsentativen Studien meist als Personen, die in dem entsprechenden Land leben, definiert. Jedoch sind in einigen Ländern nicht alle Einwohner inkludierbar. So schließen die USA beispielsweise die indianischen Reservate i.d.R. aus. Schließen andere Länder Einwohner solcher Reservate ein, könnte dies die Grundgesamtheit verzerren.

Auch die in den Ländern angewendeten Stichprobendesigns können sich stark unterscheiden, je nachdem, was in den einzelnen Ländern möglich ist, ob beispielsweise ein Register existiert. Dies kann einen sogenannten Stichprobenbias, die Nicht-Vergleichbarkeit der in verschiedenen Kulturen erhobenen Stichproben, hervorrufen. Dieser kann sowohl resultieren aus Unterschieden in den Stichprobendesigns wie auch durch Unterschiede im Non-Response Bias, hervorgerufen durch beispielsweise eine für die Länder jeweils typische, jedoch unterschiedliche Teilnahmebereitschaft der verschiedenen Subpopulationen, aber auch durch unterschiedliche klimatische Bedingungen während der Feldphase. Ferner variiert die typischerweise erreichbare Response-Rate stark zwischen Ländern. Viele Studien dokumentieren daher inzwischen die Response-Rate pro Land. In Studien wie PIAAC werden sogar Länder, die ein Mindestmaß an Ausschöpfung verfehlen, aus den vergleichenden Analysen ausgeschlossen.

Aktuell gewinnen webbasierte Umfragen immer mehr an Bedeutung. Da sie auch allzu leicht in verschiedensten Ländern zeitgleich durchführbar sind, sind sie auch sehr attraktiv für kulturvergleichende Anwendungen. Hier jedoch sollte stets die Durchführbarkeit in allen in Frage stehenden Ländern geprüft werden. Ist die Verbreitung und Nutzung des Internets in den Ländern vergleichbar? Trifft dies auch für Subpopulationen zu? So könnte beispielsweise in einem Land zwar so gut wie jeder Berufstätige Zugang zum Internet haben, jedoch Privatpersonen nur sehr selten. Demnach würde eine webbasierte Befragung in diesem Land in einer Stichprobe resultieren, die Personen, die nicht berufstätig sind, unterschätzt. Generell ist daher bei der Wahl des Erhebungsmodus darauf zu achten, dass dieser in allen Ländern vergleichsweise gut implementierbar ist.

Auch der Zeitplan für die Studie und insbesondere für die Erhebung kann Verzerrungen hervorrufen. So herrscht in einem Land tiefster Winter und abgelegene Ortschaften sind nicht zugänglich, während in einem anderen Hochsommer ist. Oder es geschehen Naturkatastrophen in einer Region, die den Fokus der betroffenen Einwohner weit weg von einer Teilnahme an Umfragen lenken.

Schließlich stellt sich die Frage, ob die resultierenden Daten besser vergleichbar sind, wenn jedes Land möglichst das gleiche Design anwendet, oder ob die Designs – ähnlich wie die Erhebungsinstrumente – für die nationalen Gegebenheiten angepasst werden sollten. Inzwischen gehen komparative Studien zu letzterem Vorgehen über. So fordern sie in vielen Bereichen nicht ein bestimmtes Vorgehen als gemeinsamen kleinsten Nenner zwischen den beteiligten Ländern (z.B. eine Random-Route Stichprobe), sondern im Hinblick auf ein vorgegebenens Ziel die im Land bestmögliche Umsetzung (in unserem Beispiel: Zufallsstichprobe, wenn möglich registerbasiert oder 4 Monate Feldzeit im Verlaufe eines spezifizierten Kalenderjahres).

Spezifikation der internationalen Studienmerkmale

Um das Erhebungsdesign, aber auch den Adaptationsprozess für die Erhebungsinstrumente zwischen den einzelnen beteiligten Ländern möglichst vergleichbar zu halten und zu standardisieren, sollten zentrale Designmerkmale der Studie im Vorfeld schriftlich spezifiziert sein. Wer ist jedoch für eine solche Spezifikation verantwortlich, wer entwickelt sie? Bei vielen Studien ist das irgendeine Form von zentralem Governing Board. Ein solches existiert jedoch nicht für alle internationalen Studien. In solchen Fällen müssen die beteiligten Länder sich untereinander auf Studienspezifikationen einigen.

Der Umfang solcher Studienspezifikationen und damit auch ihr Detailliertheitsgrad variiert sehr stark zwischen den einzelnen Studien. Eine der ausführlichsten Spezifikationen sind die für PIAAC. Deren *Technical Standards & Guidelines* (für eine vorläufige Version s. OECD, 2008) umfassen über 200 Seiten und definieren Aspekte wie Übersetzungs- und Adaptationsrichtlinien, aber auch die notwendigen Qualifikationen der einzusetzenden Interviewer und deren Organisationsstruktur innerhalb des Umfrageinstituts, Richtlinien zur Qualitätskontrolle der Interviewer bis hin zur zu verwendenden Papierstärke für die Testhefte. Auf den ersten Blick mag man dies als regulativen Overkill ansehen; wenn man jedoch bedenkt, dass in den Testheften die Kompetenzaufgaben abgedruckt sind und deren Lesbarkeit – und somit ihre Schwierigkeit – beeinflusst werden könnte, z.B. durch ein durchscheinendes Papier, ist diese Anforderung nachvollziehbar.

Wichtig bei der Erstellung solcher technischen Studienspezifikationen ist es, sich von seiner nationalen Sichtweise zu lösen. Nicht jede Qualitätsanforderung ist in jedem Land umsetzbar. So würde es wenig Sinn machen, in einer internationalen Studie registerbasierte Stichproben zu fordern, wenn solche Register nur in der Hälfte der teilnehmenden Länder existieren. Wichtig ist daher bei der Erarbeitung solcher Richtlinien, die Gegebenheiten der einzelnen Länder zu kennen und zu beachten. Daher sollten im Idealfall die Studienspezifikationen unter Beteiligung der Länder erstellt werden.

Vergleichbarkeit der Datenqualität

Um methodische Verzerrungen in einer komparativen Studie zu vermeiden, können (und sollten) wie oben dargestellt zahlreiche Richtlinien spezifiziert werden. Ganz zentral für die Vermeidung von Bias ist jedoch die Frage, inwieweit diese Richtlinien de facto auch von den einzelnen Ländern befolgt und somit umgesetzt werden. Daher ist neben der oben gestellten Frage, wer für solche Studienspezifikationen verantwortlich zeichnet auch die Frage, wer ihre Einhaltung begleitet und kontrolliert, von entscheidender Bedeutung. Nicht alle Länder sind gleichermaßen erfahren in der Durchführung methodisch anspruchsvoller Large-Scale Surveys. Insofern geht es nicht nur darum, die Umsetzung der Studienspezifikationen zu *kontrollieren*, sondern auch darum, den Ländern Hilfestellung bei dieser Umsetzung zu geben, z.B. indem man sich mit ihnen in ihre nationalen Gegebenheiten eindenkt und mit ihnen gemeinsam, basierend auf den Studienspezifikationen, ein optimales Erhebungsdesign entwickelt. Auch der oben beschriebene Verifikationsprozess kann als eine Mischung zwischen Kontrolle und einer solchen Hilfestellung zur Erreichung einer optimalen Übersetzung angesehen werden (der englische Begriff *monitor* ist hier als eine Mischung aus Kontrolle und Begleitung deutlich passender).

Schließlich stellt sich auch die Frage, ob und welche Sanktionsmaßnahmen bei Nicht-Einhaltung der Studienrichtlinien bestehen. Nur wenige methodisch sehr hochwertige Studien wie der ESS oder PIAAC kontrollieren standardmäßig und umfangreich die Einhaltung und Umsetzung der Studienrichtlinien in den einzelnen Ländern. Aber auch in Studien wie dem ESS bestehen kaum Sanktionsmöglichkeiten bei Nicht-Einhaltung. Nur sehr wenige Studien wie beispielsweise PIAAC gehen soweit, Länder aus den zentralen Analysen und dem Bericht auszuschließen, die spezifizierte Ziele, wie z.B. die Ausschöpfung, nicht erreichen.

Zusammenfassung

Ganz entscheidend für den Erfolg international vergleichender Studien ist die Vergleichbarkeit zwischen den einzelnen Ländern. So simpel dies klingt, so herausfordernd ist es doch in der Umsetzung. Wichtig hierfür ist, dass die Dimensionen, auf denen für eine Studie Vergleichbarkeit erzielt werden soll, sowie deren Detailliertheitsgrad im Vorfeld spezifiziert werden. Welches Studiendesign ist für die beteiligten Länder verpflichtend?

Wie soll die Adaptation der Erhebungsinstrumente erfolgen? Welche Qualitätsprüfungen (wie z.b. Interviewerkontrollen) und Qualitätsmerkmale (wie z.B. Ausschöpfung oder Non-Response Bias-Prüfungen) werden erwartet? Hierfür benötigt eine international vergleichende Studie ein übergeordnetes Gremium, eine Form von Governing Board und/oder zentralem Konsortium, das diese Spezifikationen aufsetzt und vor allem die beteiligten Länder bei der Umsetzung begleitet und sie ggf. hierbei unterstützt und kontrolliert.

Literatur

Berry, J.W. (1980): Introduction to methodology. In: H. Triandis & J.W. Berry (Hrsg.), *Handbook of Cross-Cultural Psychology*, S. 1-28. Boston: Allyn & Bacon.

Hui, C. H. & Triandis, H. C. (1985): Measurement in Cross-Cultural Psychology: A Review and Comparison of Strategies. *Journal of Cross-Cultural Psychology*, 16, 131-153

OECD (2008): PIAAC Technical Standards and Guidelines. COM/DELSA/ EDU/PIAAC(2008)20. http://www.oecd.org/officialdocumentsearch/0, 3673,en_2649_201185_1_1_1_1_1,00.html?doRecentDocsSearchNoGrid=1&recentDocsYear=2008

Social Media
Bedeutung und Herausforderung für die Markt- und Meinungsforschung

Hartmut Scheffler
Geschäftsführer TNS Infratest/Vorstandsvorsitzender ADM

1 Überlegungen zur Relevanz des Themas

Der Begriff „Social Media" ist spätestens seit etwa drei Jahren in der intensivsten Diskussion. Jeder, der im weitesten Sinne mit Kommunikation, Information, Bildung und Ausbildung zu tun hat, nimmt gefragt und ungefragt zum Thema Social Media Stellung. Ergebnis ist eine Bandbreite zwischen pauschaler Verteufelung auf der einen Seite und überzogenem, unkritischem Hype auf der anderen Seite. Die Kritiker sprechen von Informationsüberflutung, von Informationshäppchen statt Wissensaufbau, von Verflachung der Information etc. Die Apologeten einer neuen Welt schwärmen von den vielfältigen Dialogmöglichkeiten, der jederzeit möglichen multimedialen Kommunikation, der Demokratisierung der Kommunikation und vielem mehr. Diese Diskussion wird weitergehen; sie wird sich auf Basis von immer mehr Empirie und praktischen Erfahrungen versachlichen.

Was sind „Social Media"? Es gibt keine wirklich anerkannte Definition, welche Plattformen oder Aktivitäten zu Social Media gehören, welche nicht. Einigkeit besteht bei aller noch sehr offen und ambitioniert geführter Diskussion aber in zweierlei Hinsicht:

Der erste Konsens betrifft eine grobe Abgrenzung und Definition. Social Media sind zum einen Plattformen wie Facebook, Twitter, YouTube. Als Social Media werden zum Zweiten die Dialog-/Interaktions-Instrumente auf diesen Plattformen wie Blogs oder Foren bezeichnet. Und zum Dritten geht es bei Social Media immer darum, dass Menschen mit Hilfe dieser Plattformen und Instrumente kommunizieren, Meinungen äußern, Fans und Follower finden, Empfehlungen abgeben, Fragen beantworten, kurz: einen Dialog selbst initiieren, führen, erweitern, abbrechen. Social Media ist die Summe aus Plattformen, Interaktions- und Dialoginstrumenten und persönlichem Verhalten. Ob dann Unternehmens-Webseiten, auf denen in Foren oder Blogs mit Konsumenten und Käufern interagiert wird und diesen die Möglichkeit zu aktivem Input gegeben wird, zu Social Media gezählt werden oder als Bestandteil klassischer Unternehmenskommunikation verstanden werden, ist für die weiteren Überlegungen unerheblich.

Der zweite Konsens betrifft die Tatsache, dass man sich zwar hinsichtlich der Bewertung von Social Media für Gesellschaft, Zusammenleben, Kommunikation uneins ist, nicht aber hinsichtlich der Relevanz und des Fortbestandes des Themas und der Ausdehnung von Plattformen und Angeboten einerseits wie Aktivitäten auf diesen Plattformen andererseits in den nächsten Jahren. Social Media wird ein wesentlicher Bestandteil der privaten wie der öffentlichen und kommerziellen Kommunikation mit wachsender Bedeutung sein.

Daraus ergibt sich für jeden Wirtschaftszweig – und damit auch für die Markt- und Meinungsforschung – die Notwendigkeit, Position zum gesellschaftlichen Phänomen „Social Media" zu beziehen und die aktuellen und zukünftigen Herausforderungen für die eigenen Aufgaben kontinuierlich zu diskutieren und in Maßnahmen umzusetzen.

Dies gilt umso mehr, als durch die wachsende Bedeutung von Mobile (Smartphone, Tablets) die gesamte Entwicklung von Social Media nochmals beschleunigt werden wird. Durch mobile Anwendungen kommt es zu den drei A's: Anytime, Anywhere, Anything. Jeder, der mobile Endgeräte nutzt, kann zu fast jedem Thema, fast überall, fast immer erreichbar sein bzw. sich selbst aktiv äußern und in Dialog treten.

Wer sich mit der Bedeutung und Herausforderung seriös befasst, wird einen begründbaren Mittelweg zwischen Verteufelung und Hype wählen müssen. Dies wird im Weiteren für das Anwendungsfeld der Markt- und Meinungsforschung versucht.

2 Daten und Fakten

Die seriöse Beschäftigung mit einem gesellschaftlichen Phänomen wie Social Media setzt, um dies sachlich und begründet tun zu können, einen Blick auf unbestreitbare Daten und Fakten voraus.

Social Media

2.1 Vielfalt

Das Unternehmen ethority gibt seit einiger Zeit eine Übersicht heraus, in der zu einer Vielzahl von Anwendungsfeldern die zur Verfügung stehenden Plattformen/Anbieter gelistet werden. Wer diese Übersicht über die Jahre verfolgt, erkennt das dramatische Wachstum an Themen und Angeboten. Alle Felder, alle Plattformen und Anbieter haben mit Social Media zu tun (siehe Abbildung 1).

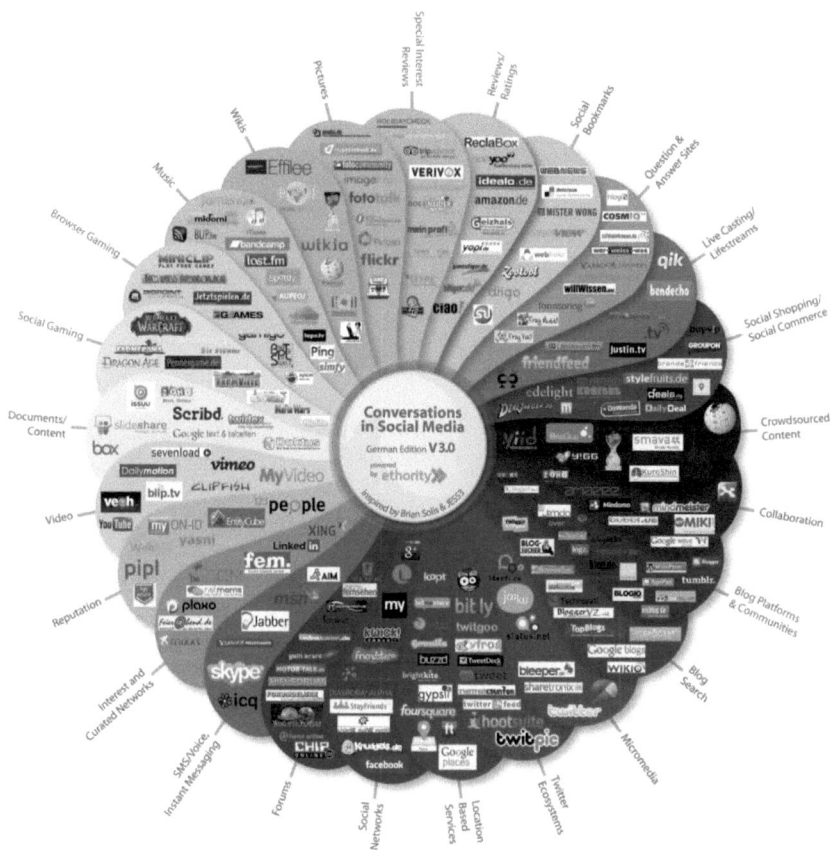

Abbildung 1

Wenn es noch eines Beweises bedurfte, dass Kommunikation und Konversation über Social Media und in Social Media fast alle Lebensbereiche erreicht hat, dann ist es diese Übersicht. Des Weiteren verdeutlicht die Übersicht die Vielzahl von Anbietern, die ihr Geschäftsmodell, ihre wirtschaftliche Entwicklung und damit all ihre Aktivitäten in den Ausbau der entsprechenden Social Media-Plattformen und -Angebote legen.

Das Unternehmen diffferent verengt den Blickwinkel in einer ebenfalls für die Relevanz von Social Media sehr gut geeigneten Übersicht auf Unternehmens-Kommunikationsstrategien und unterscheidet unternehmenseigene soziale Plattformen und unternehmensunabhängige soziale Plattformen (siehe Abbildung 2). Hier wird aus dem Blickwinkel der Unternehmenskommunikation erkennbar, dass und welche Social Media Relevanz haben und z.B. im Marketing verstärkt eingesetzt werden.

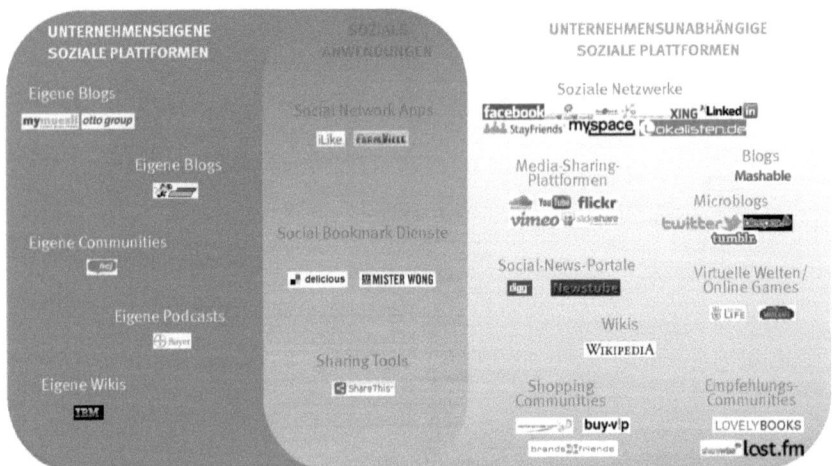

Abbildung 2

Die Vielfalt im Themenfeld Social Media ist beeindruckend und erster Beleg für aktuelle und zukünftige Relevanz.

2.2 Nutzerzahlen

Nun könnten natürlich theoretisch bei aller Angebotsvielfalt die Nutzerzahlen, die Aktivitäten in Social Media vernachlässigbar klein, stagnierend oder gar schrumpfend sein. Fast täglich erscheinen Untersuchungen in Deutschland oder auf internationaler Ebene, anhand derer die umfassenden und wachsenden Nutzerzahlen einerseits und die intensiven Nutzungsaktivitäten andererseits erkennbar sind. Vor einigen Monaten (und jetzt vermutlich in den meisten Fällen bereits überholt) hatte Facebook 900 Mio. Nutzer weltweit (die Milliarde ist schon erreicht oder wird bald erreicht sein), Twitter über 200 Mio. Nutzer, YouTube 21 Mio. Zugriffe täglich. Die Business Netzwerke LinkedIn mit über 100 Mio. Nutzern oder Xing mit über 8 Mio. Nutzern allein in Deutschland/Österreich/Schweiz zeigen ebenfalls attraktive Quantitäten.

TNS Infratest hat im November 2011 die zweite weltweite Studie unter der Bezeichnung Digital Life mit einem Schwerpunkt „Social Media" veröffentlicht. In dieser Studie wurden 72.000 Onliner in 60 Ländern, repräsentativ für 93% der Welt-Internet-Bevölkerung (2 Mrd. Personen) befragt. Danach beträgt die Internet-Penetration in Deutschland – immer noch (aber jetzt langsamer) steigend – mittlerweile etwa 80%. Von diesen 80% sind täglich 72% online, recherchieren Markeninformationen 90%, sind Fans irgendeiner Marke 38%, schreiben aktiv über Marken 31%. Weitere Nutzungszahlen auf wöchentlicher Basis sind in Abbildung 3 gelistet.

Fasst man alle diese Entwicklungen im Hinblick auf Social Media zusammen, so haben Social Media-Aktivitäten mittlerweile den größten Anteil im Online-Zeitbudget, Social Media-Nutzungen sind in den letzten Jahren gewachsen und die Entwicklungen in Richtung Mobile lassen zweifelsfrei ein weiteres Wachstum erwarten, weil Mobile und Social Media Hand in Hand gehen, sich gegenseitig ergänzen.

Social Media Nutzung in Deutschland (wöchentliche Nutzung)

Soziale Netzwerke

- **50%** checken ihre Social Network Accounts
- **40%** schreiben Posts/Nachrichten/Status Updates
- **36%** kommentieren oder antworten anderen

Microblogs

- **12%** micro-bloggen aktiv
- **17%** besuchen/lesen Microblogs

Blogs & Foren

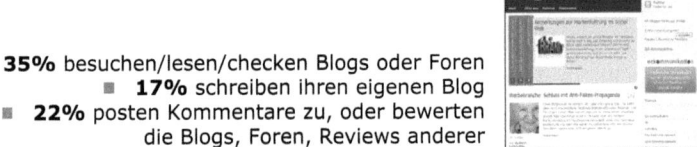

- **35%** besuchen/lesen/checken Blogs oder Foren
- **17%** schreiben ihren eigenen Blog
- **22%** posten Kommentare zu, oder bewerten die Blogs, Foren, Reviews anderer

Abbildung 3

3 Social Media und Markt-/Meinungsforschung

Nutzerzahlen, Nutzungsformen und Entwicklungen von Social Media und die Tatsache, dass es sich hierbei um ein Kommunikationsthema, ein Kommunikationsphänomen handelt, machen es zwingend interessant für Politik und Wirtschaft, für öffentliche Institutionen und Unternehmen. Sie machen es auch interessant für die Markt- und Meinungsforschung. Dies betrifft natürlich zum einen das Interesse an Nutzerzahlen, Nutzungsformen, Urteilen und Bewertungen, kurz: Verhalten und Einstellungen der Nutzer und Nicht-Nutzer. Dieser Aspekt der Betrachtung von Social Media als Forschungsgegenstand steht im Weiteren weniger im Fokus. Betrachtet werden soll vielmehr, inwieweit Social Media Markt- und Meinungsforschung im Hinblick auf Einsatzfelder und Instrumente auf der einen Seite, im Hinblick auf Qualitätskriterien und Ethik auf der anderen Seite betreffen. Die Einsatzmöglichkeiten und Einsatzfelder haben dabei selbstverständlich einen Einfluss auf die Geschwindigkeit, mit der inhaltliche, methodologische und methodische Themen angegangen werden.

3.1 Einsatzfelder von Social Media

Social Media stellen eine natürliche Schnittstelle zwischen Menschen (Individuen und Gruppen), den Medien als Plattformen und – neben vielen anderen inhaltlichen Themen – Marken dar. Menschen äußern sich in neuen und für sie besonders geeigneten Medien in neuen und verschiedenen Formen über Marken, können umgekehrt dort auch angesprochen und in Dialoge geführt werden. Der Bereich „Marken" ist selbstverständlich erweitert zu denken auch in Richtung aller politischen und öffentlichen Institutionen und Einrichtungen. Diese neue mediale Schnittstelle „Social Media" zwischen Menschen und Marken weckt Forschungsinteresse und damit das Interesse an der Entwicklung dafür geeigneter Methoden. Der Informationsbedarf ist groß und steigend:

- Wer nutzt?: Anzahl der Nutzer, Nutzertyp, Anzahl Fans/Friends/Followers...
- Warum wird genutzt?: Motive, Relevanz, Erwartungen, Nutzungsanlässe...
- Wie und mit welchem Effekt wird genutzt?: Nutzungsintensität, passive oder auch aktive Nutzung, Empfehlungsverhalten, Impact auf Kommunikationsziele von Unternehmen...

Die wirtschaftliche Relevanz von Social Media für die Markt- und Meinungsforschung resultiert selbstverständlich aus der Bedeutung, die Social Media für Institutionen und Unternehmen in Kommunikation, Markenführung, Marketing hat. Unternehmen versuchen bereits jetzt, mit Social Media-Analysen und eigenen Social Media-Strategien eine Vielzahl von Zielen für das Unternehmen, für die Institution, für einzelne Marken zu erreichen. Im Wesentlichen sind dies:

- Steigerung der Unternehmens-, Produkt- und/oder Markenbekanntheit
- Informationsvermittlung
- verbessertes Unternehmens-, Produkt- und/oder Markenimage
- Kundenbindung
- Kundengewinnung
- Umsatzsteigerung
- direkter Abverkauf, e-Commerce
- verbesserte PR
- verbessertes Suchmaschinenranking
- optimierte Kommunikation (Kosten, Dialog)
- Weiterentwicklung von Produkten (Co-Creation)
- Mitarbeiterbindung und Personalgewinnung (Employer Branding)
- Marktforschung

Jede Institution, jedes Unternehmen, das mit Social Media auch nur einen Teil dieser Ziele angehen möchte, benötigt eine Social Media-Strategie, im Rahmen derer die Menschen, Medien/Plattformen und Marken in idealer Weise zusammengebracht werden können (siehe hierzu Abbildung 4). Social Media sind eine Schnittstelle von Menschen, Medien und Marken und Social Media werden für mehr und mehr Unternehmen und Institutionen geeignetes (strategisches) Mittel zur Erreichung diverser, ganz unterschiedlicher Ziele.

Ob Social Media Killer-App oder Pflichtübung ist, hängt von Branche, Marke und Kernzielgruppe ab.

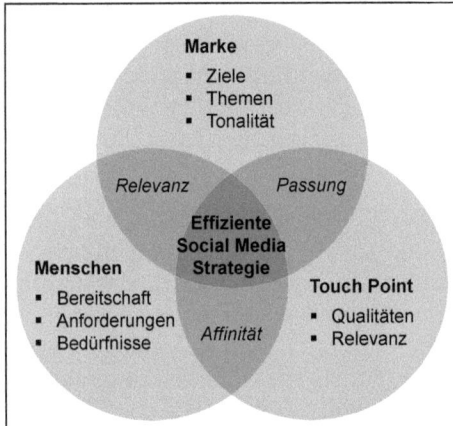

Ihre Qualitäten können soziale Medien am stärksten ausspielen, wenn sie zielorientiert in eine ganzheitliche Touch Point Architektur integriert werden.

Abbildung 4

3.2 Herausforderung für Markt- und Meinungsforschung

Die Markt- und Meinungsforschung hat in Reaktion auf die Social Media-Entwicklung eine Reihe von Antworten zu finden: Welche Auswirkungen haben die Digitalisierung allgemein und Social Media im Speziellen auf die traditionelle Markt- und Meinungsforschung? Welche Rolle spielen die etablierten Instrumente zukünftig? Welche neuen Instrumente und Erhebungsmöglichkeiten erlauben Digitalisierung und Social Media? Wie können ganz konkret die durch Social Media getriebenen Fragen z.B. der einsetzenden Institutionen und Unternehmen beantwortet werden?

Die Herausforderung für die Markt- und Meinungsforschung ergibt sich zuerst daraus, dass mit zunehmender Digitalisierung auch (fast) jeder Umfragen starten, Social Media-Forschung betreiben kann. Do-it-Yourself mit allen Konsequenzen auf Forschungsquantität und Forschungsqualität wird zunehmen. Eine weitere Herausforderung ist bereits mehrfach thematisiert worden: Es entwickelt sich gesellschaftlich eine immer stärkere Social Media-Kultur mit entsprechendem Forschungs- und Steuerungsbedarf heraus. Und schließlich – auch dies eine Herausforderung für Markt- und Meinungsforschung – ändern sich alle privaten Lebensmodelle, vor allem aber auch alle Geschäftsmodelle durch die Digitalisierung und speziell durch Social Media. Der Konsumer wird zum Prosumer, der stationäre Handel ergänzt sich um eCommerce und Onlinehandel, Empfehlungen, Bewertungs- und Meinungsplattformen haben beim Verbraucher ein höheres Vertrauen als Werbung ... und dies sind nur einige wenige Beispiele.

Die Markt- und Meinungsforschung ist einerseits selbst von diesem Prozess betroffen und muss ihre Geschäftsmodelle neu definieren. Sie ist andererseits vor allem als die Institution gefragt, die Unternehmen, öffentlichen Einrichtungen, Parteien mit neuen, mit richtigen, mit wichtigen Informationen und Erkenntnissen hilft.

Die Marktforschung war und ist speziell im Marketingbereich und für die Markenführung eine unersetzliche Entscheidungshilfe über alle Phasen von Markenführung und Marketing: vgl. Abbildung 5.

Die Marktforschung als Entscheidungshilfe

Abbildung 5

Die Fragestellungen im inneren Kreis der Abbildung bleiben aus Sicht der Unternehmen und für die Markenführung unverändert, die Marktforschung muss allerdings für die Beantwortung weiter greifen und vor allem Social Media berücksichtigen. Die Herausforderung für die Markt- und Meinungsforschung ist es also, in das etablierte Modell Social Media zu integrieren.

Was heißt „Social Media integrieren"? In Social Media kommunizieren große Gruppen über Marken, tauschen Erfahrungen und Urteile aus. Das Ergebnis sind Sekunde für Sekunde eine Vielzahl unsystematischer Informationen, die es zu sammeln, zu kombinieren, zu analysieren, zu verdichten und zu verstehen gilt. Erst dann wird es möglich sein, aus dieser Kenntnis und diesem Verständnis Empfehlungen für öffentliche und private Auftraggeber zu geben, als Entscheidungshilfe auch in der neuen, durch die Social Media-Kultur stark beeinflussten Welt zu bestehen.

Allein das Beispiel Social Media Monitoring zeigt, wie sehr diese theoretischen Überlegungen in der tagtäglichen Forschungspraxis schon angekommen sind. Mit Social Media Monitoring
- wird die Wirksamkeit von Werbekampagnen schon in einem frühen Stadium erkennbar und erlaubt kurzfristig Optimierungen
- ist die Erfassung der Meinungen und Einstellungen bei Kunden und anderen Stakeholdergruppen möglich
- wird Reputationsmanagement getrieben
- können besonders interessante und wichtige Zielgruppen identifiziert und analysiert werden
- kann eine Art Trend-Scouting für die Neuprodukt-Entwicklung bzw. eine Identifizierung neuer Themen vorgenommen werden
- wird das Monitoring von Neuprodukt-Einführungen möglich
- wird Risikomanagement (Frühwarnsystem) betrieben
- wird ein Preismonitoring aufgesetzt
- lassen sich Meinungsmacher identifizieren
- wird der Wettbewerb beobachtet.

4 Eine neue Forschungswelt?

Die Herausforderungen an die Markt- und Meinungsforschung sind evident, die Veränderungen und vielen Praxisbeispiele in Richtung der neuen Aufgaben offensichtlich. Resultiert aus diesem in hohem Maße Social Media-getriebenen Prozess eine neue Forschungswelt?

4.1 Thesen

In der öffentlichen Diskussion werden in den letzten Jahren und verstärkt in den letzten Monaten eine Reihe von Behauptungen mit indirektem oder direktem Bezug zur Markt- und Meinungsforschung aufgestellt. Dies geschieht sicher in vielen Fällen bewusst pointiert oder gar überpointiert. Dies ändert aber nichts daran, dass die Autoren und Absender dieser Behauptungen gute Gründe für die Richtigkeit der Thesen zu haben glauben. Solche Thesen sind bezogen auf die Marke: Im Zusammenhang mit Digitalisierung und Social Media ist die Marke tot, Zielgruppen spielen keine Rolle mehr, Unternehmen verlieren die Kontrolle über Marke und Markenführung, Social Media läutet das Ende der Massenkommunikation ein.

Und dann gibt es da noch vergleichbare Aussagen in Richtung Markt- und Meinungsforschung: Es braucht keine Experten mehr, der Konsument wird zum Experten, Social Media läutet das Ende quantitativer Untersuchungen und quantitativer Daten ein, Repräsentativität wird unwichtig – Relevanz ist das neue Kriterium, traditionelle Marktforschung und Marktforschungsinstitute werden überflüssig.

Alle Thesen sind selbstverständlich nicht an den Haaren herbeigezogen, sondern finden begründbare Belege: Die Zielgruppe nimmt an Bedeutung ab, wenn Individualisierung und Dialog (-marketing) zunehmen. Gleiches gilt für die Massenkommunikation. Die Unternehmen verlieren Kontrolle über Marken und Markenführung, wenn unkontrolliert Konsumenten über Marken sprechen, sich austauschen, Bewertungen abgeben. Do-it-Yourself-Forschung kann an der einen oder anderen Stelle die Aufgaben von Marktforschungsinstituten obsolet erscheinen lassen.

4.2 Antithesen

Diese Begründungen betreffen aber in der Regel nur einen Teilaspekt, so dass die Antithesen die Situation besser treffen. Dies sei am Beispiel der Thesen durch die entsprechende Antithese erläutert:
- Marken werden in Zukunft nicht etwa an Bedeutung verlieren oder überflüssig werden, sondern sie werden in einer an Informationen überladenen Welt als Orientierungsanker an Bedeutung gewinnen. Marken schaffen Vertrauen und Sicherheit. Sie schaffen Gesprächsthemen und -anker.
- Zielgruppen werden trotz aller Interaktivität und allen Dialogmarketings nicht überflüssig werden, denn Produktentwicklung, Kommunikationskonzepte, Positionierung von Produkten und Marken verlangen weiterhin

Überlegungen in Richtung des zukünftigen Käufers und Verbrauchers, in Richtung eines Zielgruppenkonstruktes. Dabei werden die Zielgruppendefinitionen in Zukunft noch weiter über die traditionellen soziodemografischen oder psychografischen Definitionen hinausgehen in Richtung bedarfs- und anlassgetriebener Zielgruppen. Social Media macht das Konzept der Zielgruppen und der Zielgruppendefinition und -steuerung nicht überflüssig, sondern im Gegenteil in der Umsetzung anspruchsvoller.

- Unternehmen dürfen und werden die Kontrolle über Marken nicht verlieren. Sie werden allerdings den Verbraucher stärker einbeziehen, sie werden über Social Media zuhören und über Social Media interagieren und kommunizieren, sie werden den Verbraucher und seine Verhaltensweisen und Einstellungen noch ernster nehmen als bisher. Unternehmen, die die Kontrolle über ihre Marken verlieren (nicht zu verwechseln mit: die Kontrolle teilen), werden Marktanteile verlieren, starke und gut geführte Marken werden durch Social Media noch stärker.
- Zur Markenführung wird es auch in Zukunft gehören, Bekanntheit für die Marke und ein allgemein bekanntes und anerkanntes Markenbild zu schaffen. Dies war und bleibt die ureigenste Aufgabe der Massenkommunikation, die dann selbstverständlich mit den neuen Elementen der Onlinekommunikation und den Social Media in bestmöglicher Weise verknüpft wird.
- Die Menge der Informationen nimmt zu, die Anforderungen für die Entwicklung der richtigen Produkte, die Festlegung des richtigen Kommunikations-Mixes, der optimierten Kundengewinnungs- und Kundenbindungs-Programme werden immer anspruchsvoller. Die zunehmende Datenflut, gerade auch adressiert von Konsumenten und Käufern, macht nicht etwa den Experten überflüssig, sondern als denjenigen, der diese Daten sammeln, strukturieren und analysieren kann, immer wertvoller. Aus Informationen Wissen zu generieren, ist und bleibt Expertenaufgabe.
- Dies führt unmittelbar zur Bedeutung von Markt- und Meinungsforschung. Wo, wenn nicht dort, läuft das interdisziplinäre Wissen aus Fachrichtungen wie Soziologie, Psychologie, BWL, Mathematik, Informatik, Neurologie und vielem mehr zusammen, dessen es für eine wissenschaftlich fundierte Sammlung/Erhebung, Strukturierung und Analyse der wichtigen im Unterschied zu den unwichtigen Daten bedarf?
- Mit Wissensgenerierung ist durchweg auch das Ziel allgemeiner, verallgemeinerbarer Aussagen verbunden. Genau dies ist Hintergrund des Konstruktes der Repräsentativität, also des Schlusses von einer Stichprobe, einer Teilgruppe auf eine Grundgesamtheit wie die Gesamtbevölkerung, die Käufer eines Produktes, die Wähler einer Partei, die Empfänger von Hartz IV

etc. Verallgemeinerbarkeit von Informationen, Erkenntnissen, Wissen sind essentiell für den Nutzwert vieler Informationen.
- Damit sind auch quantitative Daten auf Basis ausreichend großer Stichproben unersetzlich. Statistische Signifikanz, Segmentierungen, Datenbanken und Benchmarking verlangen quantitative Untersuchungen.

Es gibt somit gute Gründe, jeder These eine nachvollziehbare Antithese entgegen zu setzen.

4.3 Synthese

Aus der aktuell stattfindenden theoretischen Diskussion einerseits und dem praxisorientierten „Learning by Doing" (auch auf Seiten der Markt- und Meinungsforschung) im Digital-/Social Media-Forschungsfeld andererseits schält sich als Common Sense, als Synthese heraus, dass Markt- und Meinungsforschung wichtiger als zuvor sind, aber anspruchsvoller und anders als zuvor werden müssen: also ein „Mehr" wie gleichzeitig auch ein „Anders".

Die ständig zunehmende Fragmentierung und Ausdifferenzierung von individuellen Lebensmodellen, von Kommunikationsmöglichkeiten und Medienplattformen, von Marken und Markenarchitekturen erzeugt eine noch nie zuvor existierende Vielfalt an Verhaltensweisen, Einstellungen, Bedürfnissen, Produkten und Ideen. Und dies alles findet in hohem Maße seinen Niederschlag in Social Media: mal als Reaktion auf politische Entscheidungen, Produktentwicklungen oder Markteinführungen, mal als in Social Media initiierte oder verstärkte Aktionen. Jeder Bürger, jeder Verbraucher mit Onlinezugang hat über Social Media mehr Kontaktpunkte zu Organisationen, Unternehmen, Marken als je zuvor. Schließlich schafft Social Media über Individualisierung, Interaktion, Dialog eine Vielzahl neuer Möglichkeiten im 1:1-Kontakt: erneut mit dem Resultat unendlich vieler Informationen in Form von Verhaltensdaten (Klickdaten) und Meinungsdaten (verbal, Audio, Video).

Am Ende nimmt die Komplexität für Anbieter wie Nachfrager von Informationen, von Dienstleistungen, von Produkten rasend schnell zu. Dies hat für die Markt- und Meinungsforschung zwei positive Konsequenzen: Zum einen entstehen mehr taktische, tagesorientierte Fragen wie auch strategische Fragen. Zum anderen bedarf es immer wieder der Reduktion von Komplexität, der Verknüpfung der Daten, der Wissensgenerierung und Wissensvisualisierung. Wachsende Fragmentierung, steigende Datenmengen erzeugen die Nachfrage nach mehr Markt- und Meinungsforschung.

Aber natürlich – und das ist der wesentliche Gesichtspunkt der Synthese – werden die Antworten der Markt- und Meinungsforschung im Hinblick auf Methodik und Instrumente *zusätzlich zum Bewährten* neue und andere sein. Die Stichworte hierzu sind eine Art „Who is Who" der Online-Forschung und damit auch der Social Media-Forschung und -Beforschung: Social Media Monitoring, Listening, Co-Creation, Crowd-Sourcing, Click-Tracking, Targeting oder etwas methodischer: neue qualitative Verfahren, Beobachtungsverfahren/Ethnografie, Communities, Online-Accesspanels.

Gerade die zuletzt genannten Stichworte betreffen methodische Ansätze, die es in dieser Form vor wenigen Jahren noch nicht gegeben hat und die das Forschungsportfolio der Markt- und Meinungsforschung – allein begründet durch die Digitalisierung und dort vor allem durch Social Media – zum Nutzen der nachfragenden öffentlichen Einrichtungen und Unternehmen erweitert haben.

Und natürlich nehmen diese Entwicklungen kein Ende. Ganz aktuell sind Überlegungen, Emotionen durch sogenannte Facial Emotion Recognition-Verfahren zu messen. Blickverlaufsmessungen durch Eyetracking sind längst Standard. Solche Verfahren – die Einwilligung der beobachteten Person z.B. als Panelmitglied vorausgesetzt – zu Hause beim Befragten (besser: „Beobachteten") einzusetzen und dies speziell auch bei Social Media-Aktivitäten zu tun: Dies wird ein neues Forschungsfeld sein. Und dann gibt es da noch die große Frage des Social Media-Impact: Welche Auswirkungen hat Social Media, haben die Social Media-Nutzungen individuell und gesamtgesellschaftlich? Die Beantwortung dieser Frage steht für politische Entscheider und öffentliche Einrichtungen genauso im Vordergrund wie für Unternehmen, die Markenführung und Kommunikation und damit Unternehmenserfolg optimieren wollen. Die aus Social Media resultierenden Anforderungen an die Markt- und Meinungsforschung in Richtung neuer Verfahren und neuer Lösungen in Kombination mit und Ergänzung zu den traditionellen Verfahren nehmen mit wachsender Relevanz von Social Media Monat für Monat zu. Die Beantwortung der neuen Fragestellungen hat dabei die Berücksichtigung der „alten" Qualitätskriterien (siehe Anhang 2) zur Voraussetzung.

Die Qualitätsdiskussion wird im Augenblick stark am Beispiel der Online-Accesspanels einerseits und der Reliabilitätsfrage vieler Verfahren andererseits geführt. Die ethische Diskussion betrifft in hohem Maße die

Frage, inwieweit der Erkenntniszweck den Einsatz solcher Mittel wie der computertomografischen Verfahren im Neuroscience-Bereich legitimiert.

Die Synthese aus traditionellen und neuen Verfahren, aus traditionellen und neuen Fragestellungen im Sinne einer bestmöglichen Markt- und Meinungsforschung wird dann gelingen, wenn die Diskussion um alte und neue Verfahren weiterhin ergebnisoffen auf hohem wissenschaftstheoretischen Standard geführt wird. Dann – aber auch nur dann – wird im Zeitalter von Social Media die Markt- und Meinungsforschung sich in Richtung neuer geeigneter Instrumente unter Beachtung der klassischen Qualitätskriterien weiterentwickeln. Wissenschaft und Praxis haben sich hier tagtäglich einem hohen Anspruch zu stellen.

5 Social Media-Forschung

Natürlich kann das Social Media-Phänomen mit traditionellen qualitativen und quantitativen Forschungsansätzen wie klassischen Umfragen untersucht werden. Interessant im Zusammenhang mit den Herausforderungen für Markt- und Meinungsforschung sind darüber hinaus aber natürlich die „online-immanenten" neuen Forschungsverfahren.

5.1 Versuch einer Strukturierung

Listet man die Methoden der Onlineforschung nach ihrer Nähe zum Thema „Social Media", so resultiert daraus folgende Reihenfolge:
- Social Media Monitoring als klassisches Instrument quantitativer und qualitativer Inhaltsanalyse
- digitale Verhaltensdaten, Clickdaten als klassisches Instrument für Nutzungshäufigkeit, Reihenfolge etc. unterschiedlicher Plattformen und Inhalte
- Communities, wobei speziell geschlossene proprietäre Communities eine Verlängerung des Social Media-Gedankens in die strukturierte Forschung darstellen
- Online-Accesspanels mit den Befragungsmöglichkeiten zu Social Media-Nutzung, Bewertung etc.
- Crowd Sourcing als spezielle Anwendung

Allein diese Übersicht zeigt, wie heterogen die onlinebasierten, meistens noch relativ neuen Verfahren sind. Es handelt sich um eine Mischung aus Beobachtung, Inhaltsanalyse und Befragung, um eine Mischung aus qualitativen und quantitativen Ansätzen, um eine Mischung aus non-reaktiven und reaktiven Verfahren.

Diese Vielfalt darf nicht etwa als Unsicherheit oder „Trial & Error"-Phase verstanden werden, sondern im Gegenteil als Hinweis darauf, dass das Thema Onlineforschung im Allgemeinen und solcher mit Social Media-Bezug im Speziellen nahezu die gesamte Methodenklaviatur zulässt. Ergänzt um die traditionellen Verfahren der Markt- und Meinungsforschung kann so in der Tat die jeweils bestgeeignete Methode in Relation zum Forschungsgegenstand und Erkenntnisinteresse gewählt werden. Ein solcher bewusster Auswahlprozess setzt natürlich auf Seiten der Anwender wie der Adressaten der Forschung ein Verständnis über die Stärken und Schwächen der jeweiligen Verfahren voraus! Wenn dies nicht gegeben ist, kann die erweiterte Palette denkbarer Forschungsmethoden häufiger als früher zur Wahl ungeeigneter Verfahren führen. Dem Vorteil der größeren Auswahl an Methoden steht also das Risiko unzureichender Kenntnisse und damit ungeeigneter Methodenwahl gegenüber.

Beim Social Media-Monitoring sind Aspekte der Qualitäts- und Eignungsdiskussion die Auswahl der analysierten Plattformen, die Art der gewählten inhaltsanalytischen Verfahren (automatisiert oder per Hand) und vor allem eine Bewertung der Größe, Zusammensetzung und Relevanz der analysierten Individuen/Gruppen und der analysierten Kommentare in Relation zu allen Onlinern, zur Zielgruppe der Untersuchung: Für was steht die analysierte Gruppe und wie exakt und wissenschaftlich ist die Auswertung?

Bei der automatischen Verhaltensmessung, den Clickdaten wird die Diskussion vor allem entlang der technologischen Ansätze (user- oder gerätebasiert) und der Datenschutzthematik führt.

Im Zusammenhang mit Communities definieren sich Qualität und Erkenntnismöglichkeiten über die Zusammensetzung der Community, das Ausmaß erreichbarer Objektivität und vor allem Reliabilität z.B. bei Co-Creation-Aufgaben und hinsichtlich des Rekrutierungsprozesses der Teilnehmer.

Bei den Online-Accesspanels gibt es in der Praxis eine extreme Bandbreite hinsichtlich der Qualität der Rekrutierung (offline oder online, Selbstrekrutierung, Bias durch Rekrutierungsplattformen) sowie der Panelführung und der Panelregeln. Nur wer diese Diskussion kennt, kann die richtigen Fragen an Online-Accesspanel stellen und danach die geeigneten Panels auswählen.

Die SWOT- Analyse der Online-Marktforschung
Stärken / Möglichkeiten

schneller, preiswerter, Do-it-yourself-Angebote	**Demokratisierung**: fast jeder kann forschen
neue, nicht nur verbale und reaktive Messverfahren	**Qualität**: geringeres Kommunikations-Kompetenzproblem, Validitätsgewinn
authentisch, keine „Zensur"	**Demokratisierung**: offene Forschungskultur
zuhören, mitmachen	**Demokratisierung**
Vertrauen ins Social Web	**Demokratisierung**
Single Source, Einstellung–Verhalten–Messung aus einer Quelle	**Qualität**
Multi-Methoden-Kombinationen	**Qualität**
Hype als Treiber	**Qualität** (Validität)
Profiling/Targeting	**Qualität**

Abbildung 6

Und schließlich zum Crowd Sourcing, besser bekannt auch als „Schwarmintelligenz": Hier wird eine methodologische Diskussion dahingehend geführt, ob Schwarmintelligenz tatsächlich in der Lage ist, besonders anspruchsvolle, ungewöhnliche, kreative Lösungen zu finden oder ob hier umgekehrt eine Tendenz zur Durchschnittlichkeit besteht.

5.2 Versuch einer Bewertung

Zunächst soll versucht werden, eine Bewertung, eine Nennung von Stärken und Möglichkeiten einerseits und Schwächen und Risiken andererseits (also eine SWOT-Analyse) übergreifend für alle Ansätze der Online-Markt- und Meinungsforschung (wie sie auch für und in Social Media eingesetzt werden) vorzunehmen. Hier zeigt sich, dass in der Praxis immer wieder drei Bewertungskriterien herausragen:

Die Qualität (Qualitätsgewinn oder Qualitätsverlust), wobei es im Wesentlichen um Validitätsgewinn auf der einen Seite und Reliabilitätsprobleme auf der anderen Seite geht.

Die Demokratisierung, d.h. die Öffnung der Markt- und Meinungsforschung durch Social Media und angelagerte Verfahren in doppelter Hinsicht: Einmal als Vereinfachung der Forschung, zum anderen als Erweiterung der Möglichkeiten der Partizipation der Befragten, besser: „Beforschten".

Datenschutz und Ethik: Auch wenn etwas technologisch möglich ist, kann es ethisch abzulehnen sein oder sogar gegen Datenschutzrichtlinien verstoßen.

Die beiden folgenden Tabellen listen jeweils auf der linken Seite einmal die positiven, einmal die negativen in der Diskussion häufig formulierten Eigenschaften von Online-Markt- und Meinungsforschung, auf der rechten Seite die mit diesen Eigenschaften verbundenen Stärken und Möglichkeiten einerseits, Schwächen und Risiken andererseits (vergleiche Abbildung 6 und 7).

Die SWOT- Analyse der Online-Marktforschung
Schwächen / Risiken

Profi-Befragte	Qualität
Konzentration auf Natives, nicht repräsentativ	Qualität
Diktatur der Lauten und Wenigen	**Demokratisierung, Qualität, Ethik**
der TED der neuen Zeit; wer macht eigentlich wann, warum, wie mit?	**Qualität** (Reliabilität)
Spiel, Lüge, Avatare, Voyeurismus, (Vertrauens-) Missbrauch	**Demokratisierung, Ethik**
Hype als Übertreibung	**Qualität, Ethik**
fehlender Persönlichkeitsschutz / erlaubt ist, was geht / Profiling und Targeting	**Ethik**

Abbildung 7

Es wird deutlich, dass auf der „Haben-Seite" vor allem das Demokratisierungsthema steht. Forschung wird leichter zugänglich, leichter finanzierbar und die Mitsprache der „Beforschten" entweder als Reagierende oder mit ihren Aktivitäten im Netz (Social Media!) als Agierende wird höher.

Hinsichtlich der Qualitätsfrage liefern die neuen Methoden mit ihren zum Teil methodisch anderen Ansätzen (wie z.B. Beobachtung, nonreaktive Verfahren, neue qualitative Ansätze) eine Qualitätsverbesserung der Marktforschung vor allem im Hinblick auf die Validität. Nicht für alle Fragestellungen sind die klassischen reaktiven Frage-Antwort-Ansätze geeignet. Die Kritik hieran war berechtigt, Möglichkeiten gerade aus Social Media heraus sind evident. Dem steht bei einigen qualitativen Verfahren (z.B. Co-Creation) das Problem der Reliabilität als Nachteil gegenüber. Das Qualitätsthema ist dann, wenn bewusst die geeigneten Methoden für die jeweiligen Fragestellungen ausgewählt werden, lösbar.

Demgegenüber werden die ethischen Fragen zum Teil unlösbar sein, zum Teil werden weitere Regelungen durch Landesgesetze oder EU-Verordnungen eine Klärung schaffen.

Ein zweiter Bewertungsversuch soll nun die für Social Media einsetzbaren Tools der Markt- und Meinungsforschung im Hinblick auf die drei wesentlichen Kriterien (Ethik, Qualität, Demokratisierung) – und dies bezogen auf den aktuellen Forschungsstand – bewerten. Diese Bewertung ist ein subjektiver Versuch des Autors in Kenntnis der Vielzahl von angebotenen Forschungsmethoden und in der Praxis realisierten Forschungsvorhaben. Es ist erwartbar, dass sich durch Professionalisierung der Nachfrager und Anwender die Qualität auf breiter Front erhöhen wird. Aktuell ist bezogen auf nahezu alle Methoden und insbesondere im Hinblick auf Ethik und Qualität festzustellen, dass es eine große Bandbreite von (bezogen auf die Ethik) problemlosen bis problematischen Studien gibt, bezogen auf die Qualität von schlechten Studien (ungeeignete Methode, unvollständige Dokumentation etc.) bis hin zu hervorragenden Untersuchungen (siehe Abbildung 8).

Inwieweit im Zeitalter von Digitalisierung und Social Media die Markt- und Meinungsforschung eine wichtige Rolle als Lieferant von Informationen, von Wissen, von wirklich neuen Erkenntnissen bleiben und in neuen Forschungsfeldern werden kann, hängt in allerhöchstem Maße davon ab, inwieweit es gelingt, mit Hilfe der Forschungspraxis das unzweifelhaft vorhandene Vorteilspotential zu realisieren.

Ein Bewertungsversuch

➕ problemlos, fördert das Kriterium
➖ Nachteile, schädigt das Kriterium

Methode	Ethik	Qualität	Demokratisierung
repräsentative Onliner-Access-Panels	➕	➖➕	➖
proprietäre Panels	➕	➖➕	0
Social Media - Word of Mouth	➖	➖➕	➕
Crowd Sourcing	➖➕	➖➕	➕
Communities	➖➕	➖➕	0
speziell Co-Creation	➖➕	➖➕	➕
digitale Verh.daten, Click-Daten, Cookies	➖➕	➕	0
Targeting	0	➖➕	➖

Abbildung 8

6 Eine neue Forschungswelt!

In Kapitel 4 ist etwas provokant „Eine neue Forschungswelt?" gefragt worden. In der Lebenspraxis von Onlinern, insbesondere solchen mit Social Media-Aktivitäten, ist die Neue Welt sichtbar und unzweifelhaft angekommen. Die Überlegungen in den vorigen Kapiteln dürften vermittelt haben, dass dies bzgl. Social Media und der Erforschung dieses Phänomens einerseits bzw. der Nutzung und Analyse der dort anfallenden Daten andererseits auch auf die Markt- und Meinungsforschung zutrifft. Dies sei an drei Beispielen nochmals verdeutlicht.

6.1 Methoden

Im Zusammenhang mit der Bewertung der Verfahren und dort speziell der Qualität ist auf die Notwendigkeit der bewussten Auswahl von Verfahren für die jeweiligen Fragestellungen hingewiesen worden. Ganz wesentlich wird es in Zukunft sein, gerade für die zum großen Teil etablierten Forschungsthemen (und hier sei als Beispiel der Bereich der Markenführung herangezogen) die neuen Methoden in richtiger Weise und in der Regel kombiniert mit den bewährten Methoden einzusetzen. Abbildung 9 zeigt für wesentliche Bereiche der Markenführung, dass es dort weiterhin die bewährten Methoden und zusätzlich neue, häufig mit Social Media direkt verknüpfte Methoden der Online-Markt- und Meinungsforschung gibt. In der Kombination können die neuen Möglichkeiten ihre zusätzlichen Vorteile und Erkenntnismöglichkeiten ausspielen, ohne auf die weiterhin gültigen Stärken und Erkenntnismöglichkeiten der bewährten Methoden zu verzichten. Ersteres liegt meistens im Bereich impliziter Messung, non-reaktiver Ansätze und zusätzlicher qualitativer Daten, letzteres eher im Bereich objektiver, reliabler und repräsentativer (verallgemeinerbarer) Messung bzw. Daten.

Für fast alles neue Methoden:
Neue Mafo-Verfahren in der Markenführung

Bereich	Neu	Bewährt
Innovationsforschung, Produktentwicklung	Co-Creation, Crowd-Sourcing, SMM*	GD, Kreativgruppen, Concept-Tests, Pretests etc.
Markenaufbau	Click-Verhalten, SMM*	U&A, Trackings
Kommunikation	Click-Verhalten, Smart-phone-Diaries (Touchpoints)	Pretests, Kampagnentests, Trackings
CRM	SMM*	Kundenzufriedenheits-Messung
allgemein	Echtzeit, überwiegend passiv, technisch, Online Access Panels	Ex-Post, aktiv, persönlich, unabh. Stichproben

*Social Media Monitoring

Abbildung 9

6.2 Entwicklung

Mit der Digitalisierung und den Herausforderungen und Möglichkeiten über Social Media wird es eine Reihe unzweifelhafter Entwicklungen in der Markt- und Meinungsforschung und mit Auswirkungen auf die Markt- und Meinungsforschung geben. Es wird mehr Onlineforschung, mehr apparativtechnische Forschung, mehr Inhaltsanalytik (SMM), mehr qualitative Forschung, mehr Beobachtungsverfahren geben und der Anteil quantitativer Forschung wird ebenso abnehmen wie Face-to-Face-Interviews und Telefoninterviews. Panels als Rekrutierungsbasis (speziell Online-Accesspanels) und Do-it-Yourself-Forschung werden ebenso zunehmen wie eine andere Art der Analyse und Darstellung (häufiger Verknüpfung existierender Datenbestände, audiovisuelle Darstellungen der Ergebnisse, Storytelling statt deskriptiver Tabellen). Und dann ist zu befürchten, dass es durch die Demokratisierung und Do-it-Yourself-Möglichkeiten ein insgesamt abnehmendes Qualitätsbewusstsein und insgesamt abnehmende Kenntnisse und Bedenken rund um Datenschutz und Ethik geben wird.

Alle Entwicklungen, bis auf die beiden letzten, sind für die Markt- und Meinungsforschung durchaus positiv: als Herausforderung und Chance. Die beiden negativen letzten Entwicklungen gilt es gerade auch bei Social Media-basierter Forschung, bei der sehr schnell die Authentizität der Daten und Personen die Qualität und Ethik in den Hintergrund treten lässt, durch gelebte Praxis zu stoppen.

6.3 Voraussetzungen

Damit Markt- und Meinungsforschung ihre Relevanz als Lieferant von wichtigen (weil qualitativ hochwertig erhobenen) Informationen beibehalten, müssen vier Voraussetzungen erfüllt sein: müssen, wollen, können, dürfen!

a. Die Auftraggeber für Markt- und Meinungsforschung müssen gerade auch in einem neuen Feld wie Social Media ihre jeweiligen Lösungsanforderungen an die Marktforschung adressieren oder anders formuliert: Sie *müssen* der Markt- und Meinungsforschung die Lösung der Probleme und vor allem die Beantwortung der neuen Fragestellungen rund um Social Media zutrauen.

b. Markt- und Meinungsforschung müssen die Beantwortung dieser Fragen inklusive des Einsatzes der neuen – oft noch ungewohnten und kritisierten

- Methoden *wollen*. Sie müssen die neuen Ansätze aus kritischer Perspektive heraus bewerten und optimieren, sie aber nicht ablehnen!
c. Markt- und Meinungsforschung müssen (basierend auf neuen Fähigkeiten, vermittelt durch erweiterte Trainings und komplexere Stellenprofile) das Thema „Social Media" verstehen, Social Media selbst leben, selbst „*können*".
d. Und schließlich muss Markt- und Meinungsforschung die Verfahren und Methoden einsetzen *dürfen*, indem Datenschutz und Ethik als Messlatte akzeptiert und tagtäglich gelebt werden, indem aber auch umgekehrt Datenschutz (Politik) und entsprechende Gesetze einer anonym arbeitenden Markt- und Meinungsforschung die Nutzung auch der neuen Methoden erlauben.

7 Resümee

Markt- und Meinungsforschung werden im Zeitalter der Digitalisierung – und dort beschleunigt durch mobile Anwendungen und ständig neue Social Media-Plattformen und Social Media-Aktivitäten – gefordert sein, ihre Rolle und ihre Wertigkeit durch neue Verfahren, die idealerweise in Kombination mit etablierten Verfahren eingesetzt werden, unter Beweis zu stellen. Die Rolle der Markt- und Meinungsforschung wird dann eine wichtige und unersetzliche sein, wenn sie dabei ihr Expertenwissen einsetzt und auf Qualität pocht.

Der Methoden-Mix wird sich dabei deutlich in Richtung zu mehr Onlineforschung, mehr non-reaktiven Verfahren, qualitativen Verfahren, Inhaltsanalyse und Beobachtung sowie apparativ-technischen Verfahren verschieben.

Auch und gerade im Zeitalter von Digitalisierung und Social Media und der damit verbundenen zunehmenden Datenflut, der zunehmenden Fragmentierung von Lebensstilen/von Medien- und Kommunikationsverhalten/ von Marken braucht es Markt- und Meinungsforschung für die neuen Fragestellungen: mit neuen Instrumenten, mit höchstmöglichem Qualitätsbewusstsein, mit taktischer und strategischer Relevanz, mit weniger Tabellen und mehr Visualisierung, mit klarer Qualitätspositionierung und begründetem Selbstbewusstsein.

Anhang 1: Datenschutz und Ethik

Die besondere Herausforderung an Datenschutz und Ethik besteht darin, dass bisher weitestgehend gelungen war, die ethisch-kritischen und negativen Themen auch durch Gesetze oder ergänzende Richtlinien der Verbände (ESOMAR, ADM, BVM, ASI, DGOF) zu verbieten. Gleichzeitig konnten die erlaubten und zulässigen Methoden und Verfahren auch ethisch als unkritisch angesehen werden.

In der „Neuen Welt" liegen die Dinge etwas komplizierter. So wird darüber diskutiert, dass Verfahren der Datenverknüpfung, des Datamining verboten seien, sofern die entsprechend geplante Nutzung nicht vor Einholen der Genehmigung z.B. zum Interview oder zur apparativen Datenerfassung dem Befragten/Informanten verdeutlicht wurden. Wenn aber Datenverknüpfungen, Datamining-Verfahren nicht auf individueller und deanonymisierter Ebene stattfinden, sondern nur auf Makroebene und vollständig anonymisiert, so ist dies möglicherweise unter ethischen Gesichtspunkten unkritisch. Sollten Gesetze und Richtlinien dies in Zukunft nicht berücksichtigen?

Auf der anderen Seite sind bestimmte Verfahren mit informierter Einwilligung der Untersuchungspersonen erlaubt (z.B. die Nutzung der Computertomografie/fMRT-Verfahren), während die ethische Frage eher kritisch zu sehen ist (Heiligt der Zweck wie z.B. eine Werbemitteloptimierung ein solches Mittel?). Auch hier besteht Diskussions- und Entscheidungsbedarf.

Anhang 2: Qualitätskriterien

Bei jedem der neuen Verfahren der Markt- und Meinungsforschung, wie sie u.a. rund um die Social Media-Thematik entwickelt und eingesetzt wurden und werden, sind wie für jedes Verfahren die folgenden Qualitätskriterien zu berücksichtigen bzw. deren Umsetzbarkeit und Umsetzung mit dem jeweiligen Verfahren zu hinterfragen und zu dokumentieren:

1. Welche Grundgesamtheit repräsentiert die untersuchte Gruppe, die analysierte Information, die betrachtete Plattform? Social Media-Forschung stellt erweiterte Anforderungen an die Definition von Grundgesamtheiten: Neben Personen geht es um repräsentierte Plattformen, Aktivitäten, Inhalte, Zeitfenster und vieles mehr. Nur die exakte Festlegung und Einigung vor Untersuchungsbeginn erlaubt dann eine korrekte Einordnung der Gültigkeit und Relevanz der Ergebnisse.

2. Definition und Beschreibung von Stichprobe und Stichprobenziehung: Personen, Plattformen, Zeitschienen und vieles mehr (zu diesen neuen Herausforderungen siehe auch Anmerkung zur Grundgesamtheit).
3. Repräsentativität: Für welche Grundgesamtheit wird bezogen auf welche Kriterien Repräsentativität angestrebt? Bezogen auf welche Merkmale ist die Verteilung der Grundgesamtheit bekannt und wird eine Gleichverteilung in der Stichprobe (ggf. nach Gewichtung) angestrebt? Ist Repräsentativität zumindest bezogen auf diese wenigen zuvor definierten Merkmale überhaupt erreichbar?
4. Reliabilität: Ist bei gleicher Untersuchungsanlage, bei Wiederholung mit anderer Stichprobe ein gleiches Ergebnis erwartbar oder (wie z.B. bei qualitativen Co-Creation-Ansätzen) weder erreichbar noch zwingend erforderlich?
5. Objektivität: bei neuen qualitativen Ansätzen möglich oder gar nicht erwünscht?
6. Validität: *das* Qualitätskriterium bei allen Ansätzen und anders als bei Reliabilität, Objektivität und Repräsentativität nicht im Einzelfall aus methodologischen Gründen vernachlässigbar.

Quellenangaben

Abbildung 1: ethority (2011) Social Media Prisma – http://www.ethority.de/weblog/social-mediaprisma/ Stand 03.11.2011

Abbildungen 2 und 4: Diffferent: Killer-App oder Pflichtübung? – Eine Grundlagenstudie zur Bedeutung von Social Media in der Markenführung verschiedener Branchen, Berlin 2011

Abbildung 3: TNS Infratest, Digital Life Studie 2011 – Germany Report

Entwicklungen in der Online-Marktforschung
Vom ungeliebten Kind zum Allheilmittel

Olaf Hofmann
SKOPOS GmbH & Co. KG

Der erste Innovationszyklus im digitalen Zeitalter (1999-2003)

Zurückblickend wird deutlich, dass die Markt- und Sozialforschung in den Jahren 1999 bis ca. 2003 ihren ersten großen digitalen Innovationszyklus erlebte. Dieser war im Wesentlichen durch die Adaptation „traditioneller" Befragungsansätze auf das Medium Internet geprägt.

Online Access Panels haben sich in den Jahren 2000 bis 2002 durchgesetzt und sind heute, zumindest in der kommerziellen Marktforschung, DAS zentrale Stichprobenziehungsinstrument geworden. Der Autor schätzt, dass mittlerweile ca. die Hälfte aller Marktforschungsprojekte die Nutzung von Online Access Panels inkludiert.

Trotz dieses - für die digitale Markt- und Sozialforschung - enorm langen Zeitraums von 1999 bis heute (Ende 2011) gibt es jedoch immer noch erstaunlich viele Konstanten: weiterhin zum Teil bemerkenswerte Qualitätsprobleme bei der Nutzung von Online Access Panels und noch immer - schlechte - Kopien von Paper & Pencil Befragungen im Internet. Letzteres meint Befragungen, die in der Art ihrer Programmierung und Präsentation keine Rücksicht auf die Möglichkeiten und Notwendigkeiten nehmen, die das Internet bietet.

Rückblickend betrachtet gab es viele Neuerungen, die sich nicht durchgesetzt haben und die man getrost als Investitionsruinen bezeichnen kann. Dazu gehören u.a. SMS- und WAP-Befragungen. Gerade in den Jahren 2000 bis 2002 gab es nicht wenige maßgebliche Marktakteure, die postulierten, SMS/WAP werde DAS neue Befragungsmedium. Selbiges trifft auf das Thema digitale Set-Top-Boxen zu. Darunter sind Geräte zum Empfang und zur Wandlung digitaler TV-Signale in analoge TV-Signale inkl. Rückkanal zu verstehen, die für Befragungen über die TV-Fernbedienung genutzt werden können. Tausende von Haushalten wurden europaweit in den Jahren 2003/2004 mit diesen Set-Top-Boxen ausgestattet und sollten für Befragungen zur Verfügung stehen. Letztlich waren auch dies Online Access Panels mit einem etwas höheren Repräsentativitätsanspruch als „normale" Online Access Panels. Mittlerweile haben fast alle Anbieter ihre Aktivitäten in diesem Bereich eingestellt oder sind gänzlich vom Markt verschwunden. Auch das Thema River Sampling, eine kurze Zeit lang vor allem in Großbritannien gefeiert als DER Heilsbringer, wird nun viel sachlicher diskutiert. Es hat sich zu einer maximal komplementären Rekrutierungsmethode entwickelt, keinesfalls aber zu einem der Haupt-Zugangswege zu Befragten.

Der zweite Innovationszyklus

Ein weiterer Innovationszyklus im Bereich der Online-Marktforschung begann ca. im Jahr 2006. Das Medium Internet war gereift, das bloße Adaptieren oder Kopieren von reinen offline-Ansätzen war durchexerziert, das Medium und seine Potenziale wurden wirklich verstanden, sodass jetzt begonnen werden konnte, die wahren Stärken des Internets für die Markt- und Sozialforschung zu entwickeln und zu nutzen. Dazu gehört u.a. die Möglichkeit, sich asynchron und über Orte und Zeiten hinweg mit Befragten und Versuchspersonen auszutauschen. Die sogenannten MROCs, Market Research Online Communities, gehören mittlerweile zum Standardrepertoire in der Marktforschung.

Ebenso ist der Ansatz Co-Creation, also die Entwicklung oder Mit-Entwicklung im Bereich Produkt-Innovationen mittlerweile ein durchaus gängiger Ansatz.

Auch mobile Endgeräte erlebten einen zweiten Frühling, konnten sich aber als Befragungsmedium bis auf wenige Spezialfälle weiterhin nicht durchsetzen.

Dagegen erfuhren sogenannte Gamification- und Surveytainment-Ansätze sehr viel Aufmerksamkeit, auch wenn sie bis auf wenige Ausnahmen in der Praxis der Markt- und Sozialforschung kaum vorzufinden sind. Der Aufwand der Implementierung ist sehr groß und die methodischen Nachteile überwiegen oft die Vorteile.

Aktuelle Entwicklungen

Aktuelle Entwicklungen in der Online-Marktforschung gehen deutlich weiter als bisherige Ansätze. Es geht nicht mehr oder nicht in erster Linie darum, sich zu behaupten, den eigenen Ansatz zu verteidigen und so Boden gut zu machen auf „traditionelle" Survey-Methoden wie Telefonumfragen, sondern die Methode des „Surveys per se" wird in Frage gestellt. Mehr noch, ihr wird die Zukunft abgesprochen. Die Online-Marktforschung ist jetzt die „traditionelle" Methode, der nicht mehr die Zukunft gehöre. Die Rede ist von „listening instead of asking" sowie von „big data". In der Argumentation spielen speziell die sogenannten sozialen Medien („Social Media") eine zentrale Rolle. Sie sind sozusagen die Speerspitze dieser Entwicklung und gerade in unseren Fachmedien besonders en vogue. Im Kern wird behauptet, dass man keine Markt- und Sozialforschung im Sinne von Surveys mehr benötige, da alle relevanten Daten ohnehin im Netz verfügbar seien. Es gäbe so viele Social Media-Beiträge, die jeden Tag, jede Stunde zu jedem erdenklichen Thema produziert werden würden, sodass man niemanden mehr zu befragen bräuchte. Vom Asking zum Listening. Nicht wenige und nicht unbekannte Vertreter unserer Profession, gerade aus dem angloamerikanischen Raum, teilen diese Auffassung. Diese Entwicklung bzw. diese Einschätzung wird durch folgende Faktoren verstärkt, beflügelt und befeuert:

1. Die zunehmenden Schwächen der traditionellen Methoden. Dabei ist ausdrücklich auch die Methode der Online-Befragung inkludiert, sei es per Online Access Panel, per Onsite-Befragung (Rekrutierung über die Website) oder über einen sonstwie nutzbaren Pool an E-Mail-Adressen. Alle Online Access Panels in Deutschland haben zunehmende Schwierigkeiten, ausreichend Nachwuchs für ihren Befragtenpool zu generieren. Die Schwäche einer Methode (in erster Linie zunehmende non-response- und coverage-Probleme) wird so zur Stärke einer anderen Methode, obschon diese „objektiv" gesehen deutlich mehr Probleme aufweist. Die seit Jahren bekannten Schwächen anderer, nicht-online-Methoden können an dieser Stelle nur angerissen werden. Die CATI-Bruttoausschöpfungsquoten sind bis unter 25% gesunken, auch bei den großen, renommierten Anbietern.

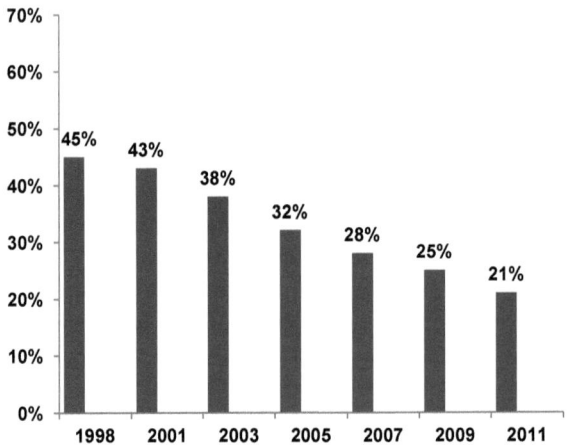

Abbildung 1: CATI-Teilnahmequoten. Quelle: eigene Recherchen unter CATI-Anbietern Deutschland

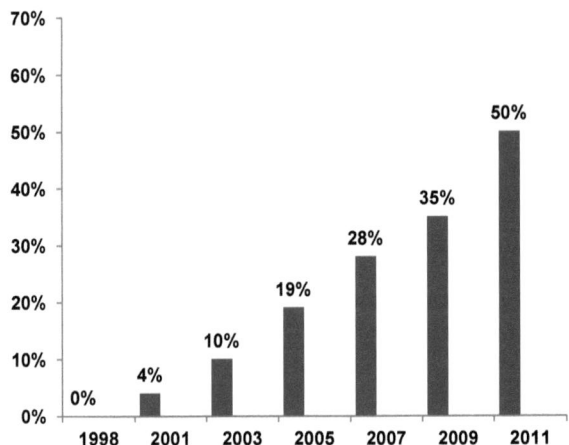

Abbildung 2: Online-Anteil an Interviews. Quelle: ADM, 2011 Schätzung

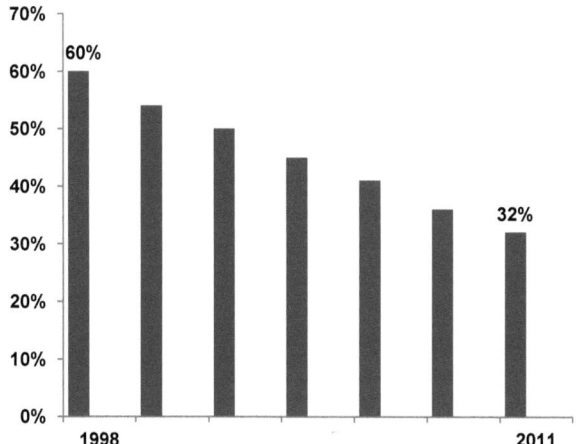

Abbildung 3: Online-Teilnahmequoten in Access Panels. Quelle: DGOF e.V.

2. Investitionskapital. Im Zuge der Krise der Anleihemärkte und in Zeiten fehlender oder mit starken Risiken behafteter alternativer Anlagemöglichkeiten boomen derzeit in Deutschland die Immobilienmärkte und das Private Equity-Geschäft. Sogenanntes Seed- und Early Stage-Kapital ist vergleichsweise leicht verfügbar. Wenn nun Investoren, die fast alle in Bezug auf Markt- und Sozialforschung über sehr wenig bis gar kein Know-how verfügen, erfahren, dass in einem 23 Milliarden US-Dollar-Markt (weltweiter Umsatz im Bereich Markt- und Sozialforschung in 2010) eine kopernikanische Wende ansteht, werden sie hellhörig. Nach eigener Auszählung des Autors gehört derzeit ca. jede vierte Branchenmeldung in US-amerikanischen oder britischen Branchendiensten in den Bereich Investitionen in Social Media Research.

3. Es herrscht Unsicherheit und Unwissenheit bei vielen Markt-Akteuren in Bezug auf die weitere Entwicklung. Ein Beispiel: Den fundamentalen Unterschied zwischen Social Media Monitoring und Social Media Research/Analyse haben viele, die sich in diesem Bereich bewegen, nicht verstanden. Dementsprechend geht die Diskussion wild durcheinander und Ansätze, die maximal für das Monitoren von Themen im Social Web geeignet wären, werden kurzerhand zu einem Research Tool umfunktioniert, welches JEDE Survey-Methode ersetzen kann.

4. Medien, die jede „auflagenstärkende" Meldung aufgreifen und dadurch weitere Marktteilnehmer und Investoren beeinflussen und zusätzlich verunsichern.

Es ist nicht einfach zu prognostizieren, wohin die oben erwähnten vier Faktoren unsere Profession führen werden. Eines jedoch kann man angesichts des enormen Investitionsvolumens in diesem Bereich festhalten: Die neuen Anbieter in diesem Bereich werden sich Budgets sichern und damit wird dieser Ansatz unsere Branche nachhaltig prägen. Ob immer zum Guten, wird sich herausstellen. Die Vertreter von Befragungen über mobile Endgeräte erleben angesichts des Smartphone Booms einen zweiten bzw. streng genommen dritten Frühling. Angesichts von zum allerersten Mal sichtbaren und spürbaren inhaltlichen und methodischen Vorteilen von mobilen Befragungen ist tatsächlich davon auszugehen, dass über GPS-Lokalisierungen die sog. Location Triggered Surveys (Befragung wird ausgelöst, weil eine bestimmte Person/ein bestimmter Personenkreis einen bestimmten Ort betreten oder verlassen hat/haben) in Zukunft innerhalb geschlossener Access Panels oder als Opt-in eine große Bedeutung erfahren werden.

Ausblick

Nach Ansicht des Autors wird die nähere Zukunft der Markt- und Sozialforschung insbesondere durch folgende Entwicklungen geprägt werden:
1. Die Survey-Methode wird nicht durch die Beobachtung und Auswertung von Meinungen im Internet ersetzt, auch nicht durch die viel zitierten „big data"-Ansätze. Fast alles, was aus dieser Richtung angeboten wird, ist stark datengetrieben aber selten erkenntnisgetrieben. Das Ziel von Aktivitäten in der Markt- und Sozialforschung ist jedoch zumeist und in erster Linie die Lieferung von Erkenntnissen und nicht die Beschaffung von „big data" oder „Social Media Buzz".
2. Die Methode des Social Media Monitoring sowie der Social Media-Analyse wird jedoch ein integraler Bestandteil des Methodenrepertoirs gerade von qualitativ forschenden Markt- und Sozialforschern werden.
3. Wir werden aufhören, in Kategorien von online/offline; digital/nichtdigital zu denken und zu entscheiden. Jede Befragungsform und Methode wird mehr oder weniger digital sein. „Digital" wird kein Qualitäts- oder Entscheidungskriterium mehr sein. Stattdessen werden wir deutlich mehr als bislang mit integrierten Ansätzen forschen, sogenannten

„Blended Data" und „Blended Samples", die Daten/Informationen aus unterschiedlich(st)en Quellen nutzen und zielgerichtet für ein bestimmtes Erkenntnisinteresse auswerten. Access Panel-Dienstleister werden zunehmend zu 360°-Felddienstleistern, welche Online Access Panel-Stichproben und RDD CATI-Stichproben gleichermaßen liefern werden.

4. Die Markt- und Sozialforschung wird Befragte nicht mehr in erster Linie als „passive" Wesen behandeln können, die auf Verlangen Antworten geben und dann wieder alleine gelassen werden können, sondern als mündige, interessierte Teilnehmer an einem kontinuierlichen Austauschprozess zwischen Unternehmen und Kunden.

5. Die Grenzen zwischen dem Befragten/Beobachteten und dem Forscher verschwimmen. Befragungsteilnehmer werden zunehmend gebeten, bei der Interpretation und vor allem bei der Ableitung von Handlungsempfehlungen mitzuwirken und diese mitzugestalten. Die Grenzen zwischen Unternehmen, Befragten und Forschern insgesamt werden schwieriger zu ziehen sein.

GPS in der Markt- und Sozialforschung
Herausforderungen und Chancen

Andreas Czaplicki
uniQma GmbH

In der Marktforschung gibt es immer wieder Methoden, die einen ungeahnten Höhenflug erleben, so dass man den Eindruck gewinnen könnte, die althergebrachten Erhebungstechniken seien nun obsolet geworden. Vor allem apparativen Messverfahren scheint der Nimbus des Revolutionären inne zu wohnen. Ist ein neuer Star am Methodenhimmel sichtbar, ist der Ablauf meist ähnlich: Pilotstudien werden durchgeführt, Fachbeiträge erscheinen, Vorträge werden auf Konferenzen präsentiert. Das Versprechen, etwas Neues „auf der Pfanne" zu haben, öffnet die Türen bei Kunden, die ihrerseits auch ständig auf der Suche nach innovativen Ansätzen sind. Kurz: Die Branche greift neue Trends gerne auf, kann sie sich doch damit als zukunftsorientiert und flexibel zeigen und ein Gegengewicht zu so manchem trockenen „Brot und Butter-Geschäft" schaffen. Wer an Bewährtem festhält, gerät leicht unter Rechtfertigungszwang und weckt den Verdacht, die Zeichen der Zeit nicht erkannt zu haben. Nicht lange, dann ist der Hype auf dem Höhepunkt. Meist ebenso schnell kommt die Ernüchterung; die Pilotstudie führt nicht zum erhofften Folgeauftrag, die methodische Überlegenheit entpuppt sich als doch nicht so groß, die Innovation hat ihrerseits methodische Beschränkungen und Grenzen. Was bleibt am Ende? Innovative Erhebungsverfahren, die neu sind, oft speziell sind, meist gut und sinnvoll sind, aber eben doch keine Revolution und schon gar nicht das Ende der Marktforschung, wie wir sie kennen.

Die GPS-Messung zu Marktforschungszwecken ist zum Glück weit davon entfernt, einem ähnlichen Hype zu unterliegen. Sie wird momentan zwar nur sehr selten, dafür aber sehr erfolgreich eingesetzt. Wenn also im Folgenden die Chancen und Herausforderungen dieser Erhebungsmethode beleuchtet werden, so geschieht dies in der Gewissheit, dass die satellitengestützte Mobilitätsmessung eine innovative, praktikable Messmethode ist. Wie jede andere Messmethode stellt aber auch diese ganz spezifische Anforderungen an den Forscher. Mit überzogenen Erwartungen sollte man auch sie nicht überfrachten, denn für einen bloßen Methoden-Hype ist sie zweifellos zu schade.

Die Rahmenbedingungen für den ernsthaften Einsatz der GPS-Messung in der Marktforschung sind günstig. Das Thema Mobilität ist in aller Munde und längst als Megatrend erkannt. Der Tenor: Wir sind ständig auf dem Weg, arbeiten mobil, telefonieren mobil und in Kombination mit der zunehmenden Individualisierung (ein zweiter Megatrend) verändert sich unser Freizeit- und Medienverhalten.[1] Was könnte da attraktiver sein als eine Messmethode, die Mobilität zuverlässig untersucht?

GPS außerhalb der Marktforschung

Wenn ich mich im Folgenden auf die Positionsmessung mit GPS beziehe, dann ist dies nicht ganz korrekt. Zwar ist GPS (Global Positioning System) bei uns das gängige System der Satellitennavigation; GPS ist aber nur *ein* System zur Positionsbestimmung unter mehreren, und der Begriff wird häufig fälschlich als Synonym für Satellitennavigation schlechthin genutzt.[2]

Überblickt man die derzeitige Nutzung von GPS außerhalb der Marktforschung, so sind vor allem vier Einsatzbereiche zu nennen:
- Navigation
- Disposition
- Überwachung
- Diebstahlschutz

Die Nutzung von Satellitensignalen zur *Navigation* (Positionsbestimmung, Routenführung, Zeitplanung) ist sicherlich am weitesten verbreitet. Hierzu gehören an erster Stelle die GPS-gestützte Fahrzeugnavigation, aber auch

---

1 So ist Mobilität nach Ansicht von Matthias Horx einer von 15 Megatrends, vgl. Matthias Horx: Trendbuch 2. Düsseldorf 1998; Institut für Mobilitätsforschung (Hrsg.): Zukunft der Mobilität – Szenarien für das Jahr 2030., München 2010. Seinen Jahreskongress 2009 in Dresden stellte der BVM unter das Motto „On the move – die vielen Facetten moderner Mobilität".

2 So das russische Satellitennavigationssystem „GLONASS" oder das im Testbetrieb befindliche chinesische System „Compass". Selbstverständlich treffen die Argumente auch auf das europäische Pendant, Galileo mit Namen, zu, das aber nach derzeitiger Planung wohl erst im Jahr 2020 in Betrieb gehen wird.

entsprechende Systeme für die Schifffahrt oder den privaten Flugverkehr. Hierzu gehören aber auch die diversen Freizeitanwendungen (z.B. für Wanderer, Segler, Fahrradfahrer) oder das sehr populäre Geo-Caching, bei dem das GPS-Signal für eine Art elektronischer Schnitzeljagd genutzt wird. Der Markt bietet hier inzwischen eine Fülle von Endgeräten für die unterschiedlichsten Bedürfnisse und mit zahlreichen Features. Dass es mittlerweile entsprechende Anwendungen auch für Smartphones und andere mobile Endgeräte gibt, überrascht nicht. Bei „MapAlarm" beispielsweise kann man markante Punkte (zum Beispiel Sehenswürdigkeiten, Geschäfte etc.) kennzeichnen und wird von seinem Smartphone informiert, wenn man sich in der Nähe dieser Orte befindet. Wer mit einer solchen Anwendung sein Sightseeing-Programm plant, wird keine Sehenswürdigkeit mehr verpassen, so verspricht der Anbieter.[3]

Im Einsatzbereich *Disposition* geht es vorrangig um die Tourenplanung von Fahrzeugflotten, bei denen die aktuellen Positionen von Fahrzeugen über einen Rückkanal übermittelt und so in die Einsatzplanung einbezogen werden. Genutzt werden solche Systeme von Speditionen, Kurierdiensten oder Sicherheitsunternehmen, kurz: überall dort, wo es im Interesse einer effektiven Einsatzplanung wichtig ist zu wissen, wo sich die Mitarbeiter gerade befinden.

Die Positionsbestimmung kann auch zu *Überwachungszwecken* genutzt werden, wobei hier die Bandbreite groß ist. Entsprechende Systeme finden beispielsweise bei Sportveranstaltungen Verwendung, wo die Einhaltung der Regeln überwacht wird (Segelwettbewerbe, Laufwettbewerbe u.a.). Inwieweit die mittlerweile propagierten GPS-Systeme zum Kinderschutz in nennenswertem Umfang tatsächlich eingesetzt werden, ist schwer zu sagen.[4] Publikumswirksame Medienberichterstattung ist solchen Einsatzmöglichkeiten zumindest gewiss.[5]

---

3 www.mapalarm.de
4 www.inanny.de
5 Überwachung von Kindern: Mit GPS-Sender zum Spielplatz, Dienstag, Focus.de vom 13.01.2009 (http://www.focus.de/digital/handy/ueberwachung-von-kindern-mit-gps-sender-zum-spielplatz_aid_361666.html); GPS-Ortung für Kinder: Voll die Peilung, in Süddeutsche.de vom 13.1.2009 (http://www.sueddeutsche.de/digital/gps-ortung-fuer-kinder-voll-die-peilung-1.374302); Kinder hüten mit GPS: Mehr Sicherheit oder totale Überwachung? (http://eltern.t-online.de/kinder-hueten-mit-gps-mehr-sicherheit-oder-totale-ueberwachung-/id_50132180/index); ZDF-Mittagsmagazin 16.5.2011: Sinn und Unsinn von GPS-Kinderuhren (http://

Die Liste vervollständigt ein vierter Einsatzbereich: Diebstahlschutz, genauer gesagt: Ortung gestohlener Fahrzeuge. Hier wird ein GPS-System aktiviert und die Position an eine Leitstelle übermittelt, sobald ein Fahrzeug unautorisiert bewegt wird. Massentauglich sind solche Einsätze bislang (noch) nicht.

GPS in der Marktforschung

In allen oben dargestellten Anwendungen abseits der Marktforschung liefert das GPS-Signal Informationen über den Standort, den Weg oder die Dauer von Mobilität. Solche Fragen sind auch für verschiedene Fragestellungen der Marktforschung von großem Interesse. Auch hier ist häufig interessant zu wissen,

- *wo* eine Person läuft
- *wie lange* eine Person läuft
- *wie schnell* und
- *wie häufig*.

Solche Fragestellungen tauchten selbstverständlich nicht erst auf, seit es die Möglichkeiten der Satellitennavigation gibt. So berichtet Ring über einer Studie des Instituts für Demoskopie Allensbach aus dem Jahr 1956, bei der die Laufwege von Ausstellungsbesuchern durch Beobachter festgehalten wurden. Diese zeichneten nicht nur auf, wie lange sich die Beobachter vor den einzelnen Exponaten aufhielten, sondern auch, welche Wege die Besucher nahmen. Der Vergleich der geplanten Wegeführung mit den tatsächlichen Laufwegen lieferte hier interessante Erkenntnisse.[6]

Wie Kartenvorlagen dazu genutzt werden können, um die Laufwege beim Einkauf zu ermitteln, konnte anhand einer umfangreichen Einkaufsstudie in Frankfurt gezeigt werden.[7] Hierbei dienten Innenstadtpläne einerseits als visuelle Befragungshilfe für die Interviewpartner, andererseits zeichneten diese den Laufweg ihres heutigen Stadtbummels auf der

---

www.zdf.de/ZDFmediathek/beitrag/video/1336396/Sinn+und+Unsinn+von+GPS-Kinderuhren#/beitrag/ video/1336396/Sinn-und-Unsinn-von-GPS-Kinderuhren).

6 Vgl. Erp Ring: Signale der Gesellschaft. Psychologische Diagnostik in der Umfrageforschung. Göttingen, Stuttgart 1992, Seite 208f. und 241ff.

7 Vgl. Andreas Czaplicki, Georg Rothe: Kartographie macht Einkaufswege sichtbar. Neue Ansätze für eine präzisere Messung von Kundenströmen. In: Planung und Analyse Nr. 4, 2004, Seite 38-43.

Karte ein. Gegenüber einer klassischen Listenvorlage, bei der z.b. Straßen oder Geschäfte vorgelegt werden, ist dieses Kartenverfahren deutlich im Vorteil, da es z.b. auch Personen ohne oder mit nur geringer Ortskenntnis die Orientierung ermöglicht. Das geschilderte Vorgehen war zwar für den überschaubaren Einkaufsweg praktikabel, ließe sich aber für umfangreiche Laufwege oder eine Messung über mehrere Tage nicht verwenden, da solche Daten von den Befragten selbst mit Hilfe visueller Befragungshilfen nicht valide rekapituliert werden können. Hier bietet die technische Messung unschätzbare Vorteile und erlaubt, Laufwege und Verweildauern auch über einen längeren Zeitraum exakt und zuverlässig zu erheben.

Überblickt man die – zugegeben spärlichen - Informationen über Projekte, bei denen die Positionsbestimmung mit Satellitensignalen vorgenommen wurde, so handelt es sich vor allem um Studien aus dem Bereich der Werbeforschung[8] und der Verkehrsforschung[9]. Daneben treten Anbieter am Markt mit spezifischen Anwendungen auf, wobei nicht abzuschätzen ist, ob und in welchem Umfang solche Untersuchungsansätze tatsächlich bisher realisiert worden sind.

Für den Einsatz von GPS-Navigationssystemen sind zwei Einsatzbereiche zu unterscheiden. Erstens kann die GPS-Navigation dazu genutzt werden, um die Mobilität von Personen direkt zu messen, um sie später auszuwerten oder sie im Nachhinein mit externen Informationen (z.B. mit Standorten von Werbeträgern) zu verbinden. Hierfür genügt ein leistungsstarker GPS-Empfänger mit einem ausreichend großen Speicher. Zweitens kann die Positionsbestimmung dazu genutzt werden, Befragungen oder sonstige Aufgaben in Abhängigkeit von der Position eines Probanden zu aktivieren. Solche Anwendungen lassen sich beispielsweise mit einem Smartphone umsetzen, bei dem die Position mit GPS permanent bestimmt wird. Diese Positionsangabe wird an einen zentralen Rechner übermittelt, der anhand von zuvor festgelegten räumlichen Kriterien einen kurzen Fra-

---

8 So die Kampagnenplanung des Fraunhofer-Instituts für Intelligente Analyse- und Informationssysteme IAIS für die Swiss Poster Research plus (SPR+), http://www.iais.fraunhofer.de/spr.html. Hecker, Dirk; Körner, Christine; May, Michael: Challenges and Advantages of using GPS Data in Outdoor Advertisement. In: Proceedings of the 3rd Conference on Geoinformatik - Geochange 2011, 15.-17. Juni, Münster, Deutschland. Akademische Verlagsgesellschaft, S. 257-260.

9 Vgl. das Projekt „GPS-Mehrverkehr: Quantitative Wirkungsanalysen innovativer Mobilitätsangebote und verkehrlicher Interventionen (GPS-Forschung und Modellierung)" des Innovationszentrums für Mobilität und gesellschaftlichen Wandel (InnoZ) GmbH.

gebogen an das Smartphone verschickt. Die Durchführung einer solchen Untersuchung ist ungleich komplexer als die bloße Mobilitätsaufzeichnung. Zum einen müssen sich Probanden dazu bereit erklären, eine entsprechende Anwendung auf ihrem Smartphone zu installieren. Dies ist in der Praxis eine enorme Hürde. Zum anderen ist die Programmierung der Aktivitätszonen recht aufwändig und macht solche Studien entsprechend teuer. Der Autor hatte im Rahmen einer Pilotstudie Einblick in die Funktionsweise eines entsprechenden Systems. Soweit dies zu überblicken ist, sind solche Anwendungen noch in der Entwicklungs- bzw. Erprobungsphase. Ob sie den Praxistest auf breiter Basis bestehen, bleibt abzuwarten.

Die Möglichkeit, mit Hilfe der GPS-Messung die Position der Interviewer zu bestimmen und damit das Interviewerfeld zu kontrollieren, wird bislang nur von einem Institut thematisiert und gehört zu den oben genannten GPS-Anwendungen zur Überwachung. Dieser Anwendungsbereich soll hier nicht weiter vertieft werden.

Nachfolgend einige Anwendungsbeispiele, anhand derer die Möglichkeiten und Grenzen des GPS-Einsatzes erläutert werden sollen.

Laufwegeanalyse im Zoo

Im Rahmen eines Pilotprojekts wurde die GPS-Messung zur Ermittlung der Laufwege im Leipziger Zoo eingesetzt.[10] Mit Hilfe von 30 GPS-Gerätes konnten innerhalb einer Woche rund 200 Laufwege aufgezeichnet werden. Die Ansprache der Zoobesucher erfolgte am Zooeingang; Grundlage waren Quotenmerkmale, die aus vorangegangenen Besucherbefragungen abgeleitet wurden. Die Funktionen des Geräts waren denkbar einfach: Die Zoobesucher konnten besonders schöne Stellen durch einen Knopfdruck markieren. Gleiches galt für Stellen im Zoo, die ihnen nicht so gut gefielen. Alle übrigen Aufzeichnungen (d.h. Position und Zeit) geschahen ohne das Zutun der Zoobesucher.

Die aufgezeichneten Positionsdaten wurden im Nachhinein ausgewertet. Hierzu wurde der Zoo in verschiedene Bereiche (Polygone) eingeteilt und geokodiert. Für jedes dieser Polygone konnte dann mit Hilfe eines mi-

---

10 Vgl. Andreas Czaplicki: Nutzung von GPS-Daten – Analyse der Besucherwege des Leipziger Zoos, in: Christian König, Matthias Stahl, Erich Wiegand (Hrsg.): Nicht-reaktive Erhebungsverfahren. 8. Wissenschaftliche Tagung, Bonn 2009, Seite 73-81.

krogeographischen Systems festgestellt werden, ob der Laufweg eines Besuchers diesen Bereich berührt oder nicht. Für die Hauptattraktionen des Zoos entsprechen die Ergebnisse weitgehend den Befunden aus früheren Besucherbefragungen. Bei den weniger spektakulären Tiergehegen und Einrichtungen zeigte die GPS-Analyse ein weitaus differenzierteres Bild als Besucherbefragungen. Die GPS-Messung erwies sich in zwei Punkten als vorteilhaft: Erstens konnte so eine deutlich größere Zahl von Arealen unterschieden werden als bei einer reinen Besucherbefragung, wo die Abfrage mit Hilfe einer Liste erfolgt. Zweitens sind den Besuchern nach einem langen Tag im Zoo bei einer Ausgangsbefragung kleinere Gehege häufig nicht mehr erinnerlich. In diesem Sinne ist die GPS-Messung differenzierter und valider. Mit den GPS-Daten konnte nicht nur ermittelt werden, ob ein zuvor definierter Bereich besucht wurde, sondern auch, wie lange sich ein Besucher in diesem Bereich aufgehalten hat. Anhand der GPS-Daten wurde auch der Frage nachgegangen, inwieweit die Zoo-Besucher sich an den vorgeschlagenen Rundweg halten bzw. inwieweit sie von dieser Route abweichen. Die GPS-Studie zeigt, dass die Besucherführung im Zoo gut funktioniert und die Zoobesucher zu den größten Attraktionen leitet. Im Detail zeigten sich aber auch Kreuzungsbereiche, in denen zahlreiche Zoobesucher (gewollt oder nicht) von der vorgeschlagenen Route abweichen. Die Ergebnisse lieferten somit auch wertvolle Hinweise für eine optimale Wegeführung.

Mobilitätsstudie ma Plakat GPS

Die wohl umfangreichste Studie, bei der eine Mobilitätsmessung mit Hilfe von GPS-Geräten vorgenommen wird, ist im deutschsprachigen Raum die „ma Plakat".[11] Bundesweit werden hier in einem kombinierten Erhebungsansatz neben einer umfangreichen CATI-Befragung pro Erhebungsjahr 3.000 Probanden rekrutiert, die sich bereit erklären, über einen Zeitraum von 7 Tagen bei ihren Wegen außer Haus einen GPS-Empfänger bei sich tragen. Die aktuelle Erhebung der Welle 2012 findet in insgesamt 31 Städten statt. Die Suche nach Teilnehmern ist überaus anspruchsvoll. Die Probanden müs-

---

11 Vgl. Arbeitsgemeinschaft Media-Analyse e.V. und MEDIA-MICRO-CENSUS GmbH: ma 2011 Plakat Dokumentation. o.J. (2011); zu den Innovationen der GPS-Messung im Rahmen der ma Plakat vgl. Lothar Hannen, Christiane Korch: Proudly announced: the german ma Poster is published. Vortrag, gehalten auf der EMRO Konferenz in Biarritz/Frankfurt, Mai 2008.

sen in einem vorgegebenen Point wohnen und mit der Erhebung innerhalb einer vorgegebenen Woche beginnen. Für die Auswahl der Testpersonen gibt es pro Stadt eine Reihe von teilweise verschränkten Quotenmerkmalen (Altersgruppe, Geschlecht, Personen im Haushalt, mit/ohne Kinder unter 14 Jahren im Haushalt, Bildungsstand und Berufstätigkeit). Innerhalb der einzelnen Befragungsstädte sind die einzelnen Starttage (Montag bis Sonntag) zudem gleich verteilt. Die Teilnehmer geben zu Beginn des Tests mit Hilfe eines strukturierten Fragebogens Auskunft über ihr generelles Mobilitätsverhalten, ihre Lebenssituation und vieles mehr. Auf das, was in den nun folgenden Tagen passiert, haben weder der Interviewer noch das Institut wirklichen Einfluss. Denn alles hängt in der entscheidenden Feldphase davon ab, dass der Proband das GPS-Gerät bei seinen Aktivitäten außer Haus tatsächlich mit sich führt. Inwieweit dies der Fall war, sieht der Interviewer erst, wenn er nach Ende der vereinbarten Tragewoche das GPS-Gerät ausliest und feststellt, an welchen Tagen saubere Positionsdaten aufgezeichnet wurden und an welchen Tagen nicht.

Vorteile der GPS-basierten Messung

Die beiden genannten Beispiele haben gezeigt, wie die GPS-Messung immer dort gewinnbringend eingesetzt werden kann, wo umfangreiche Mobilitätsmessungen notwendig sind, die mit anderen Methoden kaum oder nur mit unangemessenem Aufwand durchgeführt werden können. Für die Probanden macht die technische Messung die Erhebung leichter und weniger aufwändig. Statt Wege im Nachhinein zu rekapitulieren, wird ein kleines Gerät mitgeführt, dessen Grundfunktionen einfach zu bedienen sind bzw. das völlig ohne aktives Eingreifen des Teilnehmers auskommt. Die technischen Aufzeichnungen sind in puncto Häufigkeiten, Laufwegen, Dauer oder Distanz ohne Frage zuverlässiger, als dies aus der Erinnerung jemals möglich wäre. Störungen, Messschwankungen und Geräteausfälle, die es auch vereinzelt gibt, stehen der positiven Bilanz für die technische Messung nicht entgegen.

GPS in der Markt- und Sozialforschung

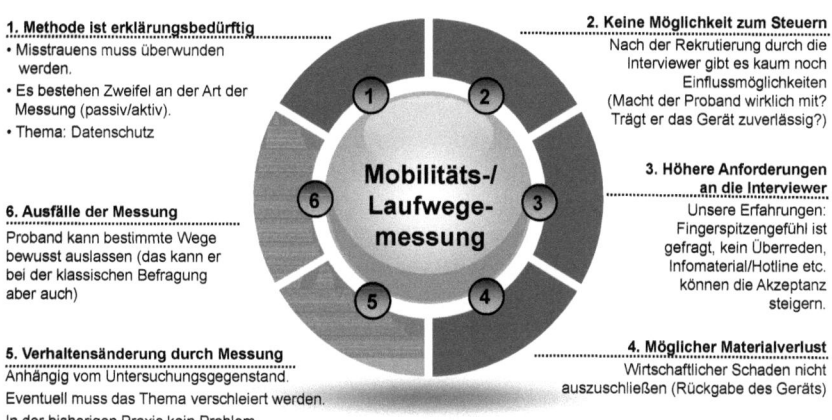

Chart 1: Herausforderung der technischen Mobilitätsmessung

Der Einsatz von Systemen zur Positionsbestimmung stellt die Marktforschung vor eine Reihe von Herausforderungen und erfordert spezifische Maßnahmen zur Qualitätssicherung. Im Interesse einer permanenten Qualitätssicherung und als Antwort auf die spezifischen Herausforderungen der Methode haben sich verschiedene konkrete Vorgehensweisen bewährt, die im Folgenden skizziert werden sollen.

Die *Methode ist erklärungsbedürftig*. Die Praxis zeigt, dass es nicht immer so einfach ist, Probanden davon zu überzeugen, ein GPS-Gerät bei sich zu tragen. Die Fragen, denen sich die Interviewer gegenüber sehen, sind stets die gleichen: Können Sie mit diesem Gerät meine Position bestimmen? Sendet das Gerät Signale aus? Können Sie mich damit ausspionieren? Was geschieht mit der Information, wann ich mich wo aufgehalten habe? Ein Teil dieser Fragen lässt sich relativ einfach beantworten. Nein, bei Mobilitätsstudien wird nicht „in Echtzeit" beobachtet, wo sich ein Proband aufhält. Das ist für die Fragestellungen nicht notwendig und bei der Vielzahl von Probanden auch gar nicht praktikabel. Zudem ist die Erhebung anonym. Auch geschieht die Auswertung der Daten oder die Anreicherung mit anderen Informationen erst geraume Zeit nach der eigentlichen Erhebung.

Bei quantitativen Ansätzen geht es zudem um die Erhebung großer Datenmengen vieler Teilnehmer und nicht um die qualitative Würdigung des Einzelfalls. Eine solche Information, die den Stellenwert des Einzelnen gegenüber dem repräsentativen Querschnitt stark relativiert, ist für einige Teilnehmer wiederum nicht sehr erfreulich („Es geht Ihnen also gar nicht um mich?"). Was bleibt, wenn alle technischen Fragen ausgeräumt sind? Der generelle Zweifel an der Anonymität und dem Datenschutz, und der ist in der Bevölkerung weit verbreitet. Da hilft es kaum, dass die bekannt gewordenen Fälle von Datenmissbrauch nichts mit der Marktforschung zu tun hatten. Der ungesetzliche Umgang mit Informationen scheint für die Bevölkerung inzwischen als der Normalfall wahrgenommen zu werden. Es sind solche Beispiele, die zeigen, wie notwendig die Arbeit der Initiative Markt- und Sozialforschung e. V. ist.

Da eine GPS-Studie für die Teilnehmer erklärungsbedürftig ist, hat es sich bewährt, den Teilnehmern ein hohes Maß an Transparenz entgegenzubringen. Dies beginnt damit, dass der Auftraggeber bzw. Träger der Studie offengelegt wird. Das Gerät und seine Funktionen müssen erklärt werden, am besten unterstützt durch eine prägnante Broschüre, die beim Teilnehmer verbleibt. Benennt man einen Ansprechpartner im Institut, der über eine kostenfreie Hotline zu erreichen ist, schafft man zusätzliches Vertrauen.

Die Messung geschieht weitgehend, *ohne dass Institute oder Interviewer Einfluss auf die zurückgelegten Wege haben*. Werden GPS-Geräte zur Mobilitätsmessung verteilt, so ja deshalb, weil sich die Probanden unbeeinflusst verhalten sollen. Mehr als die Zusicherung, alles verstanden zu haben und das Gerät gerne zu tragen, hat der Interviewer nicht in der Hand, wenn er sich beim Teilnehmer verabschiedet. Ob der Studienteilnehmer seinen Worten auch Taten folgen ließ, wird erst erkennbar, wenn die GPS-Daten ausgelesen werden. In der Praxis ist es kein Einzelfall, dass ein Teilnehmer Zweifel an der Messmethode bekam und das Gerät entgegen seiner Zusicherung doch nicht bei sich getragen hat. Für den Interviewer bedeutet dies, dass er einen neuen Teilnehmer suchen muss. Für die Feldsteuerung ist es ein verlorener Tragezeitraum.

Die Tatsache, dass es keine Einflussmöglichkeiten auf die eigentliche Erhebung gibt, verlangt den Interviewern ein besonders hohes Maß an Fingerspitzengefühl bei der Teilnehmerrekrutierung ab. Nur wenn sie kompetent Auskunft über Sinn und Zweck der Studie geben und auch technische Fragen beantworten können, wird es ihnen gelingen, letzte Zweifel auszuräumen und Teilnehmer zu gewinnen. Bei Projekten mit einer längeren Feldzeit, bei denen jeder Interviewer eine größere Zahl von Teilnehmern rekrutieren muss, hat sich ein kontinuierliches Feedback während der gesamten Feldzeit an die Interviewer sehr bewährt. Dies erhält die Motivation und Sorgfalt während der gesamten Feldzeit.

Der Einsatz von GPS-Geräten stellt damit insgesamt deutlich *höhere Anforderungen an die Interviewer.* Wer allgemeine Bevölkerungsumfragen durchführt, tut sich leichter, wenn der Interviewerstab einen Querschnitt der Bevölkerung abbildet, also sowohl jüngere als auch ältere Interviewer umfasst. Elisabeth Noelle-Neumann hat einmal sehr treffend gesagt, ein Interviewer müsse ein „kontaktfähiger Pedant" sein.[12] Man möchte hinzufügen, dass Interviewer im Normalfall auch ein gewisses Beharrungsvermögen, ja manchmal auch eine positiv verstandene Penetranz aufweisen müssen, um ein Interview zu realisieren und sich nicht von den routinemäßigen Ausflüchten der Befragten abwimmeln zu lassen. Wenn es um den Einsatz technischer Befragungsmittel geht, sind solche Eigenschaften nach unserer Beobachtung nicht unbedingt die entscheidenden Kriterien. Wer auf die Fragen und Einwände der Befragten souverän eingehen will, der braucht vielmehr vorrangig ein gewisses Verständnis für die eingesetzte Technik. Und die ist in der Regel bei jüngeren, gebildeten Teilnehmern stärker ausgeprägt als bei vielen erfahrenen Interviewern, die nur allgemeine Bevölkerungsumfragen durchführen. Gerade die oben genannte fehlende Einflussmöglichkeit führt dazu, dass Teilnehmer für die Sache gewonnen werden müssen, nicht überredet.

Jeder Geräteeinsatz birgt auch die *Gefahr des materiellen Verlustes.* Gegen einen Studienteilnehmer, der nicht mehr erreichbar ist, sich kontinuierlich verleugnen lässt oder jeden Kontaktversuch verweigert, ist kein Kraut gewachsen. Eine Sicherheit vor dem Verlust der GPS-Geräte gibt es nicht. Trotzdem können die meisten Teilnehmer wirksam dafür sensibilisiert werden, dass sich der Diebstahl des GPS-Gerätes nicht lohnt. Hier genügt es meist, bei der Erläuterung der Funktionsweise des Geräts zu erwähnen, dass ein Außenstehender mit dem Gerät nichts anfangen kann.

Jede Art der technischen Messung muss sich fragen lassen, ob der Einsatz eines wie auch immer gearteten Messgeräts das *Verhalten der Probanden* verändert und irregulär beeinflusst. Verändern Menschen ihr Mobilitätsverhalten, wenn sie wissen, dass es gemessen wird? Messen wir also wirklich, was wir messen wollen? Es geht – mit anderen Worten – um die Validität der erhobenen Daten. Das hängt vom Einzelfall ab, könnte man beschwichtigen, und hätte damit gar nicht so Unrecht. Wenn wir durch die Informationen, die wir den Teilnehmern geben, eine bestimmte Fährte legen, ist die Gefahr, dass ein Teilnehmer sich anders verhält als normal,

---

[12] Elisabeth Noelle: Umfragen in der Massengesellschaft. Einführung in die Methoden der Demoskopie 1963, Seite 164ff.

gewiss nicht von der Hand zu weisen. Wer den Teilnehmern suggeriert, es solle untersucht werden, wie aktiv die Bevölkerung in ihrer Freizeit ist, darf sich nicht wundern, wenn Teilnehmer am Wochenende die Wanderschuhe auspacken. Andererseits darf man nicht unterschätzen, dass jede Verhaltensänderung für die Teilnehmer einen Aufwand darstellt, denn bei der GPS-Messung geht es ja nicht um eine bloße Behauptung, sondern darum, dass der Teilnehmer sich tatsächlich bewegt. Um wie vieles einfacher ist es da, im Rahmen eines Interviews ein wenig zu flunkern und - um beim Beispiel zu bleiben - die eigenen sportlichen Aktivitäten etwas aufzubauschen? Die Gefahr, dass die Kenntnis des Untersuchungszieles die Messung negativ beeinflusst, weil die Teilnehmer ihr Verhalten ändern, besteht natürlich immer. Wenn vermutet werden kann, dass dies der Fall ist, wird man - genauso wie bei anderen Erhebungsmethoden – das Untersuchungsziel soweit behutsam verschleiern, dass störende Einflüsse minimiert werden, ohne dabei intransparent zu werden.

Wenn wir über Ausfälle bei der Messung sprechen, so müssen wir zwei Aspekte im Blick haben. Erstens kann die Messung aufgrund technischer Probleme fehlerhaft sein. Zweitens kann der Teilnehmer die Messung dadurch verzerren, dass er das Gerät bewusst einsetzt bzw. nicht einsetzt. Sofern es keine Kontrolle über die Erhebungssituation gibt, muss das Ziel sein, eine möglichst lückenlose Aufzeichnung zu erreichen und die Ausfälle zu minimieren, die entstehen, weil ein Teilnehmer das Gerät nicht bei sich trägt.

Alle diese geschilderten Maßnahmen sind zeitintensiv und erfordern einen erhöhten Personaleinsatz. Damit werden GPS-Studien mit großen Fallzahlen und langen Feldzeiten rasch sehr kostenintensiv.

Die ethische Dimension

Marktforschung muss ethischen Grundsätzen entsprechen. Das ist sie ihren Probanden und sich selbst schuldig. Die ethischen Grundlagen der Profession sind im ICC/ESOMAR-Kodex niedergelegt und durch die ADM-Erklärung ergänzt worden.[13] So darf Marktforschung das Vertrauen der Befragten nicht missbrauchen oder deren Mangel an Erfahrung oder Wissen

---

13 Vgl. ICC/ESOMAR Internationaler Kodex für die Markt- und Sozialforschung 2007; Erklärung für das Gebiet der Bundesrepublik Deutschland zum ICC/ESOMAR Internationalen Kodex für die Markt- und Sozialforschung 2008.

ausbeuten (Art. 2 (a)). Die Teilnahme an einer Marktforschungsstudie muss in jedem Stadium freiwillig sein (Art. 3 (a)). Befragte dürfen als unmittelbare Folge der Teilnahme an einem Marktforschungsprojekt in keiner Weise beschädigt oder benachteiligt werden (Art. 3 (b)). Hinzu kommt das Anonymisierungsgebot, das in den Standesregeln der deutschen Marktforschung verankert ist.

Mit der Entwicklung neuer Erhebungsmethoden gewinnen auch ethische Fragen eine neue Brisanz.[14] Der Marktforscher muss sich hier besonders der ethischen Dimension seines Handelns bewusst sein. Er muss sich fragen (und fragen lassen), inwieweit die angewendeten Mittel der Datengewinnung angemessen und vertretbar sind. Und er muss die Grenze kennen, von der an sein legitimes Forschungsinteresse in einen unzulässigen Eingriff in die Privatsphäre umschlägt. Hier schließt sich der Kreis zu den oben genannten Maßnahmen zur Qualitätssicherung, denn die dort propagierte Transparenz ist ein wichtiger Bestandteil der ethischen Anforderung. Indem wir versuchen, bei den Teilnehmern Akzeptanz für die ungewöhnliche Erhebungsmethode der GPS-Messung zu erreichen, schaffen wir die Transparenz, die den Anforderungen an eine Marktforschung entspricht, die ethischen Maßstäben verpflichtet ist.

---

14 Hartmut Scheffler: Neue Methoden, neue Ethik, in: absatzwirtschaft, Nr. 3, 2010, Seite 44-46.

Berufsnormen und Qualitätssicherung

Erich Wiegand
ADM
Arbeitskreis Deutscher Markt- und Sozialforschungsinstitute e.V.

„Berufsnormen in der Marktforschung" lautete der Titel des Vortrags, den Clodwig Kapferer auf der inzwischen legendären Tagung „Empirische Sozialforschung" im Jahr 1951 in Weinheim an der Bergstraße gehalten hat. Da diese Tagung erst den Startpunkt der bis heute in vieler Hinsicht sehr erfolgreichen Zusammenarbeit von privatwirtschaftlicher Marktforschung und akademischer Sozialforschung in Deutschland markierte, hat er sich damals auf die Marktforschung konzentriert. Heute würde er das Thema sicher auf die Markt- und Sozialforschung ausdehnen. Er würde heute vermutlich auch nicht mehr von Berufsnormen oder einer Berufsordnung – diese beiden Begriffe hat er alternativ verwendet – allein sprechen, sondern diese unter Berücksichtigung des zwischenzeitlich Erreichten explizit in den Kontext der Selbstregulierung als Instrument zur Sicherung der Forschungsqualität stellen.

1   Zielsetzung

Für meinen Vortrag habe ich den Titel „Berufsnormen und Qualitätssicherung" gewählt, weil ich mich bei meiner kritischen Würdigung des heute existierenden Systems der Selbstregulierung und damit auch der Qualitätssicherung der deutschen Markt- und Sozialforschung stark an dem genannten Vortrag von Clodwig Kapferer orientiere und dabei seine Forderungen und Vorschläge aus dem Jahr 1951 als Orientierungslinien heranziehe.

Wurden seine damaligen Vorschläge aufgenommen und wie wurden sie gegebenenfalls umgesetzt? Welche Vorschläge haben sich als weniger praxisrelevant erwiesen und welche Herausforderungen konnten damals noch nicht gesehen werden? Aus diesen Fragen entwickelt sich dann die entscheidende: Welche Erkenntnisse können wir aus diesem Blick zurück in die Vergangenheit für die zukünftige Entwicklung und den weiteren Ausbau des existierenden Systems der Selbstregulierung und Selbstkontrolle der Markt-, Meinungs- und Sozialforschung in Deutschland ziehen?

„Leider ist die Zeit schon so weit vorangeschritten, dass ich nicht mehr in aller Ausführlichkeit über Berufsnormen der Marktforschung sprechen kann. Ich muss mich vielmehr kurz fassen und werde im Folgenden nur die wichtigsten Punkte anschneiden."

Mit diesen Worten hat Clodwig Kapferer seinen Vortrag begonnen und zumindest in dieser Hinsicht hat sich in sechzig Jahren nichts geändert.

„Die Aufstellung fest umgrenzter Berufsnormen ist für jeden Berufszweig, dessen Tätigkeit gesetzlich nicht geregelt ist, sowohl im öffentlichen Interesse als auch im Interesse des Berufszweiges meines Erachtens eine Notwendigkeit. Die Öffentlichkeit hat einen Anspruch darauf, sich über die Mindestleistungen, die ihr ein Berufszweig anbietet, an einer Berufsordnung unterrichten zu können. Die Angehörigen des Berufszweiges selbst sollten ihrerseits zur Wahrung ihres beruflichen Ansehens ein Interesse daran haben; dass eine Berufsordnung innegehalten wird und, was weitergeht, dass diejenigen, die gegen die aufgestellten Grundsätze verstoßen, auch zur Ordnung gerufen werden können."

Dem entsprechend hat Clodwig Kapferer in seinem Vortrag die drei für ihn wesentlichen konkreten Aspekte einer Berufsordnung behandelt: Erstens die Eintragung in eine öffentlich zugängliche Berufsrolle; zweitens die Offenlegung der wissenschaftlichen Verfahren und die Einhaltung bestimmter methodischer Mindestanforderungen; und drittens die Schaffung einer Berufsinstanz zur Einhaltung der Normen. Bevor ich mich mit diesen Punkten jeweils beschäftige, möchte ich zuvor in wenigen Worten die Person Clodwig Kapferer vorstellen sowie eine definitorische Abgrenzung der verschiedenen Determinanten von Forschungsqualität vornehmen.

2 Zur Person Clodwig Kapferer

Clodwig Kapferer wurde im Jahr 1901 in Freiburg im Breisgau geboren. Er starb im Jahr 1997 in Hamburg. Clodwig Kapferer war ein Wirtschaftswissenschaftler und gilt als Pionier auf den Gebieten Marktforschung, Exportförderung und Entwicklungshilfe. Im Jahr 1964 wurde ihm die Wilhelm-Vershofen-Gedächtnismedaille verliehen. Diese Medaille ist dem Andenken an Wilhelm Vershofen, dem Gründer der Gesellschaft für Konsumforschung, gewidmet. Sie wird von der GfK an Persönlichkeiten verliehen, die sich um die wissenschaftliche Marktforschung verdient gemacht haben. Diese wenigen Informationen müssen hier im Zeitalter von Google und anderen Suchmaschinen sowie von Wikipedia ausreichen.

3 Determinanten von Forschungsqualität

Das Erfüllen der grundlegenden wissenschaftlich-methodischen Qualitätskriterien der Objektivität, Reliabilität und Validität ist eine zwar notwendige, aber noch keine hinreichende Bedingung für die Qualität der Ergebnisse empirischer Forschung. Zusätzlich müssen die qualitätsrelevanten Anforderungen an den Forschungsprozess und seine einzelnen Schritte – d.h. die Umsetzung der wissenschaftlich-methodischen Qualitätskriterien bei der Durchführung empirischer Untersuchungen – erfüllt werden. Die verantwortungsbewusste Entwicklung berufsethischer und berufsständischer Verhaltensregeln trägt entscheidend dazu bei, die durch Gesetzgebung und Rechtsprechung bestimmten Rahmenbedingungen für die empirische Forschung vernünftig zu gestalten.

a) Wissenschaftlich-methodische Qualitätskriterien

Es steht außer Frage, dass man nur dann von Forschungsqualität sprechen kann, wenn die grundlegenden wissenschaftlich-methodischen Qualitätskriterien der Objektivität, Reliabilität und Validität bei der Durchführung einer wissenschaftlichen Untersuchung erfüllt sind. Darauf hier näher einzugehen, würde aber das Thema des Vortrags sprengen. Hinweisen möchte ich aber aus aktuellem Anlass auf die Bedeutung der Repräsentativität als wissenschaftlich-methodisches Qualitätskriterium. Aus dem Bereich der Markt- und Sozialforschung in den und mittels der sogenannten Sozialen Medien wie beispielsweise Facebook oder XING sind Stimmen zu hören, die statt auf die Repräsentativität und damit die Generalisierbarkeit der Forschungsergebnisse auf deren Authentizität setzen. Meines Erachtens ist diese Position hinsichtlich der oben genannten Qualitätskriterien ein genereller Irrtum, der im konkreten Fall noch durch die Tatsache verstärkt wird, dass es kaum einen Bereich der realen und virtuellen Welt gibt, in dem mehr gelogen und manipuliert wird als in den Sozialen Medien. Dies ist – um nicht missverstanden zu werden – kein Plädoyer gegen die Forschung in den und mittels der Sozialen Medien an sich, sondern gegen die Art und Weise, wie sie in ihren dubiosen Teilen betrieben wird.

b) Qualitätsrelevante Anforderungen an den Forschungsprozess:
Die Durchführung wissenschaftlicher Untersuchungen der empirischen Markt-, Meinungs- und Sozialforschung gleicht – um nicht immer das Bild von der Kette zu bemühen – einem Getriebe, dessen einzelne Räder reibungslos ineinander greifen müssen, damit das Fahrzeug vom Fleck kommt bzw. Forschungsqualität entsteht. Es gilt also, die wissenschaftlich-methodischen Qualitätskriterien als qualitätsrelevante Anforderungen an den Forschungsprozess als Ganzes und an seine einzelnen Schritte zu operationalisieren, die zumindest von weiten Teilen der Fachöffentlichkeit akzeptiert werden.

c) Berufsethische und berufsständische Verhaltensregeln:
Das europäische und das deutsche Datenschutzrecht fördern die Selbstregulierung der Wirtschaft durch berufsethische und berufsständische Verhaltensregeln, um den Datenschutz zu verbessern. Im Bundesdatenschutzgesetz (BDSG) heißt es in § 38a diesbezüglich wie folgt:

> „(1) Berufsverbände und andere Vereinigungen, die bestimmte Gruppen von verantwortlichen Stellen vertreten, können Entwürfe für Verhaltensregeln zur Förderung der Durchführung von datenschutzrechtlichen Regelungen der zuständigen Aufsichtsbehörde unterbreiten.
>
> (2) Die Aufsichtsbehörde überprüft die Vereinbarkeit der ihr unterbreiteten Entwürfe mit dem geltenden Datenschutzrecht."

Die Verbände, die in Deutschland die Markt- und Sozialforschung repräsentieren, haben im Jahr 1994 unter der Federführung des ADM mit der Entwicklung von Richtlinien begonnen, die die im „ICC/ESOMAR Internationalen Kodex für die Markt- und Sozialforschung" festgeschriebenen berufsethischen und berufsständischen Grundprinzipien ergänzen und ihre Anwendung in den einzelnen Forschungsbereichen und auf die verschiedenen Forschungsmethoden konkretisieren und präzisieren. Die Entwürfe der einzelnen Richtlinien wurden zunächst eher fallbezogen und später dann systematisch den Aufsichtsbehörden für den Datenschutz zur Kommentierung vorgelegt. Bedauerlicherweise wurde dabei die fehlende Praxistauglichkeit der gesetzlichen Bestimmungen von § 38a BDSG deutlich.

Das Problem ist die durch den föderalen Aufbau der Bundesrepublik Deutschland bedingte regional begrenzte Zuständigkeit der jeweiligen Aufsichtsbehörde für den Datenschutz. Was hilft es, wenn der ADM mit der für ihn wegen des Vereinssitzes zuständigen Aufsichtsbehörde bezüglich der Vereinbarkeit berufsständischer Verhaltensregeln mit dem Datenschutzrecht Einigkeit erzielt, daraus aber für seine überall in Deutschland ansässigen Mitgliedsinstitute wegen der Zuständigkeit jeweils anderer Aufsichtsbehörden keine Rechtssicherheit entsteht?

Die Bedeutung der berufsethischen und berufsständischen Verhaltensregeln für die Möglichkeiten, empirische Markt- und Sozialforschung mit hoher wissenschaftlich-methodischer Qualität betreiben zu können, wurde der Profession im Jahr 1980 sehr deutlich vor Augen geführt. Es war nur dem glaubhaft dargelegten strikten Anonymisierungsgebot als berufsständischer Verhaltensregel zu verdanken, dass die Aufsichtsbehörden für den Datenschutz der Markt- und Sozialforschung die besonderen Umstände zubilligten, die im damals noch jungen Bundesdatenschutzgesetz die ansonsten als Regel vorgesehene Schriftform der Einwilligung der Betroffenen in die Erhebung, Verarbeitung und Nutzung personenbezogener Daten entbehrlich machen.

d) Gesetzgebung und Rechtsprechung

Die Markt-, Meinungs- und Sozialforschung findet nicht in einem rechtsfreien Raum, sondern unter vielfältigen gesetzlichen Rahmenbedingungen statt. Diese können erhebliche Auswirkungen auf die Forschungspraxis haben, wie das folgende Beispiel verdeutlicht: Der am 16. März 2011 vorgelegte Referentenentwurf des geplanten Bundesmeldegesetzes hätte die bisher vorhandene Möglichkeit der Ziehung von Stichproben für sozialwissenschaftliche Untersuchungen auf der Grundlage von Melderegisterauskünften faktisch verhindert. Im Gesetzentwurf der Bundesregierung vom 02. September 2011 gelten die vorgesehenen Einschränkungen der Verwendungsmöglichkeiten von Melderegisterauskünften nur noch für Zwecke der Werbung und des Adresshandels. Damit ist es durch verschiedene Gespräche und Stellungnahmen gelungen, den diesbezüglichen Status quo für die empirische Sozialforschung zu erhalten.

4 Eintragung in eine Berufsrolle

Vermutlich geht es nicht nur mir so, dass man bei dem Begriff „Berufsrolle" fast automatisch an die Berufsrolle des BVM denkt, in die man mit der Aufnahme als Mitglied eingetragen wird und die zum Führen des Titels „Marktforscher BVM" berechtigt. Aber diese Art von Berufsrolle hat Clodwig Kapferer mit seiner Forderung nach der Eintragung in eine öffentlich zugängliche Berufsrolle nicht gemeint.

> „Wenn man einem Berufszweig angehören und sich mit diesem der Öffentlichkeit präsentieren will, dann sollte man sich in eine öffentlich zugängliche Berufsrolle eintragen, d.h. in ein Register, das den Namen des Instituts, Gründungsjahr, Rechtsform, Tätigkeitsgebiet, Beschreibung der Persönlichkeit des Leiters und noch einige weitere Merkmale enthält."

Entscheidend für die Überlegungen von Clodwig Kapferer zu einer öffentlich zugänglichen Berufsrolle war die mit der Eintragung verbundene Verpflichtung zur Einhaltung der Berufsnormen. Meines Wissens wurde eine eigenständige Berufsrolle in der von Clodwig Kapferer geforderten Form nicht realisiert. Gleichwohl gibt es mit der im Internet zugänglichen und ständig aktualisierten Liste der Mitgliedsinstitute des ADM ein dazu funktionales Äquivalent. Diese Liste enthält umfangreiche Informationen zu den einzelnen Mitgliedsinstituten von den Kontaktdaten über unternehmensrechtliche Angaben bis hin zu den Details hinsichtlich der Tätigkeitsfelder und Forschungsleistungen. Die von Clodwig Kapferer angestrebte Verpflichtung zur Einhaltung der berufsständischen Verhaltensregeln ergibt sich aus der Tatsache der Mitgliedschaft im ADM, denn die Mitgliedsinstitute sind allein schon durch die Bestimmungen der Vereinssatzung zur Einhaltung der Berufsgrundsätze, Standesregeln und Qualitätsstandards verpflichtet.

Die auf dem Markt befindlichen Handbücher der Marktforschungsinstitute und Forschungsdienstleister werden der Funktion einer Berufsrolle nicht gerecht. Eine Selbstverpflichtung auf die berufsständischen Verhaltensregeln der deutschen Markt- und Sozialforschung ist mit einem Eintrag nicht verbunden. Aber das war mit ihrer Publikation auch nicht beabsichtigt.

5 Offenlegung der Verfahren und Mindestanforderungen

Wenn man der weithin üblichen Unterteilung der berufsständischen Verhaltensregeln in berufsethische und wissenschaftlich-methodische Anforderungen folgt, dann lag für Clodwig Kapferer der Schwerpunkt seiner Forderung nach Berufsnormen auf den wissenschaftlich-methodischen Anforderungen. Diese Schwerpunktsetzung wird verständlich, wenn man den damaligen Entwicklungsstand der empirischen Umfrageforschung in Deutschland sowie deren im Vergleich zur heutigen Situation sicher weniger problematisches gesetzliches und rechtliches Umfeld berücksichtigt.

Darüber hinaus ist eine eindeutige Zuordnung der einzelnen konkreten berufsständischen Verhaltensregeln entweder zu den berufsethischen oder den wissenschaftlich-methodischen Anforderungen nicht in allen Fällen möglich. Der berufsethisch einwandfreie Umgang mit den Befragten wirkt sich zweifellos positiv auf die Qualität der Forschungsergebnisse aus. Umgekehrt gehört die Anwendung hinsichtlich des Forschungsziels angemessener Methoden zu den berufsethischen Verpflichtungen. In Folge dessen sind auch die jeweiligen Kodifizierungen in Verhaltenskodizes und Qualitätsstandards nicht überschneidungsfrei.

Bemerkenswert, aber nicht überraschend ist die Bedeutung, die verschiedenen Aspekten des Forschungsmanagements bereits im Jahr 1951 bei der Entwicklung von Berufsnormen zuerkannt wurde. Diese organisatorisch-technischen Anforderungen beziehen sich insbesondere auf die Kostenkalkulation und die Berichtslegung zur Durchführung einer wissenschaftlichen Untersuchung, also auf deren „technischen Steckbrief" nach heutiger Nomenklatur. Darüber hinaus wurden Kriterien für die Bewertung von Befragern und Rechercheuren – also von Interviewern im weitesten Sinne – entwickelt.

5.1 Wissenschaftlich-methodische Anforderungen

Das folgende Zitat verdeutlicht das erwähnte Primat, das Clodwig Kapferer den wissenschaftlich-methodischen Anforderungen bei der Entwicklung von Berufsnormen einräumt:

> „Wir wollen doch nichts anderes damit erreichen, als dass der Willkür, ..., nicht Tor und Tür geöffnet ist. Diese Willkür kann aber nur ausgeschaltet werden, wenn wir gewisse Mindestanforderungen an die von uns angewendeten Verfahren, Methoden der Erhebung, Auswertung und Veröffentlichung stellen."

Noch deutlicher hat Dr. Hans Sittenfeld vom Institut für Sozialforschung der Johann-Wolfgang-Goethe-Universität in Frankfurt am Main die Notwendigkeit der Entwicklung wissenschaftlich-methodischer Mindestanforderungen in seiner Einführung in die Publikation zur „Weinheimer Tagung" formuliert:

> „Hier ist viel Suchen, Denken und auch Experimentieren notwendig. Hier liegt aber auch die Gefahr, dass Quacksalber in leichtfertiger Weise durch sensationelle ‚Ergebnisse' die ganze Forschung in Verruf bringen."

Auf die sich aus heutiger Sicht anschließende Frage, ob die Markt-, Meinungs- und Sozialforschung diese Gefahr inzwischen hinter sich gelassen hat, gibt es sicher keine einfache und eindeutige Antwort.

Clodwig Kapferer hätte die im Jahr 1999 von den Verbänden der deutschen Markt-, Meinungs- und Sozialforschung gemeinsam herausgegebenen „Standards zur Qualitätssicherung in der Markt- und Sozialforschung" sicher als einen sehr wichtigen Schritt bei der Entwicklung von Berufsnormen begrüßt. Vermutlich hätte er es sich auch nicht nehmen lassen, zur Entstehung dieser Standards aktiv beizutragen.

Ich darf erwähnen, dass der ADM bei der Entwicklung der „Standards zur Qualitätssicherung in der Markt- und Sozialforschung" die Federführung übernommen hatte. Das ist allerdings auch nicht ungewöhnlich, denn es gehört zu den genuinen Aufgaben eines Wirtschaftsverbandes in der Markt- und Sozialforschung, die führende Rolle zu übernehmen, wenn ein Katalog von notwendigen Maßnahmen formuliert wird, die in ihrer Gesamtheit die einzelnen Schritte des Forschungsprozesses in den Instituten auf eine „gute Forschungspraxis" – „good research practice" – ausrichten. Auch Clodwig Kapferer sah die führende Rolle der die Institute vertretenden Institution bei der Entwicklung von Berufsnormen, wie das folgende Zitat belegt:

> „Bevor ich kurz einiges zum Text der Vorschläge über Berufsnormen sage, darf ich noch erwähnen, dass der Arbeitskreis betriebswirtschaftlicher Markt- und Absatzforschung sich vor Jahresfrist entschlossen hat, ein Dreierkomitee zu gründen, das die Mühe auf sich nimmt, Berufsnormen zu entwerfen."

Dieser zunächst noch informelle „Arbeitskreis für betriebliche Markt- und Absatzforschung" wurde im Jahr 1949 an der Wirtschaftshochschule in Nürnberg von Georg Bergler, Clodwig Kapferer, Erich Schäfer, Jens H.

Schmidt und Julius E. Schwenzner ins Leben gerufen. Bald darauf kamen weitere Forscherpersönlichkeiten hinzu, unter anderen auch Elisabeth Noelle-Neumann. Vereinsrechtlich trat der „Arbeitskreis für betriebswirtschaftliche Markt- und Absatzforschung" im Jahr 1955 mit seiner Gründung und der folgenden Eintragung ins Vereinsregister in Erscheinung. Damit verbunden war ein Wechsel von der persönlichen zur korporativen Mitgliedschaft. Einige ahnen es vielleicht schon: Aus dem „Arbeitskreis für betriebswirtschaftliche Markt- und Absatzforschung" wurde durch verschiedene Namensänderungen schließlich der „ADM Arbeitskreis Deutscher Markt- und Sozialforschungsinstitute e.V.".

Nahezu zeitgleich mit den „Standards zur Qualitätssicherung in der Markt- und Sozialforschung" hat Max Kaase die Denkschrift der Deutschen Forschungsgemeinschaft „Qualitätskriterien der Umfrageforschung" veröffentlicht. Diese beiden Publikationen stehen in keinem konkurrierenden, sondern einem komplementären Verhältnis zueinander. Während die „Standards zur Qualitätssicherung" auf die qualitätsrelevanten Anforderungen an den Forschungsprozess fokussiert sind, liegt der Schwerpunkt der Denkschrift der Deutschen Forschungsgemeinschaft – wie bereits der Titel verdeutlicht – auf den grundlegenden wissenschaftlich-methodischen Qualitätskriterien.

Bereits kurze Zeit nach ihrer Veröffentlichung wurden die etwas belletristisch formulierten „Standards zur Qualitätssicherung in der Markt- und Sozialforschung" in eine normentaugliche Sprache übersetzt. In dieser Form bildeten sie die Grundlage der im Jahr 2003 erschienenen Norm DIN 77 500 „Markt- und Sozialforschungs-Dienstleistungen". Diese wiederum bestimmte die Verhandlungsposition der deutschen Delegation bei der Entwicklung der im Jahr 2006 erschienenen internationalen Norm ISO 20252 „Markt-, Meinungs- und Sozialforschung – Begriffe und Dienstleistungsanforderungen", an deren Entstehung und Inhalten die deutschen Verbände maßgeblich beteiligt waren.

Die Anforderungen dieser Norm bilden weder im Einzelnen noch in ihrer Gesamtheit den kleinsten gemeinsamen Nenner, auf den sich die an der Entwicklung der Norm beteiligten nationalen Normungseinrichtungen einigen konnten. Normative Anforderungen an die Markt-, Meinungs- und Sozialforschung auf diesem Niveau könnten in Ländern wie Deutschland keinen Beitrag zur Sicherung und Verbesserung der Forschungsqualität leisten. Deshalb sind die Anforderungen dieser Norm auf dem Niveau der sogenannten „guten Forschungspraxis" formuliert. Sie zu erfüllen, bedarf es schon einiger Anstrengungen.

Der Grundgedanke der „guten Forschungspraxis" ist es, den Forschungsprozess als Ganzes und seine einzelnen Schritte so zu gestalten, dass die oben genannten wissenschaftlich-methodischen Qualitätskriterien unter Berücksichtigung grundsätzlich begrenzter Ressourcen bestmöglich erfüllt werden. Daraus ergibt sich die gemeinsame Verantwortung von Forschungsdienstleister und Auftraggeber für die Qualität der empirischen Markt-, Meinungs- und Sozialforschung. Der Auftraggeber muss dem Forschungsdienstleister die zur „guten Forschungspraxis" notwendigen finanziellen und zeitlichen Ressourcen zur Verfügung stellen. Der Forschungsdienstleister muss die „gute Forschungspraxis" zu seiner unabdingbaren Berufsphilosophie machen und – falls notwendig – den Auftraggeber von deren Notwendigkeit überzeugen.

Ich räume ein, dass für das Konzept der „guten Forschungspraxis" nicht nur die grundsätzliche Begrenztheit der zur Verfügung stehenden Ressourcen eine Rolle spielt, sondern auch das mit der Durchführung der Untersuchung verbundene Erkenntnisinteresse. Nicht in allen Fällen bedarf es zur Lösung der konkreten Forschungsprobleme eines wissenschaftlichen „Rolls Royce" als Forschungsdesign. Es ist gerade diese – in bestimmten Grenzen vorhandene – Flexibilität, die das Konzept der „guten Forschungspraxis" zu einem effizienten Instrument der wissenschaftlichen Qualitätssicherung macht.

Gelegentlich wird bemängelt, die empirische Sozialforschung befände sich in dem berühmten wissenschaftlichen Elfenbeinturm und träume dort vom Schlaraffenland der empirischen Forschung, in dem ihre öffentlichen Auftraggeber finanzielle und zeitliche Ressourcen zur Realisierung der sogenannten „besten Forschungspraxis" in fast unbegrenztem Ausmaß zur Verfügung stellen. Für die empirische Grundlagenforschung und ihre Ergebnisse ist der wissenschaftliche Elfenbeinturm sicher kein schlechter Aufenthaltsort; um ihn betreten zu können, muss man allerdings im Besitz des Schlüssels der Forschungsförderung sein. Zunächst heißt es diesbezüglich also „knockin' on heaven's door", um – wie Max Kaase in seinem Einführungsvortrag in einem anderen Zusammenhang – Bob Dylan zu zitieren.

Der wissenschaftliche Elfenbeinturm der empirischen Grundlagenforschung kann auch als ein Leuchtturm angesehen werden, der der angewandten Markt-, Meinungs- und Sozialforschung nicht nur in forschungsmethodischer, sondern auch in berufsethischer Hinsicht Orientierung bietet. Das gegenwärtige grundsätzliche Qualitätsproblem von Teilen der Marktforschung – und vielleicht etwas schwächer ausgeprägt auch der Meinungs-

und Sozialforschung – besteht darin, dass sie diesen Leuchtturm aus den Augen und damit die wissenschaftliche Orientierung verloren haben.

Es ist kein Geheimnis, dass es insbesondere in der Marktforschung auch kritische Stimmen gegenüber dieser Entwicklung von Qualitätsnormen gab. Einige der vorgebrachten kritischen Argumente waren und sind berechtigt und damit ernst zu nehmen. Andere der damaligen kritischen Einwände dienten vor allem dem Zweck, die teilweise berechtigte Befürchtung zu verschleiern, man könne den qualitätsrelevanten Anforderungen dieser Normen nicht entsprechen. In meinem Vortrag „Qualitätsmanagement des Forschungsprozesses" anlässlich der Tagung „Fünfzig Jahre nach Weinheim" im Jahr 2001 habe ich auf die geplanten Aktivitäten der Verbände hinsichtlich der Entwicklung nationaler und internationaler Qualitätsnormen für die Markt-, Meinungs- und Sozialforschung hingewiesen. Diese Hinweise fanden in der Fachöffentlichkeit kaum Beachtung und deshalb fand der zu erwartende Diskurs über den Nutzen solcher Normen erst nach ihrer Fertigstellung und Veröffentlichung statt.

Clodwig Kapferer hätte sicher nicht zu den Kritikern von Qualitätsnormen gehört. Er hätte sich wahrscheinlich auch nicht gegen eine externe Konformitätsbewertung der verschiedenen Schritte des Forschungsprozesses anhand der einzelnen Anforderungen dieser Qualitätsnormen gesperrt. Bekanntlich ist dieser gewöhnlich als Zertifizierung bezeichnete Vorgang in der Markt-, Meinungs- und Sozialforschung in Deutschland im Gegensatz zu einigen anderen Ländern kein Erfolgsmodell, ohne aber aus dieser Tatsache auf eine gegenüber diesen Ländern geringere Forschungsqualität in Deutschland schließen zu können.

Clodwig Kapferer hat in seinem Vorschlag für Berufsnormen eine Aufteilung der wissenschaftlich-methodischen Anforderungen auf die vier Bereiche Erhebungsmethoden, Befragungsmethoden, Fragebogenaufstellung und eigene Rechenschaftslegung vorgenommen:

a) Erhebungsmethoden
Nationale wie internationale Normen bzw. Qualitätsstandards für die Markt-, Meinungs- und Sozialforschung müssen bezüglich der Erhebungsmethoden – und nicht nur hier – die Vielfalt der möglichen methodischen Vorgehensweisen angemessen berücksichtigen. Das heißt konkret, dass sich die Wahl der angemessenen Erhebungsmethode ausschließlich am konkreten Forschungsgegenstand und an den jeweiligen Forschungsinteressen orientieren muss und keine bestimmte Erhebungsmethode forschungsideo-

logisch bedingt präferiert werden darf. Ganz ähnlich hat das auch Clodwig Kapferer im Jahr 1951 gesehen, wie das folgende Zitat belegt:

> „Die Wahl des für eine Untersuchung angewandten Verfahrens sowie die Art der durchgeführten Befragungen müssen bei einer Überprüfung durch die Berufsinstanz stichhaltig begründet werden können. Die zur Auswahl stehenden wissenschaftlich anerkannten Stichprobenverfahren beruhen auf einer abgekürzten statistischen Erhebung und Aufbereitung. Der für die Erforschung einer Grundgesamtheit ausgewählte Teilausschnitt soll ein maßstabgetreues Miniaturbild der Wirklichkeit abgeben. Die Gleichförmigkeit der Repräsentation des Teilausschnittes kann entweder durch planmäßige (bewusste) oder durch Wahrscheinlichkeitsauswahl (Zufallsauswahl) erzielt werden."

b) Befragungsmethoden

Natürlich spielte im Jahr 1951 als Technik der Datenerhebung die mündliche Befragung die größte Rolle. Dem entsprechend hat Clodwig Kapferer bei dieser Befragungsmethode eine feingliedrige Differenzierung beispielsweise nach dem Grad der Standardisierung der Datenerhebung und dem Ort, an dem das Interview stattfindet, vorgenommen. Wenig überraschend ist die Auflistung der schriftlichen Befragung; umso überraschender ist aber die Erwähnung der telefonischen Befragung als Technik der Datenerhebung. Dabei dürfte Clodwig Kapferer in erster Linie an Elitenbefragungen und Unternehmensbefragungen gedacht haben.

c) Fragebogenaufstellung

Die Struktur und Gestaltung eines Fragebogens gehören ebenso wie die Formulierung der Fragen und Antwortmöglichkeiten zum elementaren „Werkzeug" der Umfrageforschung. Wenn Clodwig Kapferer bei seiner Formulierung von Berufsnormen diesen wissenschaftlich-methodischen Grundanforderungen Raum gibt, dann mag das dem Umstand geschuldet sein, dass die empirische Markt- und Sozialforschung in Deutschland im Jahr 1951 immer noch mehr oder weniger „in den Kinderschuhen steckte". Im Rahmen von Berufsnormen sollte zumindest heute hinsichtlich der Frageformulierung eher der berufsethische Aspekt im Vordergrund stehen; also beispielsweise – wie auch von Clodwig Kapferer gefordert – die Vermeidung von Suggestivfragen.

Großen Wert legt Clodwig Kapferer zu Recht auf die sogenannten Probeerhebungen, also auf die Durchführung von Pretests. Sie sind sicher ein

Element der Qualitätssicherung von Forschungsergebnissen, das heute aus Gründen der Kosten- und/oder Zeitersparnis zu selten eingesetzt wird.

d) Eigene Rechenschaftslegung
Im Rahmen der wissenschaftlich-methodischen Anforderungen für die Durchführung einer Untersuchung verlangt Clodwig Kapferer vom Forschungsinstitut nicht nur einen Bericht für den Auftraggeber der Untersuchung, sondern auch eine Art interner Rechenschaftsbericht, wie das folgende Zitat belegt:

> „Das Marktforschungsinstitut übernimmt die Verpflichtung, sich nach jeder durchgeführten Umfrage über Art und Weise der Durchführung einen Rechenschaftsbericht aufzustellen, den sie der Berufsinstanz erforderlichenfalls vorzulegen verpflichtet ist."

Clodwig Kapferer betont hier die wichtige Rolle, die eine angemessene Dokumentation einer Untersuchung als Teil des Risikomanagements eines Forschungsinstituts spielt. Dagegen bleibt ihre Bedeutung für das Qualitätsmanagement – nämlich das „aus Fehlern lernen" – überraschenderweise unerwähnt.

5.2 Berufsethische Anforderungen

Wenn man heute von „social responsibility" der Markt- und Sozialforschungsinstitute spricht, dann ist damit ihre komplexe berufsethische Verantwortung gegenüber den Teilnehmern wissenschaftlicher Untersuchungen, gegenüber den für sie tätigen Interviewern, gegenüber den Auftraggebern, gegenüber ihren Wettbewerbern und schließlich gegenüber der breiten Öffentlichkeit gemeint. Für Clodwig Kapferer stellte sich das gesellschaftliche Umfeld der Markt- und Sozialforschung einfacher dar. Seine berufsethischen Anforderungen konzentrierten sich ganz überwiegend auf die Verhaltensregeln gegenüber dem Auftraggeber und gegenüber anderen Marktforschungsinstituten.

Dagegen kommen bei ihm die Teilnehmer wissenschaftlicher Untersuchungen als Adressaten der berufsethischen Anforderungen der Markt-, Meinungs- und Sozialforschung nicht vor. Das bedeutet aber nicht, dass die aus heutiger Sicht zentralen Prinzipien des berufsständischen Verhaltens – das strikte Anonymisierungsgebot der erhobenen Forschungsdaten und die klar erkennbare Trennung der Markt-, Meinungs- und Sozialforschung von allen anderen Tätigkeiten – damals missachtet worden wären.

Ihre Einhaltung war selbstverständlich und musste deshalb nicht explizit betont werden, weil entsprechende Begehrlichkeiten des Marketings damals im Gegensatz zu heute nicht bzw. kaum existierten.

Auch die breite Öffentlichkeit kommt bei Clodwig Kapferer als Adressat der berufsethischen Anforderungen der Markt-, Meinungs- und Sozialforschung kaum explizit, sondern eher nur indirekt im Zusammenhang mit den Verhaltensanforderungen gegenüber dem Auftraggeber vor. Und auch nur als Abwehr möglichen Fehlverhaltens des Auftraggebers. Ebenso wenig sind bei ihm die Interviewer bzw. die Befrager oder Rechercheure – wie er sie bezeichnet hat – Adressaten der berufsethischen Anforderungen der Markt-, Meinungs- und Sozialforschung, wohl aber Adressaten der organisatorisch-technischen Anforderungen.

a) Verhalten gegenüber dem Auftraggeber

Die von Clodwig Kapferer vorgeschlagenen Verhaltensregeln gegenüber dem Auftraggeber betonen in erster Linie die Funktion der Marktforschung als wissenschaftlich beratende Dienstleistung und die daraus resultierende Verantwortung der Forschungsinstitute.

> „Bei Annahme eines Auftrages verpflichtet sich das Marktforschungsinstitut, die ihm übertragene Aufgabe in objektiver, neutraler und unvoreingenommener Weise zu verrichten und die in der Untersuchung ermittelten Tatsachen ohne Rücksicht auf vorliegende Wünsche seitens des Auftraggebers der Wirklichkeit entsprechend darzulegen."

Heute verzichtet man auf den letzten Teil dieser Verhaltensregel, auch wenn es – wie ich gehört habe – gelegentlich vorkommen soll, dass Auftraggeber die Durchführung einer Untersuchung und vor allem die Präsentation der Forschungsergebnisse als „Wunschkonzert" verstehen wollen. Ansonsten ist die Forderung natürlich weiterhin aktuell, wie Artikel 1 (a) des „ICC/ESOMAR Internationaler Kodex für die Markt- und Sozialforschung" belegt:

> „Marktforschung muss legal, redlich, wahrheitsgemäß und objektiv sein und in Übereinstimmung mit angemessenen wissenschaftlichen Prinzipien durchgeführt werden."

Standeswidriges Verhalten traut Clodwig Kapferer nicht nur den Marktforschern und den Marktforschungsinstituten zu, sondern auch deren Auftraggebern, wie das Zitat der folgenden – an die Forschungsinstitute gerichteten – Verhaltensregel belegt:

> „Aufträge, die den Beruf des Marktforschers in Misskredit bringen können, dürfen nicht angenommen werden, insbesondere ist die Entgegennahme und Ausführung von Aufträgen, deren Ergebnisse zur Diskriminierung von Persönlichkeiten oder öffentlichen oder privaten Einrichtungen verwendet werden sollen, nicht gestattet."

b) Verhalten gegenüber anderen Forschungsinstituten
Im Vergleich zu den detaillierten und konkreten Verhaltensregeln gegenüber dem Auftraggeber sind die von Clodwig Kapferer geforderten Verhaltensregeln gegenüber anderen Marktforschungsinstituten eher allgemein und unspezifisch formuliert; wie das folgende Zitat belegt:

> „Die Auftragswerbung des einzelnen Instituts, die Abwicklung des Geschäftsverkehrs und das Verhalten gegenüber Wettbewerbern hat nicht nur mit den Bestimmungen der Gesetzgebung über den unlauteren Wettbewerb in Einklang zu stehen, sondern außerdem noch mit den Grundsätzen einer fairen Konkurrenz."

5.3 Organisatorisch-technische Anforderungen

In seinem Vorschlag für Berufsnormen hat Clodwig Kapferer die formulierten organisatorisch-technischen Anforderungen den drei Bereichen Kostenkalkulation, Berichtslegung und Bewertung von Interviewern zugeordnet.

a) Kostenkalkulation
Das von Clodwig Kapferer vorgeschlagene Schema der Kostenkalkulation ist weniger umfassend und differenziert als die in der internationalen Norm ISO 20252 definierten Anforderungen an Kostenvoranschläge und Untersuchungsangebote. Aber sie berücksichtigt auch Faktoren, die neben der Erhebung und Verarbeitung der Forschungsdaten im engeren Sinne bei der Durchführung einer Untersuchung kostenrelevant sind, wie beispielsweise die Drucklegung von Fragebögen und Berichten. Ich verrate kein Geheimnis, wenn ich sage, dass auch heute noch eine ganze Reihe von Forschungsprojekten in einer Form ausgeschrieben, angeboten und beauftragt werden, gegenüber der die Anwendung des von Clodwig Kapferer vorgeschlagenen

Schemas der Kostenkalkulation ein echter Fortschritt in der Organisation von Forschung wäre.

b) Berichtslegung

Auch die von Clodwig Kapferer aufgeführten Anforderungen an die Berichtslegung einer durchgeführten Untersuchung sind weniger umfassend als der entsprechende Anforderungskatalog in der internationalen Norm ISO 20252. Dabei muss aber berücksichtigt werden, dass er seinen Anforderungskatalog explizit als Minimalangaben bezeichnet. Ebenso qualitätsrelevant wie die methodisch orientierten Anforderungen als „technischer Steckbrief" einer Untersuchung sind die auch schon von Clodwig Kapferer explizit genannten berufsethischen und berufsständischen Anforderungen nach Wahrheit und Vollständigkeit bei der Berichtslegung zu einer durchgeführten Untersuchung sowie der erkennbaren Trennung zwischen Beschreibung und Kommentierung der Forschungsergebnisse. Hinsichtlich der letztgenannten Anforderung fordert Artikel 11 (a) des „ICC/ESOMAR Internationalen Kodex für die Markt- und Sozialforschung":

> „Bei der Berichtslegung der Ergebnisse eines Marktforschungsprojekts müssen die Forscher eindeutig zwischen den Ergebnissen, der Interpretation durch die Forscher und allen darauf gegründeten Empfehlungen unterscheiden."

c) Bewertung von Interviewern

Die qualitätsrelevanten Anforderungen bezüglich der Interviewer werden heute üblicherweise unterteilt in Anforderungen an die Anwerbung, Schulung und Kontrolle der Interviewer. Clodwig Kapferer hat sich auf die Anwerbung von Interviewern konzentriert und dabei einen anderen Weg der Unterteilung gewählt und zwischen allgemeinen und besonderen Kriterien der Eignung des „Befragungspersonals" unterschieden. Etwas vereinfachend kann man die allgemeinen Kriterien als soziodemografische Merkmale und die besonderen Kriterien als sogenannte „soft skills" der Interviewer charakterisieren. Für die Kontrolle der Feldarbeit war Clodwig Kapferer insbesondere der Vergleich der Arbeitsergebnisse zwischen den einzelnen Interviewern von Bedeutung. Über die Schulung der Interviewer hat er – zumindest in seinem Vortrag im Jahr 1951 – keine Aussagen gemacht.

6 Schaffung einer Berufsinstanz

Die von Clodwig Kapferer vorgeschlagene Berufsinstanz sollte im Kern dieselbe Funktion übernehmen wie der von den Verbänden der deutschen Markt-, Meinungs- und Sozialforschung im Jahr 2001 als verbandsübergreifende Beschwerdestelle gegründete „Rat der Deutschen Markt- und Sozialforschung e.V.". Das macht ein Vergleich des von Clodwig Kapferer zugleich vorgeschlagenen Entwurfs für eine Ehrengerichtsordnung mit der aktuellen Beschwerdeordnung des „Rates der Deutschen Markt- und Sozialforschung" deutlich.

Die nachfolgend aus der Satzung und der Beschwerdeordnung zitierten bzw. beschriebenen Aufgaben und Vorgehensweisen des „Rates der Deutschen Markt- und Sozialforschung e.V." finden sich – zumindest im Ansatz und von der Idee – auch schon in dem von Clodwig Kapferer vorgelegten Entwurf einer Ehrengerichtsordnung aus dem Jahr 1951:

> „Seine Aufgabe ist es, für die Einhaltung der allgemein anerkannten Berufsgrundsätze und Standesregeln sowie der Qualitätsstandards der deutschen Markt- und Sozialforschung zu sorgen."

> „Beschwerdeberechtigt ist jede natürliche oder juristische Person, die sich durch ein den allgemein anerkannten Berufsgrundsätzen, Standesregeln oder Qualitätsstandards der deutschen Markt- und Sozialforschung widersprechendes Verhalten eines Markt- und Sozialforschers, eines Markt- und Sozialforschungsinstituts, einer im Bereich der Markt- und Sozialforschung tätigen akademischen oder betrieblichen Stelle oder sonstigen Einrichtung als Befragter, Auftraggeber oder Wettbewerber in ihren durch die Berufsgrundsätze, Standesregeln oder Qualitätsstandards definierten Rechten verletzt sieht."

Die Durchführung eines Beschwerdeverfahrens vor dem „Rat der Deutschen Markt- und Sozialforschung e.V." beginnt mit einer Vorprüfung der Beschwerde durch den Prüfungsausschuss. In diesem Schritt soll die Spreu vom Weizen getrennt bzw. zwischen offensichtlich unbegründeten Beschwerden und solchen mit möglicher Substanz unterschieden werden. Erstgenannte Beschwerden – und solche, bei denen das zugrunde liegende berufsständische Fehlverhalten unbeabsichtigt war, inzwischen abgestellt wurde und eine Wiederholungsgefahr nicht vorliegt – werden zurückgewiesen; alle anderen Beschwerden werden an den Beschwerderat weitergeleitet.

Der Beschwerderat prüft entweder in einem schriftlichen Verfahren oder einer mündlichen Verhandlung den erhobenen Vorwurf. Er kann die beschwerte Partei freisprechen, eine Ermahnung aussprechen oder eine öffentliche Rüge erteilen. In letzterem Fall stellen die Ausschlussempfehlung an den betreffenden Verband und die Information der zuständigen Aufsichtsbehörde zusätzliche Sanktionen dar. Gerade die Möglichkeit der Information der zuständigen Aufsichtsbehörde für den Datenschutz hat durch die Novellierung des Bundesdatenschutzgesetzes im Jahr 2009 erheblich an Bedeutung gewonnen, denn ein festgestellter Verstoß gegen die Vorschriften von § 30a BDSG – insbesondere gegen das darin normierte Anonymisierungsgebot in der Markt- und Meinungsforschung – stellt datenschutzrechtlich eine bußgeldbewehrte Ordnungswidrigkeit dar.

Natürlich sieht die Beschwerdeordnung des „Rates der Deutschen Markt- und Sozialforschung e.V." allein schon aus Gründen der Fairness und der Objektivität bei der Durchführung eines Beschwerdeverfahrens auch die Möglichkeit vor, juristischen Beistand hinzuzuziehen, Befangenheitsanträge zu stellen und die Wiederaufnahme des Verfahrens zu beantragen.

Mittlerweile, d.h. seit der Gründung im Jahr 2001, sind 69 Beschwerden (Stand: 30. September 2011) eingereicht worden, die – bei einigen noch anhängigen, also noch nicht entschiedenen Verfahren – insgesamt zu 22 öffentlichen Rügen geführt haben. Dabei macht der Beschwerderat seit der Novellierung des BDSG im Jahr 2009 zunehmend von der Möglichkeit Gebrauch, als zusätzliche Sanktion die zuständige Aufsichtsbehörde für den Datenschutz zu informieren, wenn das der Rüge zugrunde liegende berufsständische Fehlverhalten einen Verstoß gegen das Anonymisierungsgebot beinhaltet. Natürlich ist nicht davon auszugehen, dass bei erstmaligen Verstößen der Bußgeldrahmen, der gemäß § 43 BDSG bis zu 300.000 € beträgt, voll ausgeschöpft wird.

Jede Selbstregulierung einer Branche oder Profession ohne wirksame Selbstkontrolle ist ein „zahnloser Tiger". Aber erst fünfzig Jahre nach ihrer Formulierung wurde die Idee der Selbstkontrolle der Markt-, Meinungs- und Sozialforschung mittels eines Ehrengerichts mit der Gründung des „Rates der Deutschen Markt- und Sozialforschung e.V." realisiert. Natürlich enthalten die Satzungen der die Markt-, Meinungs- und Sozialforschung repräsentierenden Verbände im Rahmen der definierten Aufgaben und Ziele Formulierungen wie die folgende – ich zitiere aus der Satzung des ADM:

> „Bildung und Mitwirkung bei der Bildung von Einigungs- und Schlichtungsstellen zur Klärung von Meinungsverschiedenheiten in allen Bereichen der Markt- und Sozialforschung."

Bei dieser satzungsmäßigen Absichtserklärung ist es – wie bereits gesagt – fünfzig Jahre geblieben. An diesem Umstand trägt Clodwig Kapferer nur insofern eine Mitschuld, als er in seinem Vorschlag zur Schaffung einer Berufsinstanz dieser – neben der Überwachung der Einhaltung der Berufsordnung – ein ganzes Spektrum zum Teil sehr ambitionierter zusätzlicher Aufgaben zugewiesen hat. Darunter sind insbesondere die „Sorge für Veröffentlichungen im berufsständischen Interesse" und die „Vertretung berufsständischer Interessen der Regierung und der Öffentlichkeit gegenüber" – also Öffentlichkeitsarbeit und Lobbying – zu nennen. Bekanntlich hat es auch bis zur systematischen Wahrnehmung dieser Aufgaben durch die Verbände der Markt-, Meinungs- und Sozialforschung und die „Initiative Markt- und Sozialforschung e.V." eine lange Zeit gebraucht.

7 Schlussbemerkungen

Berufsnormen im Sinne von Clodwig Kapferer bzw. Qualitätsstandards nach heutiger Nomenklatur müssen einen methoden- und technikneutralen Beitrag zur Qualitätssicherung der Markt-, Meinungs- und Sozialforschung leisten. Sie müssen deshalb ausschließlich auf die Grundregeln wissenschaftlicher Forschung fokussiert sein. Weder dürfen sie bestimmte Forschungsmethoden oder Forschungstechniken gegenüber anderen privilegieren, noch dürfen sie der Entwicklung neuer Forschungsmethoden und Forschungstechniken und damit dem wissenschaftlichen Fortschritt entgegenstehen. Es gilt die Aussage, dass „viele Wege nach Rom führen". Aber Rom muss auch tatsächlich erreicht werden. Zumindest in der empirischen Markt-, Meinungs- und Sozialforschung ist die Aussage „der Weg ist das Ziel" nicht zielführend.

Ich darf zum Schluss ein letztes Mal aus dem Vortrag von Clodwig Kapferer anlässlich der „Weinheimer Tagung" im Jahr 1951 zitieren:

> „Die einzelnen Positionen werden vielleicht zu einer Kritik aufmuntern; und ich würde mich freuen, wenn diese Kritik dazu führt, dass wir wirklich einwandfreie, saubere Berufsnormen aufstellen, die innezuhalten dem seriösen Marktforscher eine Freude sein muss."

Diesen Worten ist aus meiner Sicht nur noch Folgendes hinzuzufügen: Die Selbstregulierung der Markt-, Meinungs- und Sozialforschung mit dem Ziel der Qualitätssicherung ist eine ständige, niemals endende Aufgabe.

Literatur

ADM Arbeitskreis Deutscher Markt- und Sozialforschungsinstitute e.V., Arbeitsgemeinschaft Sozialwissenschaftlicher Institute e.V. (ASI), BVM Berufsverband Deutscher Markt- und Sozialforscher e.V.; Frankfurt am Main, 1999: Standards zur Qualitätssicherung in der Markt- und Sozialforschung

ADM Arbeitskreis Deutscher Markt- und Sozialforschungsinstitute e.V., Arbeitsgemeinschaft Sozialwissenschaftlicher Institute e.V. (ASI), BVM Berufsverband Deutscher Markt- und Sozialforscher e.V., Deutsche Gesellschaft für Online-Forschung e.V. (DGOF); Frankfurt am Main, 2008: Erklärung für das Gebiet der Bundesrepublik Deutschland zum ICC/ESOMAR Internationalen Kodex für die Markt- und Sozialforschung

Berufsverband Deutscher Markt- und Sozialforscher e.V.; Berlin: BVM Handbuch der Institute und Dienstleister

Bundesdatenschutzgesetz in der Fassung der Bekanntmachung vom 14. Januar 2003 (BGBl. I S. 66), das zuletzt durch Artikel 1 des Gesetzes vom 14. August 2009 (BGBl. I S. 2.814) geändert worden ist.

Deutscher Fachverlag; Frankfurt am Main: p&a Handbuch der Markt- und Marketingforschung

DIN 77500:2003: Markt- und Sozialforschungs-Dienstleistungen

DIN EN 15707:2008: Printmedienanalysen – Begriffe und Dienstleistungsanforderungen

DIN ISO 20252:2006: Markt-, Meinungs- und Sozialforschung – Begriffe und Dienstleistungsanforderungen

ESOMAR; Amsterdam, 2007: ICC/ESOMAR Internationaler Kodex für die Markt- und Sozialforschung

Gesetzentwurf der Bundesregierung eines Gesetzes zur Fortentwicklung des Meldewesens vom 02.09.2011 (BR-Drucksache 524/11)

Institut zur Förderung öffentlicher Angelegenheiten e.V.; Frankfurt am Main, 1952: Empirische Sozialforschung. Meinungs- und Marktforschung. Methoden und Probleme

ISO 26362:2009: Access Panels in der Markt-, Meinungs- und Sozialforschung – Begriffe und Dienstleistungsanforderungen

Kaase, Max (Hrsg.); Berlin, 1999: Qualitätskriterien der Umfrageforschung. Denkschrift der Deutschen Forschungsgemeinschaft

Kapferer, Clodwig; 1952: Berufsnormen in der Marktforschung. In: Institut zur Förderung öffentlicher Angelegenheiten e.v.; Frankfurt am Main: Empirische Sozialforschung, S. 138ff

Kapferer, Clodwig; Hamburg, 1994: Zur Geschichte der deutschen Marktforschung

Regierung von Oberbayern; 26.09.1980: Aktenzeichen 200-D-1194

Sahner, Heinz (Hrsg.); Baden-Baden, 2002: Fünfzig Jahre nach Weinheim. Empirische Markt- und Sozialforschung gestern, heute, morgen

Sittenfeld, Hans; 1952: Zur Einführung. In: Institut zur Förderung öffentlicher Angelegenheiten e.V.; Frankfurt am Main: Empirische Sozialforschung, S. 15ff

Wiegand, Erich; 2002: Qualitätsmanagement des Forschungsprozesses. In: Sahner, Heinz (Hrsg.); Baden-Baden: Fünfzig Jahre nach Weinheim, S. 135ff

Webadressen

www.adm-ev.de ADM Arbeitskreis Deutscher Markt- und Sozialforschungsinstitute e.V.

www.asi-ev.org Arbeitsgemeinschaft Sozialwissenschaftlicher Institute e.V. (ASI)

www.bvm.org BVM Berufsverband Deutscher Markt- und Sozialforscher e.V.

www.dgof.de Deutsche Gesellschaft für Online-Forschung e.V. (DGOF)

www.rat-marktforschung.de Rat der Deutschen Markt- und Sozialforschung e.V.

www.deutsche-marktforscher.de Initiative Markt- und Sozialforschung e.V.

Herausforderungen und Chancen beim Zusammentreffen von Datenschutz und Umfrageforschung aus rechtlicher Sicht

Ralf Tscherwinka
Fachanwalt für Arbeitsrecht, Handels- und Gesellschaftsrecht

I Auswahl und Eingrenzung der Themen dieses Vortrags

Herzlichen Dank für Ihre Einladung, zu den Herausforderungen und den Chancen beim Zusammentreffen von Datenschutz und Umfrageforschung aus rechtlicher Sicht hier vortragen zu dürfen.

Ich werde Umfrageforschung dabei stets umfassend – Ihrer Einladung folgend – als Markt- und Sozialforschung verstehen. Wenn ich differenzierte Aspekte für Markt- oder Sozialforschung anspreche, werde ich das deutlich machen. Der Titel meines Arbeitsauftrags hätte natürlich auch lauten können: Herausforderungen und Chancen, innerhalb einer halben Stunde von Datenschutz und Umfrageforschung zu berichten. Sehen Sie mir deshalb bitte nach, dass mein Vortrag eine Auswahl und ein Überblick sein muss.

Neben datenschutzrechtlichen Aspekten gibt es natürlich noch viele weitere Rechtsgebiete, in denen sich die Umfrageforschung Herausforderungen und Chancen ausgesetzt sieht. Aufgrund der Kürze der Zeit will ich hier nur in wenigen Beispielen auf andere Rechtsgebiete zu sprechen kommen, mich aber ansonsten auftragsgemäß auf das Datenschutzrecht konzentrieren.

Die Umfrageforschung ist von datenschutzrechtlichen Herausforderungen und Chancen in besonderer Weise betroffen. Das beginnt bereits bei der gesetzlichen Verpflichtung zur Bestellung eines Datenschutzbeauftragten. Grundsätzlich macht das Bundesdatenschutzgesetz die Verpflichtung zur

Bestellung eines Beauftragten für den Datenschutz davon abhängig, wie viele Personen ständig mit der automatisierten Verarbeitung personenbezogener Daten beschäftigt sind (§4 f Abs. 1 Sätze 1 bis 4 BDSG). Unabhängig von der Anzahl der Beschäftigten sieht der Gesetzgeber aber Bereiche, in denen er eine besondere Gefährdung für die Persönlichkeitsrechte der Betroffenen befürchtet, insbesondere dort, wo personenbezogene Daten geschäftsmäßig zum Zwecke der personenbezogenen oder auch nur anonymisierten Übermittlung automatisiert verarbeitet werden (§4 f Abs. 1 Satz 6 BDSG). Bei dieser Regelung sind ausdrücklich Markt- und Meinungsforschungsinstitute genannt, die unabhängig von der Anzahl der mit der automatisierten Verarbeitung beschäftigten Personen einen Beauftragten für den Datenschutz zu bestellen haben.

Dieses kleine Beispiel mag Ihnen verständlich machen, weshalb es sinnlos wäre, zwischen allgemein relevanten datenschutzrechtlichen Bereichen und zum anderen solchen zu unterscheiden, die ausschließlich Marktforschungsinstitute betreffen, also z.B. §30 a BDSG, auf den ich später natürlich im Einzelnen eingehen werde. Zum einen – siehe Bestellung eines Datenschutzbeauftragten – ist die Umfrageforschung von datenschutzrechtlichen Verpflichtungen in besonderer Weise betroffen, zum anderen sind nach meiner Überzeugung umfrageforschungsspezifische Datenschutzprobleme nicht angemessen zu beantworten, ohne Sinn und Zweck des Datenschutzes in seiner Gesamtheit zu berücksichtigen und ohne die systematischen Zusammenhänge des Bundesdatenschutzgesetzes heranzuziehen.

So werde ich also zunächst mit Ihnen einen kurzen Streifzug durch die wesentlichen Grundlagen des Datenschutzrechtes machen (II.). Danach schildere ich ausgewählte datenschutzrechtliche Fragestellungen, denen sich nach meiner täglichen Erfahrung Umfrageforschungsinstitute in besonderer Weise ausgesetzt sehen (III.). Schließlich entführe ich Sie zu den Fragestellungen, die man – mit den oben erwähnten Vorbehalten – als umfragespezifische Datenschutzrechtsprobleme betrachten kann (IV.). Abschließen möchte ich meinen Vortrag mit einigen standesrechtlichen Problemzonen (V.).

II Grundlagen des Datenschutzrechts

1 Bundesdatenschutzgesetz

Meines Erachtens lohnt es sich bei allen Rechtsfragen immer wieder, zu den Grundlagen zurückzukehren. Auch der Blick ins Gesetz kann nichts schaden. Schon im ersten Semester lernen wir Juristen den spöttischen Lehrsatz: „Ein Blick ins Gesetz erleichtert die Rechtsfindung."

Zentrale Rechtsquelle ist das Bundesdatenschutzgesetz, das erstmals am 01. Januar 1978 in Kraft getreten ist. Es wurde mehrfach geändert, etwa in der Novellierung des Jahres 2009[1], in welcher §30 a BDSG (geschäftsmäßige Datenerhebung und Speicherung für Zwecke der Markt- und Meinungsforschung) eingefügt wurde. Zum Arbeitnehmerdatenschutz wurde zwischenzeitlich §32 BDSG eingefügt, der sich eines heftigen Streits in Rechtsprechung und Kommentarliteratur erfreut. Seit Monaten wird über den Entwurf eines Beschäftigtendatenschutzgesetzes gestritten. Zutreffend hat die Frankfurter Allgemeine Zeitung am 11. November 2011 diesen Entwurf wie folgt bezeichnet: „.... ein Entwurf zum Beschäftigtendatenschutzgesetz, der die Zeichen der Zeit nicht einmal im Ansatz erkannt hat und gestriger kaum sein könnte."

Nach §1 BDSG ist es der Zweck des Bundesdatenschutzgesetzes, den Einzelnen davor zu schützen, dass er durch den Umgang mit seinen personenbezogenen Daten in seinem Persönlichkeitsrecht beeinträchtigt wird. Der Datenschutz erschöpft sich nicht im Schutz von Daten, sondern beabsichtigt den Schutz des einzelnen Betroffenen. Sein Recht auf informationelle Selbstbestimmung macht ihn zum Herrn der ihn betreffenden Daten. Nach einer Entscheidung des Bundesverfassungsgerichts[2] steht jedem ein Grundrecht auf Gewährleistung der Vertraulichkeit und Integrität informationstechnischer Systeme zu. Natürlich treten diese Rechte bei der Datenverarbeitung von privaten Unternehmen, die Daten erheben und verarbeiten, immer wieder in Konflikt mit Informations- und Informationsverarbeitungsrechten sowie z.B. dem Recht auf Eigentumsfreiheit und die unternehmerische bzw. Berufsausübungsfreiheit. Das Recht muss diese Konflikte im Einzelfall auflösen.

2 Grundsatz: Verbot mit Erlaubnisvorbehalt

Das deutsche Datenschutzrecht steht unter der Überschrift: „Verbot mit Erlaubnisvorbehalt". Alles, was nicht ausdrücklich erlaubt ist, ist verboten. Gemäß §4 Abs. 1 BDSG sind die Erhebung, Verarbeitung und Nutzung personenbezogener Daten nur zulässig, soweit dieses Gesetz oder eine andere Rechtsvorschrift dies erlaubt oder anordnet oder der Betroffene eingewilligt hat.

Rechtsgrundlage für die Verarbeitung personenbezogener Daten ist also stets entweder

- eine Einwilligung oder
- eine „andere Rechtsvorschrift". Es war lange Zeit umstritten, ob eine solche andere Rechtsvorschrift auch eine Betriebsvereinbarung sein kann. Dies hat die herrschende Meinung seit längerem bejaht, der aktuell vorliegende Entwurf des Beschäftigtendatenschutzgesetzes bestätigt Betriebsvereinbarungen als „andere Rechtsvorschriften". Streitig ist aber nach wie vor, ob eine Betriebsvereinbarung das Niveau des Bundesdatenschutzgesetzes nicht unterschreiten darf (was von manchen aus Flexibilitätsgründen beklagt wird) oder ob kollektive Betriebsvereinbarungen (was ich für selbstverständlich halte) die Rechte der individuellen Betroffenen gerade nicht einschränken dürfen.

3 Europäische Datenschutzrichtlinie

Wichtig ist die Europäische Datenschutzrichtlinie 95/46/EG vom 24. Oktober 1995[3]. Für kommendes Jahr erwarten wir eine weitere Europäische Datenschutzrichtlinie.

Die spannende Frage ist, ob eine EU-Richtlinie dem nationalen Gesetzgeber Spielraum bei der Konkretisierung der einzelnen Normen lässt – und wenn ja, welchen – oder ob die Richtlinie eine Vollharmonisierung verlangt.

Vollharmonisierung bedeutet, dass der nationale Gesetzgeber gerade keinen Flexibilitätsspielraum hat, sondern die Regelungen 1 : 1 übernehmen muss und somit weder ein niedrigeres noch ein höheres Schutzniveau (was ja dann zu nationalen Unterschieden führen könnte) schaffen darf. Der deutsche Gesetzgeber geht ganz offenkundig nicht von einer Pflicht zur Vollharmonisierung aus, wie zahlreiche Vorschriften, die von der Europäischen Datenschutzrichtlinie abweichen, beweisen. Ich will hier nur anmerken, dass diese Auffassung des deutschen Gesetzgebers heftig umstritten ist und nach meinem Verständnis die zutreffende Rechtsprechung des EuGH bevorzugenswert erscheint, nach welcher die Ausrichtung der nationalen Rechtsvorschriften durch die Datenschutzrichtlinie zu einer „grundsätzlich umfassenden Harmonisierung" führt[4].

4 Weinheimer Tagung 1951

Neben vielen anderen Rechtsquellen das Datenschutzrechts, die man im Sozialgesetzbuch, im Telekommunikationsgesetz und im Strafrecht in Artikel 8 der Grundrechte-Charta der Europäischen Union, in der Rechtsprechung des Europäischen Gerichtshofs und in der Europäischen Menschenrechtskonvention finden kann, erscheint mir *eine* Quelle des Datenschutzes von herausragender Bedeutung: die Weinheimer Tagung 1951.

Sie werden einwenden: Aber da gab es doch nicht einmal einen Vortrag zum Datenschutz. Geschweige denn war das Bundesdatenschutzgesetz damals in Kraft. Eine ausführliche Erörterung datenschutzspezifischer Themen hat doch gar nicht stattgefunden. Falsch, sage ich Ihnen. In der Eröffnungsrede zur Arbeitstagung hat der Präsident der damaligen Arbeitstagung, Leopold von Wiese, auf Seite 25 folgende datenschutzrechtliche Grundsteinlegung betrieben:

> „Sie werden zu mir sagen, Sie brauchen uns durchaus nicht erst zu belehren, dass der Mensch, unser Untersuchungsgegenstand, ein empfindliches, veränderliches, in manchem rätselhaftes Instrument im Sinne Hamlets ist, der fragt: „Denkst Du, dass auf mir leichter zu spielen ist als auf einer Flöte?".

Wie könnte man die Schutzbedürftigkeit des sensiblen Persönlichkeitsrechts („empfindliches, veränderliches, in manchem rätselhaftes Instrument") und die Notwendigkeit des Schutzes vor unkontrolliertem Umgang mit personenbezogenen Daten („Denkst Du, dass auf mir leichter zu spielen ist als auf einer Flöte") bestechender, überzeugender und aufwühlender formulieren?

III Datenschutzrechtliche Herausforderungen der Umfrageinstitute

1 Datentransfer zwischen verbundenen Unternehmen

Heikel ist die Frage nach der Zulässigkeit von Datenübertragungen innerhalb verbundener Unternehmen. Gemäß §3 Abs. 7 BDSG ist jedes einzelne Unternehmen als verantwortliche Stelle anzusehen und damit dessen rechtliche Selbständigkeit maßgebend. Selbstverständlich wird in Konzernen erwartet, dass Daten von Mitarbeitern, Kunden u.s.w. von Tochtergesellschaften an Muttergesellschaften übertragen werden. Typische Beispiele sind konzernweiter Personaleinsatz, Telefon- und Unternehmensverzeichnisse im Konzernverbund, Skill-Datenbanken, Matrixstrukturen und dergleichen mehr. Obwohl in verbundenen Unternehmen vielfältige Datenübertragungen anzutreffen sind: Ein sogenanntes Konzernprivileg für konzerninterne Datentransfers unter verbundenen Unternehmen existiert nicht. Die gesetzliche Erlaubnisnorm etwa von §32 BDSG hilft nur begrenzt weiter, weil sie die Übermittlung personenbezogener Daten eines Beschäftigten unter den Vorbehalt stellt, dass dies für die Begründung des Beschäftigungsverhältnisses oder nach Begründung des Beschäftigungsverhältnisses für dessen Durchführung oder Beendigung erforderlich ist. Die Erforderlichkeit wird in der Regel nur dann bejaht, wenn das Arbeitsverhältnis Konzernbezug aufweist, also der Mitarbeiter sich z.B. zum konzernweiten Einsatz bereit erklärt hat[5]. Eine rechtlich privilegierte Auftragsdatenverarbeitung im Sinne von §11 BDSG scheidet in der Regel aus, weil bei der Datenübertragung von der Tochtergesellschaft auf die Muttergesellschaft stets die Muttergesellschaft die Entscheidungsbefugnis über die Daten behalten will und sich nicht von der Tochter vorschreiben lassen möchte, was sie mit den Daten anstellen darf. Welche Mutter lässt sich schon von ihrer Tochter vorschreiben, was sie tun und lassen soll?

2 Datentransfer ins Ausland

Dies vor Augen wird man sich erst bewusst, wie problematisch die Übermittlung von Daten für Unternehmen, die nicht miteinander verbunden sind, ins Ausland sich darstellt.

a) Die Europäische Datenschutzrichtlinie harmonisiert den Datenschutz innerhalb der EU/des EWR. Behinderungen und Beschränkungen des freien Verkehrs personenbezogener Daten zwischen den Mitgliedstaaten sind untersagt. Die Zulässigkeit der Datenübermittlung ist also im Anwendungsbereich der Richtlinie allein an die Erlaubnistatbestände von §4 BDSG geknüpft, d.h. eine Einwilligung oder eine Rechtsvorschrift, die eine Datenübermittlung erlaubt[6].

b) Datenübermittlungen in Drittstaaten dürfen gemäß §4 b Abs. 2 BDSG allerdings nur stattfinden, wenn der Betroffene kein schutzwürdiges Interesse an dem Ausschluss der Übermittlung hat. Datenübermittlungen in Drittländer sind unzulässig, wenn das Drittland kein angemessenes Datenschutzniveau gewährleistet. Nach Artikel 25 Abs. 6 EU-Datenschutzrichtlinie kann die Europäische Kommission für einzelne Staaten verbindlich feststellen, dass dieses Drittland ein angemessenes Datenschutzniveau ausweist und hat hiervon für Argentinien, Australien, Kanada, die Schweiz und partiell für die USA (Safe Harbor Vereinbarung) Gebrauch gemacht. Ein angemessenes Schutzniveau kann auch dann bestehen, wenn zwischen den verantwortlichen Stellen die von der Kommission verabschiedeten Standardvertragsklauseln zur Gewährleistung der Schutzinteressen der Betroffenen vereinbart werden. Überdies können nach dem BDSG auch konzernweit verbindliche Unternehmensregelungen als Schutzgarantien dienen.

c) Gemäß §3 Abs. 8 Satz 3 BDSG sind Auftragsdatenverarbeiter keine Dritten im Sinne des BDSG, wenn die Stelle im Inland, innerhalb EU oder EWR belegen ist. Dienstleister, deren Sitz sich außerhalb dieses Territoriums befindet, gelten jedoch als „Dritte". Aufgrund der Einstufung dieser Dienstleister als Dritte ist eine Datenübertragung entlang der erleichternden, privilegierenden Vorgaben von §11 BDSG nicht zulässig. Für rechtmäßige Datenübertragungen bedarf es dann des Vorliegens der allgemeinen Zulässigkeitsvoraussetzungen der §§4, 4 b Abs. 2 in Verbindung mit §28 ff., 4 c BDSG und damit insbesondere eines Erlaubnistatbestands zur Datenübermittlung. Sollen darüber hinaus auch besondere Arten personenbezogener Daten im Sinne von §3 Abs. 9 BDSG von Dienstleistern außerhalb EU/EWR verarbeitet werden, ist dies im Bereich der Wirtschaft faktisch allein über Einwilligung der Betroffenen legitimierbar, vergleiche §28 Abs. 6 BDSG.

d) Es bedarf also einer zweistufigen Prüfung:
(1) In einer ersten Prüfungsstufe muss der Auftraggeber (unabhängig vom Auslandsdatentransfer) prüfen, ob die Übermittlung nach Maßgabe des in §4 Abs. 1 BDSG niedergelegten Verbots mit Erlaubnisvorbehalt zulässig ist, d.h. ob die Übermittlung durch ein Gesetz oder eine

andere Rechtsvorschrift erlaubt ist oder eine Einwilligung der Betroffenen vorliegt.

(2) Bei Auslandsübermittlung personenbezogener Daten folgt eine zweite Prüfungsstufe, die sich darauf bezieht, ob die von der Übermittlung betroffenen Personen durch die Weitergabe ihrer Daten ins Ausland unverhältnismäßige Eingriffe in ihre Persönlichkeitsrechte erfahren. Das ist nicht der Fall, wenn bei der empfangenden Stelle ein angemessenes Datenschutzniveau gewährleistet ist. Ein angemessenes Datenschutzniveau kann auch durch vertragliche Vereinbarung mit dem jeweiligen Empfänger, die ihn zu einem weitergehenden Schutz der personenbezogenen Daten verpflichten, gewährleistet werden, insbesondere EU-Standardvertragsklauseln.

e) Diese Differenzierung zwischen Dritten innerhalb und außerhalb von EU/EWR findet natürlich erheblich Kritik. Es wird in der Fachliteratur versucht, dieses Regelungsdilemma dadurch zu lösen, dass man eine modifizierte Interessenabwägung nach §28 BDSG vornimmt, dass man über eine richtlinienkonforme Auslegung weiterkommen möchte oder eine Analogie zu §3 Abs. 8 BDSG vornimmt. All diese Interpretationsversuche sind aber alles andere als rechtssicher und sehr umstritten.

Der deutsche Gesetzgeber hat keine erforderlichen gesetzlichen Rahmenbedingungen geschaffen, um Standardvertragsklauseln effektiv im Bundesdatenschutzgesetz zu implementieren[7]. Der Bundesrat hat einen Vorschlag vorgelegt, wonach Auftragsdatenverarbeiter in solchen Drittländern vom Begriff des Dritten in §3 Abs. 8 Satz 3 BDSG auszunehmen seien, hinsichtlich derer „die Kommission ein angemessenes Datenschutzniveau festgestellt hat"[8].

f) Nach §1 Abs. 5 Satz 2 BDSG finden die Bestimmungen des BDSG Anwendung, sobald eine verantwortliche Stelle, die nicht in einem Mitgliedstaat der EU oder in einem anderen Vertragsstaat des Abkommens über den Europäischen Wirtschaftsraum belegen ist, personenbezogene Daten im Inland erhebt, verarbeitet oder nutzt. Nach dem klaren Wortlaut des Gesetzes kommt es hierfür nicht darauf an, ob die betreffende Stelle über im Inland belegene Speicher oder Datenleitungen verfügt.

Das OLG Hamburg bejaht die Anwendbarkeit des BDSG auch dann, wenn die Forenbeiträge eines Internetforums zwar ausschließlich auf Servern gespeichert sind, die sich außerhalb der EU befinden, sie aber in der Bundesrepublik abgerufen werden können und sollen[9]. Nach Ansicht des OLG Hamburg findet allein dadurch eine Datenverarbeitung in

Deutschland statt, dass personenbezogene Daten von einer Website in Deutschland abgerufen werden können[10].

3 Cloud

Angesichts der Probleme inländischer Datenübermittlung selbst bei verbundenen Unternehmen innerhalb eines Konzerns und der nur mühsam oder gar nicht eingrenzbaren rechtlichen Probleme bei der grenzüberschreitenden Datenübermittlung ins nicht-europäische Ausland frage ich Sie: Wie schätzen Sie nun die rechtliche Zulässigkeit der Einspeisung von Daten in die sogenannte Cloud ein?

Seit Reinhard Mey wissen wir: „Über den Wolken muss die Freiheit wohl grenzenlos sein." Wenn Sie mir nun sagen: Es gehe doch gerade nicht um die Freiheit „über den Wolken", sondern um die Zulässigkeit „in der Cloud", dann entgegne ich Ihnen, dass das Wort Cloud ein Euphemismus, jedenfalls eine Verharmlosung darstellt, der wohl zutreffende Begriff müsste lauten „Orbit" oder „Galaxie".

a) Bei der Cloud geht es darum, dass IT-Ressourcen (Anwendungs- oder Systemsoftware und/oder Hardware) dezentral über das Internet (der Wolke) zur Verfügung gestellt werden. Angepriesen werden die Cloud-Modelle als „Geschäftsanwendungen für Unternehmen aller Größen über das Internet". Vorteile liegen im Bereich von Speicherkapazitäten, Verwaltung von Dokumenten, Speicherung von Kunden-, Personal- und Bewerberdaten und ganz allgemein, für die schier unbegrenzte Zurverfügungstellung von IT-Ressourcen für ein bestimmtes Unternehmen (Private Cloud) oder die Allgemeinheit (Public Cloud) geradezu auf der Hand. Die Steuerung ganzer Unternehmensbereiche über die Cloud ist möglich.

b) Erinnern wir uns daran, dass die Übermittlung von Daten entweder einer ausdrücklichen Einwilligung bedarf oder einer gesetzlichen Erlaubnisnorm. Erinnern wir uns ferner daran, dass das Bundesdatenschutzgesetz auch anwendbar ist, wenn es sich um eine verantwortliche Stelle handelt, die nicht in einem Mitgliedstaat der EU oder in einem anderen Vertragsstaat des Abkommens über den EWR belegen ist. Bei Beschäftigtendaten findet bei einem deutschen Arbeitgeber auf der Grundlage der aktuellen Rechtslage daher stets das BDSG Anwendung[11]. Für Kundendaten dürfte in der Regel nichts anderes gelten: Verantwortliche Stelle bleibt das in Deutschland bzw. im EU-Raum befindliche Auftraggeber- bzw. Marktforschungsunternehmen.

Eine Berufung auf §11 BDSG scheitert bei einer Cloud in der Regel daran, dass in der Praxis eine Umsetzung der Anforderungen der Auftragsdatenverarbeitung nach §11 Abs. 2 und Abs. 3 BDSG nicht realistisch ist. Hierzu gehört der schriftliche Auftrag, in dem Gegenstand und Dauer des Auftrags, Umfang, Art und Zweck der Auftragsdatenverarbeitung, Art der Daten sowie der Kreis der Betroffenen, Pflichten des Auftragnehmers (Kontrollen und Unterauftragsverhältnisse), Kontrollrechte des Auftraggebers etc. vereinbart werden müssen. Es ist unrealistisch, davon auszugehen, dass weltweit tätige Cloud-Anbieter mit einem deutschen Unternehmen einen §11 BDSG Vertrag abschließen, in dem sie sich Kontrollrechten, vielleicht sogar Vorortkontrollen des deutschen Unternehmens unterwerfen – und zwar für jedes Unternehmen in einem einzelnen §11 BDSG-Vertrag. Die großen Cloud-Anbieter werden sich, jedenfalls deuten Pressemitteilungen eindeutig darauf hin, entsprechenden Weisungen eines einzelnen Auftraggebers nicht unterwerfen. Die Auftragsdatenverarbeitungslösung erscheint bei der Cloud zwar grundsätzlich denkbar, ist jedoch aufgrund der erforderlichen Konkretisierung der vertraglichen Regelungen einerseits und der praktischen Situation andererseits vollkommen unrealistisch.

c) US-Behörden können legalisiert durch den US Patriot Act Zugriff auf Daten in der Cloud haben, auch wenn diese innerhalb der Europäischen Union gespeichert sind. Bisher konnte mir noch niemand erklären, wie diese einseitigen Zugriffsmöglichkeiten mit deutschen oder europäischen Datenschutzregelungen in Einklang gebracht werden können. Dem US Patriot Act kann man immerhin noch zugute halten, dass er offenbart, was sicherlich auch für viele andere technisch kein Problem bereitet.

d) Im Übrigen möchte ich an dieser Stelle daran erinnern, dass die Einführung von Cloud Computing-Anwendungen gemäß §87 Abs. 1 Nr. 1 und Abs. 1 Nr. 6 Betriebsverfassungsgesetz mitbestimmungspflichtig ist. Denn durch die Einführung von Cloud Computing-Anwendungen lassen sich mit Hilfe der dabei eingesetzten Software grundsätzlich die Verhaltens- und Leistungsdaten der die Cloud nutzenden Arbeitnehmer erfassen und Aussagen über deren Verhalten und Leistung verarbeiten.

e) Vor Einführung von Cloud Computing-Anwendungen ist der Datenschutzbeauftragte zu informieren, §4 g Abs. 1 Satz 4 Nr. 1 BDSG. Es handelt sich hier um einen Vorgang von datenschutzrechtlicher Erheblichkeit. Die Information an den Datenschutzbeauftragten muss zu einem Zeitpunkt erfolgen, zu dem es ihm noch möglich ist, den Einsatz von Cloud Computing den Anregungen des Datenschutzbeauftragten entsprechend auszugestalten.

4   Compliance, Datenschutz und Arbeitsrecht

Der Dualismus, das Zusammenspiel und die Widersprüchlichkeit von unternehmerischen Compliancepflichten und datenschutzrechtlichen Geboten und Verboten darzustellen, würde den Rahmen meines Vortrags endgültig sprengen. Vielleicht ergibt sich hierzu Gelegenheit in der Diskussion.

Lassen Sie mich stattdessen kurz aufzeigen, auf welche Abwege die datenschutzrechtliche Diskussion inzwischen abgedriftet ist. In manchen Seminaren und Fachzeitschriften wird inzwischen – nicht nur anekdotisch – die Frage aufgeworfen, ob der morgendliche Gruß im Unternehmen „Wie geht es Ihnen?" schon zum datenschutzrechtlichen Problem führt. Der Arbeitsrechtler Preis[12] meinte, dies zeige, „wie verfahren die Situation ist". Dass der Gesetzgeber nun versucht, Daten, „die Gegenstand sozialüblicher innerbetrieblicher Kommunikation" sind, von dem Anwendungsbereich des Beschäftigtendatenschutzgesetzes auszunehmen, macht das Ganze nicht besser.

Wesentliche und alltägliche Fragen des betrieblichen Datenschutzes im Konzern, bei der Auslandsdatenverarbeitung und in der Cloud werden vom Beschäftigtendatenschutzgesetz-Entwurf nicht geregelt, zum Teil nicht einmal angesprochen. Zum anderen werden Gesetzesvorschläge vorgelegt, bei denen der Gesetzgeber selbst nicht weiß, ob er die Rechtsprechung aufrechterhalten oder ändern will und macht, wie das genannte Beispiel zeigt, aus dem meines Erachtens berechtigten und eminent wichtigen Datenschutz eine kleine Münze.

Dabei gibt es z.B. längst umfassende Humankapital-Analyseprodukte zur Sammlung aller erfassbaren Daten eines Mitarbeiters, natürlich auch für Mitarbeiter- und Kundenprofile. Der Wert des Einzelnen und seine Performance können errechnet und auch vergleichend grafisch dargestellt werden. Algorithmen liefern auf Knopfdruck Verbesserungen für die Optimierung der Arbeitsvorgänge, „Superconnectors" ermitteln, wo der Informationsfluss im Unternehmen stockt und vergleichen Profile erfolgreicher Mitarbeiter.

Der Telekomskandal und Schnüffelei in Telefonverbindungen der Mitarbeiter erscheinen dagegen „wie aus einer anderen Zeit"[13].

5 Was sind personenbezogene Daten?

Grundlegend für das Verständnis und die Anwendung des Bundesdatenschutzgesetzes ist der Umgang mit sogenannten personenbezogenen Daten (§1 Abs. 1 BDSG).

Personenbezogene Daten sind Einzelangaben über persönliche oder sachliche Verhältnisse einer bestimmten oder bestimmbaren natürlichen Person (Betroffener), §3 Abs. 1 BDSG.

Personenbezogene Daten sind z.b. Name, Ausweisnummer, Versicherungsnummer oder Telefonnummer.

Das Bundesdatenschutzgesetz stellt Angaben über persönliche Verhältnisse einer bestimmten oder bestimmbaren natürlichen Person gleich.

Über die Frage, wie Bestimmbarkeit ermittelt und definiert wird, streiten sich die Vertreter der Theorie des relativen Personenbezugs mit den Vertretern der Theorie des absoluten Personenbezugs.

Nach der Theorie des relativen Personenbezugs ist ein Datum personenbezogen nur für Stellen, die über das zur Identifikation erforderliche Zusatzwissen verfügen. Für andere Stellen, die über keinen Zugang zu diesem Zusatzwissen verfügen, sei somit ein Personenbezug nicht gegeben. Demnach wäre es also möglich, dass ein Datum für die eine Stelle personenbezogen ist, für eine andere jedoch nicht[14]. Die verantwortliche Stelle muss den Bezug mit den ihr normalerweise zur Verfügung stehenden Hilfsmitteln und ohne unverhältnismäßigen Aufwand durchführen können[15]. Werden anonyme Daten an eine Stelle übermittelt, die in der Lage ist, den Personenbezug herzustellen, sei allerdings auch nach Vertretern dieser Theorie der Übermittlungstatbestand des BDSG erfüllt[16]. Daten, die von Markt- und Sozialforschungsinstituten zur Erstellung von „Random-Stichproben" erhoben werden, können personenbezogene Daten sein. Ist die Herstellung eines solchen Personenbezugs beabsichtigt, so handelt es sich um personenbezogene Daten. Ist dies nicht beabsichtigt und können allenfalls Dritte hieran ein Interesse im Hinblick auf Einzelfälle haben, so reicht dies nach zutreffender Meinung nicht aus, um die Daten zu personenbezogenen Daten zu machen; demnach sind Kriterien wie Wahrscheinlichkeit, Verhältnismäßigkeit und Risikoanalyse im Einzelfall zu prüfen[17].

Die Vertreter der Theorie des absoluten Personenbezugs sind der Auffassung, dass ein Datum bereits dann personenbezogen sei, sobald auch nur eine Stelle über das zur Identifikation erforderliche Zusatzwissen verfüge[18]. Eine Bestimmbarkeit im Sinne von §3 Abs. 1 BDSG sei selbst dann anzunehmen, wenn ein personenbezogenes Datum von einer Stelle verarbeitet wird, welches selbst nicht über eine Zuordnungsmöglichkeit verfügt.

Vielfach wird behauptet, die EU-Datenschutzrichtlinie unterstützte die Auffassung des relativen Personenbezugs. Das kann ich so nicht teilen. Nach der EU-Datenschutzrichtlinie sei eine Person als bestimmbar anzusehen, „die direkt oder indirekt identifiziert werden kann, insbesondere durch Zuordnung zu einer Kennnummer oder zu einem oder mehreren spezifischen Elementen, die Ausdruck ihrer physischen, physiologischen, psychischen, wirtschaftlichen, kulturellen oder sozialen Identität sind[20]. Auch die Auslegungshilfe des Erwägungsgrunds Nr. 26 lässt meines Erachtens alle Fragen offen: „Dass bei der Entscheidung, ob eine Person bestimmbar ist, ... alle Mittel berücksichtigt werden (sollten), die vernünftigerweise entweder von dem Verantwortlichen für die Verarbeitung oder von einem Dritten eingesetzt werden könnten, um die betreffende Person zu bestimmen."

IV Umfragespezifischer Datenschutz

1 Mithören von Telefoninterviews

Telefonische Befragungen sind seit vielen Jahren eine wichtige Methode der Datenerhebung in der Markt-, Meinungs- und Sozialforschung. Das stichprobenartige Mithören telefonischer Interviews ist ein unverzichtbares Instrument der Qualitätssicherung. Es muss im Einzelfall vom Interviewer unbemerkt erfolgen, weil es wichtig ist, das „normale" Verhalten des Interviewers zu überprüfen. In der Richtlinie für telefonische Befragungen hat der ADM eine sehr differenzierte Regelung vorgegeben, in der das Mithören zu wissenschaftlich-methodischen Zwecken, das externe Mithören, die Information der Interviewer, Belange der Befragten und die Aufzeichnung telefonischer Interviews im Einzelnen dargelegt werden.

a) Die Notwendigkeit des Mithörens von Telefoninterviews ergibt sich meines Erachtens nicht nur aus dem Aspekt der Qualitätssicherung, sondern auch – damit zusammenhängend – mit dem Nachweis der ordnungsgemäßen, vertragsgemäßen Interviewdurchführung, also der ordnungsgemäßen Vertragserfüllung gegenüber dem Auftraggeber. Wie sonst als durch Mithören kann die ordnungsgemäße Durchführung von Interviews nachgewiesen werden? Nachtelefonate und Indizien aus den Auswertungsergebnissen können allenfalls Sekundärbeurteilungen ermöglichen; die primäre Quelle für die Kontrolle der ordnungsgemäßen Interviewdurchführung kann einzig und allein das Mithören sein.

Das heimliche Mithören zur Qualitätskontrolle ist nach der Rechtsprechung des Bundesverfassungsgerichts regelmäßig mit dem Anspruch des Mitarbeiters auf Persönlichkeitsschutz nicht zu vereinbaren[19]. Auch das Allgemeine Persönlichkeitsrecht des Gesprächspartners eines Telefonats wird verletzt, wenn ein Telefongespräch heimlich mitgehört wird[21]: „Durch das zielgerichtete heimliche Mithörenlassen von Telefongesprächen durch Dritte wird das aus Artikel 2 Abs. 1 und Artikel 1 Abs. 2 GG hergeleitete zivilrechtliche Allgemeine Persönlichkeitsrecht des Gesprächspartners verletzt, der vom Mithören keine Kenntnis hat."

Regelmäßig holen Marktforschungsinstitute von den Telefoninterviewern schriftliche Einwilligungserklärungen zum Mithören ein. Eine lediglich bei Vertragsabschluss einmal unterzeichnete Einwilligungserklärung wird dabei nicht ausreichen. Die Einwilligungserklärung muss aktuell sein. Ihre Wirksamkeit hängt von vollständiger Information und Freiwilligkeit ab. In der arbeitsrechtlichen Literatur wird wohl überwiegend die Auffassung vertreten, dass es im Arbeitsrecht keine freiwillige Einwilligung von Arbeitnehmern gibt, da Arbeitnehmer stets in einer Abhängigkeitsposition stehen, die dazu führt, dass Einwilligungserklärungen mangels Freiwilligkeit von vornherein unwirksam und unzulässig sind.

Die Einwilligung des Interviewers schließt im übrigen den Tatbestand des heimlichen Mithörens gemäß §201 StGB und eine Verletzung des Allgemeinen Persönlichkeitsrechts nur gegenüber dem einwilligenden Interviewer selbst aus, nicht gegenüber einer dritten Person, nämlich der angerufenen Person.

Gemäß §201 StGB wird insbesondere bestraft, wer unbefugt das nicht zu seiner Kenntnis bestimmte nicht-öffentlich gesprochene Wort eines anderen mit einem Abhörgerät abhört ... (§201 Abs. 2 Nr. 1 StGB). Vertraulichkeit wird nicht vorausgesetzt. Abhörgeräte im Sinne von § 201 Abs. 2 StGB sind nach derzeit herrschender BGH-Rechtsprechung[22] nicht Telefongeräte oder Zusatzeinrichtungen, die das Mithören von Telefongesprächen ermöglichen (Zweithörer, Zweitgerät, Lautsprecher, „sonstige Mithöreinrichtungen"). Ob diese (für die Umfrageforschung natürlich erfreuliche, gleichwohl recht fragwürdige) Rechtsprechung hält, bleibt abzuwarten. Von einer starken Kommentarliteratur wird sie – meines Erachtens mit zutreffenden Argumenten – heftig bestritten.

Ändert sich diese Rechtsprechung, ist von einer „automatischen" oder konkludenten Einwilligung der angerufenen Person nicht auszugehen. Im Gegensatz zu Call Centern, die vor einem Telefonat ausdrücklich auf das Mithören hinweisen und der Anrufer dann entscheiden kann, ob er weiter telefonieren möchte oder nicht, verzichten Marktforschungsinstitute weitgehend auf diese vorangehende Weichenstellung zu Gunsten der angerufenen Person, weil man befürchtet, dass dann die Teilnahmebereitschaft der angerufenen Personen leidet.

Von einer „mutmaßlichen" Einwilligung der angerufenen Person auszugehen, entbehrt meines Erachtens der Rechtsgrundlage und wäre auch viel zu unsicher, um darauf eine Hoffnung auf Befreiung von einem strafbaren Verhalten zu begründen.

Derzeit liegt der Entwurf eines Gesetzes zur Regelung des Beschäftigtendatenschutzgesetzes (BDSG-E) vor, in dem in §32 i BDSG-E der Kommunikationspartner (also der Angerufene) über die Möglichkeit der Erhebung, Verarbeitung und Nutzung informiert werden muss. Darüber hinaus ist seine Einwilligung Zulässigkeitsvoraussetzung für die Fortsetzung des Telefonats (§32 i Abs. 1 Nr. 2 BDSG-E). Mit Inkrafttreten des Entwurfs wird also die Einwilligung der angerufenen Person zur Zulässigkeitsvoraussetzung.

Darüber hinaus schränkt der vorliegende Entwurf das Mithören erheblich ein:

„Ist die ausschließlich zu beruflichen oder dienstlichen Zwecken erbrachte telefonische Dienstleistung wesentlicher Inhalt der geschuldeten Arbeitsleistung, darf der Arbeitgeber Inhalte dieser Nutzung ohne Kenntnis des Beschäftigten im Einzelfall zu einer stichprobenartigen oder anlassbezogenen Leistungs- oder Verhaltenskontrolle erheben, verarbeiten und nutzen, wenn

(1) der Beschäftigte in geeigneter Weise vorab darüber informiert worden ist, dass er in einem eingegrenzten Zeitraum mit einer Kontrolle zu rechnen hat und ..."

Mit der Neuregelung wird das Mithören selbst dann, wenn der Interviewer wirksam eingewilligt hat, nur noch unter eingeschränkten Voraussetzungen zulässig sein. Zunächst ist eine Einwilligung nicht nur vom Interviewer, sondern auch vom Gesprächspartner erforderlich. Das offene Mithören zu Schulungszwecken wird auch künftig möglich sein. Das unangekündigte verdeckte Mithören wird unzulässig. §32 i BDSG-E regelt übrigens nicht ausdrücklich die Voraussetzungen der Zulässigkeit einer Gesprächsaufzeichnung und sagt auch nichts zum Zeitraum für die Aufbewahrung der Aufzeichnungen.

Die Kritik am Entwurf von §32 i BDSG-E entzündet sich naturgemäß vor allem daran, dass im angekündigten Mithören kein ausreichendes Mittel für die Qualitätssicherung liegt.

Der ADM hat in mannigfaltigen Initiativen beim Gesetzgeber eine entsprechende Änderung dieses gesetzgeberischen Vorhabens eingefordert. Die bei der Information des Beschäftigten über mögliche Kontrollen vorgesehene Eingrenzung des Zeitraums solcher Kontrollen macht es bei telefonischen Befragungen der Markt-, Meinungs- und Sozialforschung unmöglich, die Kontrolle der korrekten Durchführung der Interviews durch unbemerktes heimliches Mithören zuverlässig durchzuführen.

Der ADM fordert daher, die Eingrenzung des Zeitraums möglicher Kontrollen zu streichen oder alternativ die Markt- und Meinungsforschung durch eine Ausnahmeregelung von diesem Erfordernis auszunehmen.

b) Da in der Umfrageforschung häufig Telefoninterviewer nicht als Festangestellte, sondern als freie Mitarbeiter tätig sind, drängt sich natürlich die Frage nach der Anwendbarkeit des BDSG auch auf freie Mitarbeiter auf.

Das Bundesdatenschutzgesetz hat einen neuartigen, eigenen datenschutzrechtlichen Beschäftigtenbegriff entwickelt und in §3 Abs. 11 BDSG im Einzelnen konkret definiert, wer als Beschäftigter im Sinne des Bundesdatenschutzgesetzes gilt. Dazu zählen unter anderem Arbeitnehmerinnen und Arbeitnehmer (§3 Abs. 11 Nr. 1 BDSG) sowie Personen, die wegen ihrer wirtschaftlichen Unselbständigkeit als arbeitnehmerähnliche Personen anzusehen sind.

Freie Mitarbeiter sind dort nicht ausdrücklich genannt.

Nach dem reinen Wortlaut könnte man also sagen, dass freie Mitarbeiter nicht unter das Bundesdatenschutzgesetz und insbesondere dann auch nicht unter die Neuregelung des §32 i BDSG-E fallen.

In der führenden Kommentarliteratur wird diese Frage nicht beantwortet, ja nicht einmal diskutiert. Von dort können wir also keine weitere Aufklärung erwarten, jedenfalls zum jetzigen Zeitpunkt.

Nach meiner Auffassung unterscheidet der Schutzzweck des Allgemeinen Persönlichkeitsrechts und des Datenschutzes aber nicht nach dem arbeitsrechtlichen Status, ob jemand Angestellter ist oder freier Mitarbeiter. Die Interessenlage im Hinblick auf den Umgang mit personenbezogenen Daten ist in beiden Fällen meines Erachtens identisch. Mir ist bewusst, dass Arbeitsrecht, Sozialversicherungsrecht und Steuerrecht sehr deutlich in den Rechtsfolgen zwischen Arbeitnehmern und freien Mitarbeitern unterscheiden. Aber im Datenschutz mit seinem eigenen datenschutzrechtlichen Beschäftigtenbegriff erscheint mir eine getrennte Anwendung der datenschutzrechtlichen Bestimmungen unangebracht.

Auch im Hinblick auf Qualitätssicherung und Außendarstellung der Umfrageforschung wäre es in der Öffentlichkeit sicherlich ein Bumerang, wenn die Umfrageforschung Arbeitnehmerinnen und Arbeitnehmern den Schutz des Bundesdatenschutzgesetzes zukommen lässt, nicht jedoch den als Interviewern eingesetzten freien Mitarbeitern – wo der Status der freien Mitarbeiter sowieso schon arbeitsrechtlich, sozialversicherungsrechtlich und steuerrechtlich unter Feuer steht und nur mühsam und unter erheblichem Gestaltungs- und Argumentationsaufwand bewahrt werden kann.

Darüber hinaus wage ich zu bezweifeln, ob mit einer Herausnahme der freien Mitarbeiter aus dem Anwendungsbereich des BDSG für die Umfrageforschung etwas gewonnen wäre. Der Neuentwurf zu §32 i BDSG-E mag im Hinblick auf die restriktiven Tatbestandsmerkmale der stichprobenartigen oder anlassbezogenen Kontrolle, der Vorabinformation und des eingegrenzten Zeitraums unerfreulich sein, aber immerhin stellt §32 i BDSG-E eine Erlaubnisgrundlage für das Mithören dar. Will man das BDSG nicht auf freie Mitarbeiter anwenden, könnte man sich nicht einmal auf diese Rechtfertigungsgrundlage stützen. Von der Versagung der Freiwilligkeit einer Einwilligung im Arbeitsverhältnis wegen Abhängigkeit zur Versagung der Freiwilligkeit im freien Mitarbeiterverhältnis, wo die betroffenen Interviewer häufig weder persönlich noch wirtschaftlich unabhängiger sind als fest Angestellte, ist es ein kleiner Schritt. Es besteht dann die Gefahr, dass man bei Arbeitnehmerinnen und Arbeitnehmern immerhin im Rahmen des §32 i BDSG-E mithören darf, bei freien Mitarbeitern aber mangels Anwendbarkeit der Rechtfertigungsgrundlage des §32 i BDSG-E überhaupt nicht.

2 Erfahrungen mit §30 a BDSG

Eines der zentralen Probleme der Umfrageforschung, insbesondere der Markt- und Meinungsforschung ist die Abgrenzung zwischen Marktforschung und Werbung. Ausgetragen wird dieser Streit in der täglichen Praxis vor allem bei telefonischen Befragungen. Manche Angerufenen fühlen sich z.B. durch telefonische Kundenzufriedenheitsstudien gestört und machen eine Verletzung ihres Allgemeinen Persönlichkeitsrechts gemäß §823

BGB sowie Unterlassungsansprüche geltend. Das Oberlandesgericht Köln hatte im Jahr 2008 diese Rechtsauffassung bestätigt.

In einem aktuellen Urteil des Amtsgerichts Berlin-Mitte in 2011 wurde eine telefonische Befragung durch das forsa-Institut auch ohne vorangegangene Einwilligung der angerufenen Person als zulässig angesehen, allerdings mit der Begründung, dass es sich hier um eine Umfrage zu gesellschaftspolitischen Themen gehandelt habe und gerade nicht um eine Befragung potenzieller Kunden im Hinblick auf ihre Verbrauchergewohnheiten oder ihre Ansichten zu bestimmten Produkten[23].

Ob und welche Rolle §30 a BDSG hierzu spielt oder spielen kann, soll unter anderem Gegenstand der folgenden Ausführungen sein, genauso wie das noch ungeklärte Verhältnis zwischen §30 a BDSG und §11 BDSG.

a) Wortlaut und Überblick zur Regelung von §30 a BDSG
Die Überschrift von §30 a BDSG ist irreführend. Demnach würde sich die Regelung nur mit der geschäftsmäßigen Erhebung und Speicherung von personenbezogenen Daten für Zwecke der Markt- und Meinungsforschung befassen, obwohl selbstverständlich auch das Verarbeiten und das Nutzen von personenbezogenen Daten für diese Zwecke hier geregelt ist.

§30 a BDSG ist nur anwendbar, wenn personenbezogene Daten (§3 Abs. 1 BDSG) erhoben, verarbeitet oder genutzt werden. Die Vorschrift ist nicht anzuwenden, wenn von vornherein völlig anonymisierte Datenbestände verwendet werden[24].

Wie bereits mehrfach erwähnt, ist nach herrschender Auffassung §30 a Abs. 1 Satz 1 BDSG eine gesetzliche Erlaubnisvorschrift im Sinne von §4 Abs. 1 BDSG. Somit ist eine Einwilligung des Betroffenen entbehrlich. Die Verarbeitung von Daten darf insoweit generell für beliebige Zwecke der Markt- und Meinungsforschung erfolgen.

§30 a Abs. 2 BDSG enthält Zweckbindungsregelungen für den Fall, dass die personenbezogenen Daten aus allgemein zugänglichen Quellen entnommen wurden bzw. die verantwortliche Stelle die Daten veröffentlichen durfte. Ist eines von beiden der Fall, gilt die Grundregel von §30 a Abs. 2 Satz 1 BDSG: Die Daten dürfen dann für beliebige Zwecke der Markt- oder Meinungsforschung verwendet werden.

§30 a Abs. 2 Satz 2 und 3 BDSG schränkt die Verarbeitung auf spezielle Forschungsvorhaben ein, wenn die vorgenannten Voraussetzungen von §30 a Abs. 2 Satz 1 BDSG nicht vorliegen.

Gemäß §30 a Abs. 4 BDSG dürfen Regelungen in §29 BDSG weder direkt noch analog herangezogen werden. §30 a Abs. 5 BDSG verweist insbesondere auf das wichtige Widerspruchsrecht von §28 Abs. 4 Satz 1 BDSG (siehe unten IV. Ziffer 3).

Umstritten und im Einzelnen hier nicht zu vertiefen sind die Abgrenzungsfragen im Verhältnis von §30 a BDSG zu §§28, 32 und 30 BDSG.

Im Gegensatz zu §30 a BDSG ist §40 BDSG keine privilegierende Erlaubnisregelung für Datenverarbeitungen zum Zwecke der Forschung[25]. Für Zwecke der wissenschaftlichen Forschung erhobene oder gespeicherte personenbezogene Daten dürfen nur für Zwecke der wissenschaftlichen Forschung verarbeitet oder genutzt werden, §40 Abs. 1 BDSG. Ob die Erhebung, Speicherung oder Übermittlung zulässig ist, richtet sich nach den für die öffentlichen (§14 Abs. 2 Nr. 9 BDSG) bzw. nicht-öffentlichen Stellen (§28 Abs. 3 Satz 1 Nr. 4, Abs. 6 Nr. 4 BDSG) maßgeblichen speziellen Erlaubnistatbeständen. §40 BDSG ist nur auf Forschungseinrichtungen anzuwenden, die ihre Forschungstätigkeit frei von Eingriffen Dritter ganz nach eigenen Vorstellungen gestalten können[26]. Obwohl die Begriffe „wissenschaftliche Forschung" sowie „Forschungseinrichtungen" alles andere als klar sind oder vom Gesetzgeber definiert wurden, steht eines fest: Nach einhelliger Auffassung fallen Markt- und Meinungsforschungsinstitute grundsätzlich nicht in den Anwendungsbereich von §40 BDSG[27]. Für die Abgrenzung von §30 a BDSG und §40 BDSG ist das Kriterium der Wissenschaftlichkeit nach zutreffender Auffassung nicht geeignet, da es bei beiden Vorschriften erfüllt sein muss[28]. In §30 a BDSG wird die Wissenschaftlichkeit im Begriff der Markt- und Meinungsforschung vorausgesetzt. Die Erklärung zum ICC/ESOMAR Internationalen Kodex Ziffer 3 formuliert: „Untersuchungen der Markt-, Meinungs- und Sozialforschung sind wissenschaftliche Forschung ...". §40 BDSG spricht sogar ausdrücklich von „wissenschaftlicher Forschung".

Der Versuch, die Abgrenzung von Marktforschung und Werbung wie in der Erklärung zum ICC / ESOMAR Kodex über das Merkmal der „wissenschaftlichen Forschung" zu leisten, muss seit langem als gescheitert betrachtet werden[29]. Ich zitiere hier den Datenschutzkommentar von Simitis[30]: „Eine Anwendung von §40 (auf Markt- und Meinungsforschungsinstitute, Ergänzung des Autors) lässt sich auch nicht deshalb rechtfertigen, weil sich die Institute bei ihrer Arbeit auf sozial- und kommunikationswissenschaftliche Methoden und Erkenntnisse stützen und damit nicht zuletzt zur Korrektur und Weiterentwicklung einzelner Verfahren beitragen. So ausgeprägt der Rückgriff auf wissenschaftliche

Methoden sein mag, so wenig ist zu übersehen, dass die wissenschaftlichen Ansätze Instrumente einer eindeutig kommerziell ausgerichteten Unternehmenspolitik sind." Zwar wird in der Fachliteratur darauf hingewiesen, es könnte eventuell anders zu bewerten sein, „wenn eine Marktanalyse zur Auftragsforschung an ein unabhängiges Forschungsinstitut vergeben wird und das Institut den Auftrag eben nicht vorrangig aus kommerziellen Interessen durchführt"[31]. Aus der weichen Formulierung dieser Fundstelle ohne Hinweis auf einen konkreten Beispielsfall oder Rechtsprechung können Sie ersehen, dass man sich an dieser Fundstelle sicherlich nicht konstruktiv aufhalten kann. Darüber hinaus wird die vorgenannte etwaige Ausnahme heftig kritisiert. Zu Recht weist Simitis darauf hin, dass sich §40 BDSG „an der Struktur sowie den Zielen der jeweiligen Einrichtung und nicht am einzelnen Projekt" orientiert[32]. Auch der Weg zu §40 BDSG über eine Marktanalyse als Auftragsforschung an ein unabhängiges Forschungsinstitut ist somit versperrt.

Diese Erkenntnis hat z.B. Konsequenzen bei der Frage nach dem Schriftformerfordernis einer Einwilligung. Grundsätzlich sind Einwilligungen nur bei schriftlicher Erteilung wirksam, §4 a BDSG. Im Bereich der wissenschaftlichen Forschung liegt ein besonderer Umstand, der die Schriftform entbehrlich machen könnte, auch dann vor, wenn durch die Schriftform der bestimmte Forschungszweck erheblich beeinträchtigt würde (§4 a Abs. 2 BDSG).

Das gilt aber eben nur, wenn wissenschaftliche Forschung vorliegt. Ansonsten gilt §4 Abs. 1 Satz 3 BDSG: Die Einwilligung bedarf der Schriftform soweit nicht wegen besonderer Umstände eine andere Form angemessen ist. Das wird in der Regel für Telefoninterviews angenommen, jedenfalls bei Einmalbefragungen[33].

Nach wie vor können sich die Marktforschungsinstitute auf das sogenannte „Schweinoch-Abkommen" berufen[34]:

„In Übereinstimmung mit den obersten Aufsichtsbehörden vertreten wir die Auffassung, dass die Bearbeitung personenbezogener Daten durch die Markt- und Sozialforschungsinstitute der Einwilligung der Betroffenen nach BDSG bedarf. Wegen der von den Vertretern der Markt- und Sozialforschungsinstitute geltend gemachten Bedenken – es wird insbesondere ein Anschwellen der Verweigerungsrate befürchtet – kann von der grundsätzlich erforderlichen Schriftlichkeit der Einwilligung in den beschriebenen Fällen (Einmalbefragungen, Wiederholungsbefragungen) abgesehen werden. Soweit die beschriebenen Bedingungen (Anonymisierung, Freiwilligkeit, Merkblatt) von den Markt- und Sozialforschungsinstituten eingehalten werden, gehen die obersten Landesbehörden für den Datenschutz übereinstimmend davon aus, dass dann „besondere Umstände" im Sinne des BDSG vorliegen."

b) Abgrenzung Marktforschung und Werbung (Verhältnis §30 a BDSG zu §7 UWG)

Gemäß §7 Abs. 2 Nr. 2 UWG (Gesetz gegen den unlauteren Wettbewerb) liegt eine unzumutbare Belästigung stets vor „bei Werbung mit einem Telefonanruf gegenüber einem Verbraucher ohne dessen vorherige ausdrückliche Einwilligung ..."

Bei Umfragen zu Markt- und Meinungsforschungszwecken im Auftrag eines Unternehmens komme es darauf an, ob die Umfrage dem Ziel dient, unmittelbar oder mittelbar den Absatz dieses Unternehmens zu fördern[35]. Solche Umfragen lassen sich nach der derzeit wohl herrschenden Auffassung ohne weiteres als Instrumente der Absatzförderung einsetzen[36]. So hatte auch das OLG Köln am 12. Dezember 2008 (Az.: 6 U 41/08) geurteilt.

Der Anruf durch das Meinungsforschungsinstitut stelle eine Wettbewerbshandlung im Sinne von §2 Abs. 1 Nr. 1 UWG dar. Werbung im Sinne von §7 Abs. 2 UWG liege auch vor, wenn zwar nicht der Absatz gefördert wird, sondern Nachfragehandlungen vorgenommen werden. Unlautere Telefonwebung sei anzunehmen, wenn ein Anruf zumindest mittelbar der Absatzförderung dient. „Die beabsichtigte Umfrage betrifft ausschließlich die Zufriedenheit der Kunden mit den Dienstleistungen der Beklagten und dient ... dem Ziel, diese durch eine Verbesserung der Serviceleistungen unter Berücksichtigung ihrer Wünsche als Kunden zu erhalten", so das OLG Köln in seiner Urteilsbegründung.

Leider folgt auch die aktuelle Kommentarliteratur zum Bundesdatenschutzgesetz dieser Differenzierung[37]. Ich teile diese Auffassung nicht. Rund 95% der Markt- und Meinungsforschung wären bei Auffassung des OLG Köln wie Werbung zu behandeln und der Anwendungsbereich von §30 a BDSG sowie die vom Gesetzgeber vorgegebene Abgrenzung zwischen Markt- und Meinungsforschung einerseits, Werbung andererseits läuft ins Leere.

Seit der Entscheidung des OLG Köln aus dem Jahre 2008 gibt es keine höchstrichterliche Rechtsprechung, die diese Frage unter Einbeziehung von §30 a BDSG ausdrücklich erörtert hätte.

Laut Gesetzesbegründung zu dem am 01. September 2009 in Kraft getretenen §30 a BDSG sollte „den Besonderheiten der Markt- oder Meinungsforschung gegenüber der Werbung Rechnung" getragen werden. Der Gesetzgeber gab die bis dato geltende Gleichregelung in gesetzlichen Bestimmungen zu Werbung und Markt- und Meinungsforschung bewusst auf. Die Markt- und Meinungsforschung übernehme eine „wichtige gesellschaftliche Aufgabe" und sei eine wichtige Voraussetzung für die nachhaltige demokratische und wirtschaftliche Entwicklung. Wie oben bereits geschildert, ist §30 a BDSG nach herrschender Auffassung eine Erlaubnisnorm im Sinne von §4 BDSG. Allein deshalb ist es meines Erachtens vertretbar, die Notwendigkeit einer Einwilligung entfallen zu lassen, zumal §30 a BDSG die Stadien der Erhebung, Verarbeitung und Nutzung erfasst.

Der Gesetzgeber hat §30 a BDSG zu einem Zeitpunkt in Kraft treten lassen, als das Urteil des OLG Köln zur Abgrenzung zwischen Werbung und Marktforschung und die genannte Kommentarliteratur vorlag und bekannt war. Gleichwohl hat der Gesetzgeber in §30 a BDSG die Ausdrücke Markt- oder Meinungsforschung ausdrücklich verwendet. Er hat nicht (lediglich) von „Sozialforschung" gesprochen. Bei Auslegung der Begrifflichkeit Markt- und Meinungsforschung unter Maßgabe des Verständnisses des OLG Köln bliebe für §30 a BDSG aber schlicht und einfach gar nichts anderes mehr übrig als die reine Sozialforschung. Wortlaut und Entstehungsgeschichte von §30 a BDSG sprechen gegen eine derartige, dem Wortlaut widersprechende Verengung von §30 a BDSG.

Jedenfalls seit Inkrafttreten von §30 a BDSG im September 2009 kann die damalige Rechtsauffassung, die in den Kommentaren zum UWG und BDSG weiter transportiert wurde, nicht aufrechterhalten werden.

Hinzu kommt Folgendes:

Gesetzesbegründungen sind zwar nur eine von zahlreichen Methoden zur Auslegung eines Gesetzes. Gleichwohl ist die Gesetzesbegründung des UWG im Hinblick auf §7 Abs. 2 Nr. 2 UWG[38] von Bedeutung. Dort wurde nämlich die die Anonymität wahrende Markt- und Meinungsforschung vom Anwendungsbereich geschäftlicher Handlungen im Sinne des UWG ausgenommen:

> „Weltanschauliche, wissenschaftliche, redaktionelle oder verbraucherpolitische Äußerungen von Unternehmen oder anderen Personen unterfallen weiterhin nicht dem UWG, soweit sie in keinem objektiven

Zusammenhang mit dem Absatz von Waren ... stehen. Dienen sie nur der Information der Leserschaft oder der die Anonymität der befragten Personen wahrenden Markt- und Meinungsforschung, so fehlt es an einem objektiven Zusammenhang zum Warenabsatz, so dass eine geschäftliche Handlung nicht vorliegt."

Zukünftig kann sich die Rechtsprechung daher nicht mehr einfach auf das Urteil des OLG Köln aus dem Jahr 2008 stützen. Die Gesetzesbegründung zum UWG, die die Anonymität der befragten Personen wahrende Markt- und Meinungsforschung von geschäftlichen Handlungen ausnimmt, muss berücksichtigt werden.

Das OLG Köln und die oben zitierte Kommentarliteratur zu §7 UWG (Werbung) ließen einen mittelbaren Zusammenhang zwischen Umfrage und Meinungsforschung ausreichen. Die Richtlinie 2005/29/EG des Europäischen Parlaments und des Rates vom 11. Mai 2005 über unlautere Geschäftspraktiken (UGP-Richtlinie) verlangt jedoch einen unmittelbaren Zusammenhang für die Beeinflussung der geschäftlichen Entscheidungen des Verbrauchers (Erwägungsgrund 7, Satz 1). „Geschäftspraktiken sind Handlungen, Unterlassungen, Verhaltensweisen oder Erklärungen, kommerzielle Mitteilungen einschließlich Werbung und Marketing eines Gewerbetreibenden, die unmittelbar mit der Absatzförderung, dem Verkauf oder der Lieferung eines Produkts zusammenhängen". Jedenfalls ab dem 30. Dezember 2008 ist das UWG richtlinienkonform am Maßstab der vorgenannten UGP-Richtlinie auszulegen. Die Pflicht zur richtlinienkonformen Auslegung bedeutet, dass das nationale Gericht das nationale Recht im Licht des Wortlauts und des Zwecks der Richtlinie auszulegen hat.

c) Telefonische Umfragestudien (Verhältnis §30 a BDSG zu §823 BDSG)
Nach derzeit wohl herrschender Rechtsprechung sind Anrufe zu Marktforschungsstudien ohne vorherige Einwilligung der angerufenen Person ein rechtswidriger Eingriff in die Privatsphäre gemäß §823 BGB.

§823 BGB schützt sowohl das Allgemeine Persönlichkeitsrecht einer Privatperson als auch den eingerichteten und ausgeübten Gewerbebetrieb.

Voraussetzung für die Anwendbarkeit von §823 BGB ist die rechtswidrige Verletzung der dort genannten Güter (Allgemeines Persönlichkeitsrecht bzw. eingerichteter und ausgeübter Geschäftsbetrieb).

Nach ständiger Rechtsprechung sei bereits ein einmaliger Anruf ein erheblicher Eingriff.

Allerdings stellt sich seit Inkrafttreten von §30 a BDSG die Frage der Rechtswidrigkeit neu. Rechtswidrigkeit im Sinne von §823 BGB wird ausgeschlossen, soweit „das Verhalten des Täters ausnahmsweise durch einen Rechtfertigungsgrund gedeckt ist"[39]. §30 a BDSG ist eine gesetzliche Erlaubnisnorm gemäß §4 Abs. 1 BDSG. Ob man deshalb bereits ein Entfallen der Rechtswidrigkeit gemäß §823 BGB bei Berufung auf die Erlaubnisnorm von §30 a BDSG begründen kann, ist weder höchstrichterlich entschieden noch sicher. Gleichwohl bin ich der Auffassung, dass sich dies vertreten lässt. Jedenfalls – und das ist das Mindeste – muss die gesetzliche Wertung von §30 a BDSG in zukünftigen Entscheidungen zur Rechtswidrigkeit im Sinne des §823 BGB herangezogen werden. Dies ist nach meiner Kenntnis der herrschenden Rechtsprechung aktuell dort noch nicht angekommen.

d) Abgrenzung Sozialforschung von Markt- und Meinungsforschung in §30 a BDSG

In der bereits angesprochenen Entscheidung des Amtsgerichts Berlin-Mitte vom 21. Juni 2011 (Az.: 5 C 1003/11) ging es um eine Befragung zur Erforschung von Wahltrends. Es ist klar, dass bei einer Befragung zur Erforschung von Wahltrends ein Zusammenhang mit Absatzinteressen und Werbung ausscheidet.

So sah es auch das Amtsgericht Berlin-Mitte. Während es zunächst eine einstweilige Verfügung gegen die forsa Gesellschaft für Sozialforschung und statistische Analysen mbH erließ, hob es diese Entscheidung auf Widerspruch von forsa auf. Die einstweilige Verfügung hatte die Untersagung zum Inhalt, das von forsa angerufene klagende Unternehmen unter dessen konkret im Urteil genannter Telefonnummer ohne vorherige Einwilligung telefonisch zu kontaktieren. Dieses Untersagungsgebot wurde dann mit Urteil vom 21. Juni 2011 aufgehoben.

Das Amtsgericht Berlin-Mitte hat ausdrücklich betont, dass es die bereits vorliegende und bekannte Rechtsprechung zur Untersagung von telefonischen Kundenzufriedenheitsstudien damit nicht berühre. Die Rechtsprechung sei insoweit zutreffend. Der Sachverhalt des forsa-Verfahrens sei ein anderer:

Die entscheidende Passage des Amtsgerichts Berlin-Mitte in der Urteilsbegründung lautete demnach wie folgt:

„Der wesentliche Unterschied zu den Fallgestaltungen, die den vorgenannten Entscheidungen zugrunde lagen ist der, dass die Verfügungsbeklagte im vorliegenden Fall und auch sonst regelmäßig in der Vergangenheit Umfragen zu gesellschaftspolitischen Themen bzw. zum

Wahlverhalten durchführte, wie sie fortlaufend im „stern" veröffentlicht werden und die von „RTL" und vom „stern" in Auftrag gegeben werden. Nach der Veröffentlichung stehen die Informationen auch der Allgemeinheit zur Verfügung. Die Verfügungsbeklagte ist vorliegend nicht wie in den zitierten Parallelverfahren (Kundenzufriedenheitsstudien, Anmerkung des Verfassers) dort tätigen Unternehmen in der Weise tätig geworden, dass im Auftrag eines Anbieters von Waren oder Dienstleistungen ausschließlich zu Zwecken der Förderung des Absatzes der eigenen Produkte des Auftraggebers Verbraucherverhalten ergründet wurde, um künftig die Werbung und die Verkaufsstrategie des Auftraggebers verbessern zu können."

Es handelt sich eben gerade nicht um eine Förderung des Absatzes von Produkten des Auftraggebers und um keine Verfolgung von Absatzinteressen.

So erfreulich die Entscheidung hinsichtlich des Ergebnisses für die Sozialforschung ist, so bedenklich ist die Urteilsbegründung für die Markt- und Meinungsforschung. Für telefonische Studien ist die Entscheidung des Amtsgerichts Berlin-Mitte eine Fundgrube und eine erfreuliche Verweisungsmöglichkeit bei etwaigen zukünftigen Rechtsstreitigkeiten. Sie stellt ganz klar eine Verbesserung der Rechtsposition der Sozialforschung dar.

Aus Sicht der Markt- und Meinungsforschung ist das Ergebnis aber insbesondere in seiner Begründung bedenklich. Denn die Entscheidungsbegründung verstärkt die differenzierende Betrachtung von Markt- und Meinungsforschung einerseits, Sozialforschung andererseits und bestätigt somit die Rechtsauffassung, die das OLG Köln in seiner Entscheidung aus dem Jahr 2008 zur Abgrenzung von Werbung und Marktforschung eingenommen hat.

e) §30 a BDSG und Auftragsdatenverarbeitung gemäß §11 BDSG

aa) §11 BDSG enthält für den Fall der Auftragsdatenverarbeitung eine Privilegierung des Auftragnehmers, der im Falle eines §11 BDSG-Auftrags nicht als Dritter im rechtlichen Sinne des Bundesdatenschutzgesetzes angesehen wird (§3 Abs. 8 Satz 3 BDSG).

Auftragnehmer eines sogenannten Datenverarbeitungsvertrags gemäß §11 BDSG sind vom Gesetzgeber verpflichtet, den Vertrag schriftlich abzuschließen. Sie sind zu den im Einzelnen aufgelisteten Pflichten zu technischen und organisatorischen Maßnahmen, zur Berichtigung, Löschung und Sperrung, zur Einhaltung und Duldung von Kontrollrechten, zu Mitwirkungspflichten und Meldepflichten verpflichtet. Diese „10 Gebote" sind die eine Seite der Problematik von §11 BDSG. Die andere Seite liegt in §11 Abs. 3 BDSG: Demnach darf der Auftragnehmer die Daten nur im Rahmen der Weisungen des Auftraggebers erheben, verarbeiten oder nutzen. Hier liegt die entscheidende Weichenstellung für die Privilegierung der Auftragsdatenverarbeitung. Denn die Datenweitergabe zwischen Auftraggeber und Auftragnehmer ist hier nicht als Übermittlung anzusehen, sondern nur als Nutzung. Der Auftragnehmer ist gemäß §3 Abs. 8 Satz 1 BDSG zwar Empfänger, nicht jedoch Dritter im datenschutzrechtlichen Sinne, §3 Abs. 8 Satz 2 BDSG.

Das Auftragsverhältnis nach §11 BDSG muss so ausgestaltet sein, dass die beauftragte Stelle eine Hilfs- und Unterstützungsfunktion hat. Geht die Tätigkeit von Auftragnehmern über die Wahrnehmung von Hilfsfunktionen hinaus und führen diese ihre Aufgaben für den Auftraggeber unter Verwendung personenbezogener Daten unabhängig weisungsabhängig durch, kann es sich um eine sogenannte Funktionsübertragung handeln, die nicht unter §11 BDSG fällt[40]. Die Entscheidung, ob Auftragsdatenverarbeitung oder Funktionsübertragung vorliegt, muss einzelfallbezogen unter Beachtung der konkreten Gegebenheiten erfolgen. Hierbei sind die tatsächlichen Verhältnisse maßgebend[41].

Ob noch ein Fall der Auftragsdatenverarbeitung im Sinne von §11 BDSG oder bereits ein Fall der selbständigen Erledigung der Aufgabe vorliegt, wenn ein Meinungsforschungsinstitut ein fremdes Institut mit der Durchführung einer Meinungsbefragung beauftragt, ohne spezielle Vorgaben zu machen, kann nur im Einzelfall und bei Prüfung der Konkretheit des Auftrags beantwortet werden[42].

Nach Simitis[43] liege bei Call Centern keine Auftragsdatenverarbeitung vor, die Kundenbefragungen durchführen und dabei Gestaltungsspielräume bei der Datenerhebung haben (z.B. Übernahme der Gesamtdurchführung einschließlich des Befragungs- und Auswertungskonzepts); auch Testanrufe (Mystery Calls) von Call Centern, welche die Servicequalität eines anderen Call Centers überprüfen sollen, seien als Funktionsübertragung anzusehen, weil und soweit diese Gespräche durch individuelle Gesprächssituationen geprägt sind.

Das Innenministerium Baden-Württemberg hat in einer Bekanntmachung vom 11. Januar 1999 „Hinweise zum Datenschutz für die private Wirtschaft (Nr. 37)" veröffentlicht[44]. Nach deren zutreffender Auffassung kommt es maßgeblich darauf an, „wie die Zusammenarbeit zwischen einem Auftraggeber und dem Markt- und Meinungsforschungsinstitut ausgestaltet ist".

Erhält demnach das Forschungsinstitut nur einen allgemein gehaltenen Auftrag, bei dem es den Umfang und die Art der Fragen sowie den Ablauf der Untersuchung selbständig bestimmen kann, kann die Verarbeitung der personenbezogenen Daten der Kunden nicht mehr als „Datenverarbeitung im Auftrag" im Sinne von §11 BDSG bewertet werden. Denn die Datenverarbeitung im Auftrag ist durch die Beschränkung auf eine ausführende Tätigkeit gekennzeichnet. Dies ist sicherlich zutreffend.

Dieser Sachverhalt dürfte aber nur die Ausnahme aller vertraglichen Kooperationen zwischen Auftraggeber und Auftragnehmer sein, da einem konkreten Vertrag eine konkrete Leistungsbeschreibung im Angebot oder im Auftrag zugrunde liegen muss. Marktforschungsverträgen liegen in der Regel Werkverträge gemäß §631 ff. BGB oder als sogenannte „Aufträge" entgeltliche Geschäftsbesorgungsverträge gemäß §670 BGB zugrunde, in denen zur Absicherung der Vertragsparteien und zur ordnungsgemäßen Vertragsdurchführung in der Regel genaue Leistungsbeschreibungen Fallzahl, Adressatengruppe, Interviewlänge, Interviewdauer, Studiendesign etc. festgehalten wurden. Jedenfalls liegt hier, so zutreffend vom Innenministerium Baden-Württemberg herausgearbeitet, die rechtliche Zäsur zwischen einer Datenverarbeitung im Auftrag gemäß §11 BDSG und einer Funktionsübertragung.

Wenn in einem Vertrag die Leistungen des Marktforschungsinstituts vertraglich bindend vereinbart wurden (und sei es natürlich auch auf der Basis der Empfehlungen des erfahrenen Marktforschungsinstituts hinsichtlich Studiendesign, Fragenaufbau etc.), dann liegt eben nach Vertragsschluss kein freier Gestaltungsspielraum mehr vor, sondern eine bindende vertragliche Vereinbarung, bei der der Auftragnehmer gegenüber dem Auftraggeber weisungspflichtig ist und sich strikt an die vertraglichen Vorgaben des Auftrags/Werkvertrags zu halten hat. Hier kann dann keinesfalls mehr von einer nach Vertragsschluss verbleibenden Gestaltungsfreiheit oder Eigenmächtigkeit die Rede sein, sondern formal nur noch von der Verpflichtung, die vertraglich eingegangenen Bindungen einzuhalten: „pacta sunt servanda".

Zu Recht hat das Innenministerium von Baden-Württemberg in besagter Stellungnahme herausgearbeitet, dass eine Datenverarbeitung im Auftrag im Sinne von §11 BDSG vorliegt, wenn die Art und der Umfang der Fragen sowie der Ablauf der Untersuchung zuvor vom Auftraggeber und dem Markt- und Meinungsforschungsinstitut gemeinsam festgelegt werden. Voraussetzung sei ferner (was in Verträgen typisch vereinbart wird und auch den gesetzlichen und standesrechtlichen Regelungen des ADM entspricht), dass „dem Markt- und Meinungsforschungsinstitut personenbezogene Daten nur in dem unverzichtbaren Umfang zur Verfügung gestellt und konkrete Vorgaben für eine möglichst frühzeitige Anonymisierung gemacht werden".

Nach Simitis[45] ist ebenfalls in diesem Sinne zu unterscheiden: Wenn der Auftraggeber Fragenprogramm, Auswahlverfahren und die Art der Auswertungen bestimmt, das eingeschaltete Institut lediglich die Befragung der Betroffenen und/oder die technische Aufbereitung des Datenmaterials vornimmt, liegt ein Auftragsverhältnis vor. Übernimmt das Institut die Gesamtdurchführung einschließlich des Befragungs- und Auswertungskonzepts, erfüllt es einen eigenen Geschäftszweck und wird selbst zur verantwortlichen Stelle.

bb) §30 a BDSG ist nach meinem Verständnis eine eigenständige Rechtsgrundlage, die ein Vorgehen nach §11 BDSG entbehrlich macht.[46] Eine höchstrichterliche Entscheidung hierzu liegt noch nicht vor. Im Kommentar von Gola/Schomerus[47] wird ausdrücklich darauf hingewiesen, es sei „noch nicht abschließend geklärt, ob der neue §30 a BDSG eine eigenständige Auftragsgrundlage darstellt, der gegebenenfalls ein Vorgehen nach §11 BDSG entbehrlich macht". Nach herrschender Auffassung jedoch ist §30 a BDSG eine Erlaubnisnorm im Sinne des §4 Abs. 1 BDSG[48].

Das kann meines Erachtens zwar nicht bedeuten, dass die in §11 BDSG vom Auftraggeber verlangten Kontroll- und Überwachungspflichten entfallen. Wieso sollte ein Auftraggeber im Rahmen von §30 a BDSG keine Überwachungspflichten, keine Kontrollrechte haben? Der Umgang mit Daten ist im einen wie im anderen Fall genauso schutzwürdig und Umfrageinstitute haben meines Erachtens sogar ein besonderes Interesse daran, ihren sorgfältigen, sensiblen Umgang mit Daten vor sich selbst und Dritten gegenüber gerade im Hinblick auf Kontrolle und Überwachung rechtssicher zu organisieren und zu dokumentieren.

Was jedoch bei einer Anwendung von §30 a BDSG statt §11 BDSG wegfällt, ist die zum Teil schwierige Abgrenzung zwischen Auftragsdatenverarbeitung einerseits und Funktionsübertragung andererseits. Bei letzterer haben wir bereits gesehen, dass dann der Anwendungsbereich des §11 BDSG überschritten wäre.

cc) Es ist eigenartiges Phänomen, dass gerade seit Inkrafttreten von §30 a BDSG Auftraggeber von Marktforschungsstudien verstärkt die Unterzeichnung von §11 BDSG-Verträgen einfordern, obwohl seit Einführung von §30 a BDSG eine gesetzgeberische Chance vorliegt, die Anwendung von §11 BDSG zu vermeiden. §11 BDSG überträgt sowohl dem Auftraggeber als auch dem Auftragnehmer erhebliche Pflichten und Handlungsanweisungen. Vor Einführung von §30 a BDSG beobachtete ich oft etwas irritiert, wie wenig bei Marktforschungsaufträgen auf die Thematik von §11 BDSG geachtet wurde. Erst seit er durch die Einführung von §30 a BDSG nach meinem Verständnis nicht mehr erforderlich ist, sind (wohl durch die öffentliche Thematisierung und Einführung von §30 a BDSG) viele Rechtsabteilungen erst „aufgewacht" und wollen nun ganz sicher gehen, nichts falsch zu machen.

Nach dem Motto: Lieber etwas mehr als vielleicht etwas zu wenig, will man lieber einen §11 BDSG-Vertrag abschließen, auch wenn die Anwendung von §30 a BDSG zutreffend gewesen wäre, jedenfalls ausgereicht hätte. Aus Umfrageforschungssicht ist das natürlich eine bedauerliche Entwicklung. In vielen Fällen gelingt es den Datenschützern und Verhandlungsführern von Marktforschungsinstituten nicht, den Auftraggeber von §30 a BDSG zu überzeugen. Dort wählen die Rechtsabteilungen schlicht und einfach den aus ihrer Sicht „sichersten Weg" und bestehen auf §11 BDSG. Um es pointiert auszudrücken, hat somit erst die öffentliche Diskussion um die Einführung von §30 a BDSG das Interesse und das Bewusstsein um die Problematik der Auftragsdatenverarbeitung gemäß §11 BDSG geweckt. Ein dialektischer Prozess, auf den die Umfrageforschung sicherlich gerne verzichtet hätte.

f) Vorläufige Bewertung und Ausblick
Für eine Gesamtbewertung von §30 a BDSG ist es sicherlich noch zu früh. Wesentliche Aspekte von §30 a BDSG sind höchstrichterlich noch nicht entschieden, geschweige denn in der Rechtsprechung angekommen.

Während in der Presseerklärung des BVM vom 06. Juli 2009 davon die Rede war, dass §30 a BDSG „eine enorme Verbesserung (darstelle), die für die gesamte Branche von existenzieller Bedeutung ist", wird man zumindest zugeben müssen, dass dem eine gewisse Ernüchterung Platz gemacht hat.

Durchaus hat der Gesetzgeber in §30 a BDSG der Markt- und Meinungsforschung Referenz erwiesen und seine Bedeutung gestärkt. Die Umsetzung dieser Wertschätzung und die Anwendung von §30 a BDSG lassen aber, lassen Sie es mich so ausdrücken, noch viele Fragen und Wünsche offen. Sowohl im Hinblick auf die Anwendung von §11 BDSG als auch im Hinblick auf die Abgrenzung zu Werbung und die Zulässigkeit telefonischer Befragungen hat §30 a BDSG – bisher jedenfalls – noch nicht die Durchschlagskraft erzielen können, die man sich aus Sicht der Umfrageforschung bisher gewünscht hat.

3 Widerspruchsrecht

Der Gesetzgeber räumt dem Betroffenen zur Abwehr unerwünschter Markt- und Meinungsforschung ein uneingeschränktes Widerspruchsrecht ein. Widerspricht der Betroffene bei der verantwortlichen Stelle der Verarbeitung oder Nutzung seiner Daten für Zwecke der Werbung oder Markt- oder Meinungsforschung, ist eine Verarbeitung oder Nutzung für diese Zwecke unzulässig.

„Der Betroffene ist bei der Ansprache zum Zweck der Werbung oder der Markt- oder Meinungsforschung ... über die verantwortliche Stelle sowie über das Widerspruchsrecht nach Satz 1 zu unterrichten; ... Widerspricht der Betroffene bei dem Dritten, dem die Daten im Rahmen der Zwecke nach ... übermittelt worden sind, der Verarbeitung oder Nutzung für Zwecke der Werbung oder der Markt- oder Meinungsforschung, hat dieser die Daten für diese Zwecke zu sperren" (§28 Abs. 4 BDSG).

Im Zusammenhang mit dem Widerspruchsrecht hat der ADM vor einiger Zeit häufige und typische Fragestellungen gesammelt, die sich hier auftun.

a) Die erste Fragestellung des ADM lautet wie folgt:
Im Rahmen einer Kundenbefragung widerspricht eine zu befragende Person beim die Untersuchung durchführenden Institut der Verarbeitung oder Nutzung ihrer Adressdaten und verlangt zugleich, dass das Institut diesen Widerspruch auch an den Auftraggeber der Studie wei-

terleitet. Muss das Institut nach den Bestimmungen des BDSG dieser Forderung nachkommen oder reicht es aus, dem Betroffenen eine Kontaktstelle beim Auftraggeber zu nennen, damit er selbst dort widersprechen kann?

Das Institut *muss* der Forderung der befragten Person nachkommen und den Widerspruch an den Auftraggeber der Studie weiterleiten. Es reicht nicht aus, dem Betroffenen lediglich die Kontaktstelle beim Auftraggeber zu nennen, damit er selbst dort widersprechen kann.

Dies gilt allerdings nicht nur – wie in der zitierten Frage vorgegeben –, wenn die widersprechende Person die Weiterleitung des Widerspruchs an den Auftraggeber ausdrücklich verlangt. Die Weiterleitung des Widerspruchs an den Auftraggeber ist auch bei einem Widerspruch ohne entsprechendes aktives Verlangen der widersprechenden Person sowohl aus datenschutzrechtlichen als auch vertragsrechtlichen Gründen im Innenverhältnis zum Auftraggeber erforderlich.

Die Weiterleitungspflicht besteht allenfalls dann nicht, wenn dem Verhalten oder der Äußerung der zu befragenden Person kein Widerspruch entnommen werden kann (dann stellt sich auch die Frage der Weiterleitung nicht erst) oder wenn die zu befragende Person ausdrücklich eine Weiterleitung des Widerspruchs an den Auftraggeber untersagt.

b) Dieser Sachverhalt ist datenschutzrechtlich nicht anders zu beurteilen, ob das Institut mit oder ohne §11 BDSG als Vertragsgrundlage tätig wird. Das Widerspruchsrecht von §28 Abs. 4 BDSG gilt in beiden Konstellationen.

§11 BDSG entbindet die verantwortliche Stelle nicht von der Einhaltung des Widerspruchsrechts. Werden personenbezogene Daten im Auftrag durch andere Stellen erhoben, verarbeitet oder genutzt, ist der Auftraggeber für die Einhaltung der Vorschriften dieses Gesetzes und anderer Vorschriften über den Datenschutz verantwortlich (§11 Abs. 1 Satz 1 BDSG). Zur Einhaltung der Vorschriften dieses Gesetzes gehört selbstverständlich auch §28 Abs. 4 BDSG.

Und aus der Sicht des Angerufenen ist weder erkennbar noch prüfbar, ob die betreffende Befragung gemäß §11 BDSG durchgeführt wird oder gemäß §30 a BDSG oder sonst, wie und wer verantwortliche Stelle ist.

c) Grundlegend anders ist jedoch die Berichtigung unrichtiger Adressdaten zu beantworten.

Bei der Berichtigung unrichtiger Adressdaten besteht ein Weiterleitungsrecht des beauftragten Instituts an den Auftraggeber – im Gegensatz zur Weiterleitung eines Widerspruchs gemäß §28 Abs. 4 BDSG – nur dann, wenn der Befragte in dem geführten Interview sein Einverständnis mit der Weiterleitung ausdrücklich erklärt, insbesondere dann, „wenn der Befragte von sich aus auf einer Korrektur beim Auftraggeber besteht"[49] bzw. dies ausdrücklich verlangt. Eine datenschutzrechtliche Weiterleitungspflicht besteht dagegen nicht.

Die berichtigte Adresse ist nach zutreffender Auffassung ein personenbezogenes Datum im Sinne von §3 Abs. 1 BDSG. Das Widerspruchsrecht von §28 Abs. 4 BDSG ist eine Konkretisierung des Schutzzwecks des Bundesdatenschutzgesetzes und eine Stärkung der Betroffenenrechte. Demgegenüber hat die Berichtigung einer Adresse im Rahmen einer Marktforschungsstudie zwar erhebliches Interesse für die die Studie durchführenden Auftraggeber und Auftragnehmer, hat aber nichts mit dem Schutzzweck des Bundesdatenschutzgesetzes, den Schutzrechten des Betroffenen und insbesondere seinem Selbstbestimmungsrecht zu tun; geschweige denn werden gesetzlich angeordnete Rechtsfolgen wie bei einem unterlassenen Widerspruch normiert bzw. ausgelöst.

Die datenschutzrechtlichen Gründe, die zu einer Zulässigkeit und sogar Verpflichtung der Weiterleitung eines Widerspruchs führen, können für die Weiterleitung der berichtigten Adresse gerade nicht herangezogen werden.

Das ausdrückliche Verlangen eines Befragten auf Korrektur beim Auftraggeber ist dagegen als Einwilligung anzusehen, die zur Rechtmäßigkeit der Weiterleitung der Berichtigung führt. Eine Pflicht zur Weiterleitung besteht allerdings auch dann nicht, wenn der Befragte die Weiterleitung verlangt. Zwischen dem beauftragten Institut und der befragten Person besteht kein Vertragsverhältnis. Etwas anderes kann im Einzelfall dann gegeben sein, wenn eine derartige Weiterleitungspflicht im vertraglichen Innenverhältnis zwischen dem Auftraggeber und dem beauftragten Institut vereinbart wurde.

4 ADM-Sperrdatei

Auch das Sperren von personenbezogenen Daten ist ein datenschutzrechtlich relevanter Vorgang, §4 Abs. 3 BDSG, der grundsätzlich unter Erlaubnis- bzw. Einwilligungsvorbehalt steht. Auch die Übermittlung einer zu sperrenden Nummer ist eine datenschutzrechtlich relevante Übermittlung an Dritte.

Dies vorausgeschickt, möchte ich auf die vom ADM eingerichtete Sperrdatei zu sprechen kommen. Die Sperrdatei wurde eingerichtet, um sicherzustellen, dass nach Widersprüchen die widersprechenden Personen nicht mehr von Marktforschungsanrufen gestört werden. Das ist grundsätzlich im Sinne der Gestörten. Wer nicht mehr angerufen werden will, dem ist damit gedient, dass er nicht nur von dem einzelnen Marktforschungsinstitut im konkreten Fall nicht mehr angerufen wird, sondern generell von Marktforschungsanrufen verschont bleibt.

Es gibt allerdings auch Widersprechende, die sich zwar den konkreten Anruf des jeweiligen Marktforschungsinstituts verbitten, sich dann aber auch darüber beschweren, wenn ihre Nummer und ihr Wunsch, nicht mehr angerufen zu werden, an einen Dritten, nämlich die ADM-Sperrdatei, weitergegeben wird.

In einer Entscheidung des LG Frankfurt vor einigen Jahren[50] war die ADM-Sperrdatei als rechtswidrig angesehen worden. Das Gericht hatte damals eine hinreichende Zweckbindung bemängelt. Darüber hinaus lag keine Einwilligung vor, so dass eine Rechtfertigungsgrundlage fraglich war.

Aus §30 a Abs. 5 BDSG ergibt sich, dass sichergestellt werden soll: Ein Widerspruch soll möglichst effektive Wirkung entfalten[51]. Der Bundesdatenschutzgesetz-Kommentar von Simitis begrüßt die Einrichtung einer Sperrdatei. Mit ihr werde mehr geleistet, als §30 a Abs. 5 BDSG erfordert. §30 a Abs. 5 BDSG mit seiner Verweisung auf §28 Abs. 4 und Abs. 5 BDSG wolle sicherstellen, dass ein Widerspruch effektive Wirkung entfaltet. Darüber hinaus sei ein Betroffener nicht schutzwürdig, wenn er nicht in eine Sperrdatei aufgenommen werden wolle. „Diese Aufnahme bewirkt nämlich nur, dass Kontaktversuche durch andere Stellen, die Markt- oder Meinungsforschung betreiben, künftig unterbleiben. Genau dies ist jedoch das erklärte Ziel des Betroffenen. Er würde sich in der Regel widersprüchlich verhalten, wollte er seine Aufnahme in eine Datei verhindern, die eine Durchsetzung seines Willens (zumindest weitgehend) sicherstellt", so Simitis meines Erachtens zutreffend[52].

V Standesrecht / Rat der Deutschen Markt- und Sozialforschung

Natürlich gibt es auch im Standesrecht Herausforderungen unterschiedlichster Art. Die bereits genannte Rechtssprechung des OLG Köln, die mittelbare Werbung im Rahmen von Kundenzufriedenheitsstudien nicht als Marktforschung ansieht, berührt natürlich auch das Selbstverständnis der Marktforschungsverbände und ihr Verständnis von Marktforschung.

Das angesprochene Urteil des Amtsgerichts Berlin im forsa-Fall enthält das gefährliche Potential, einen Keil zwischen Marktforschung einerseits und Sozialforschung andererseits zu treiben.

Viele Auftraggeber erwarten von Marktforschungsinstituten nicht nur die Bearbeitung anonymer Marktforschungsaufträge, sondern auch Beratung, Hilfestellung oder Vermittlung bei der Durchführung von Befragungen, die nicht nur anonym, sondern auch nicht-anonym sind; dieser Erwartungsdruck einerseits, das Anonymitätsgebot des Standesrechts andererseits bilden ebenfalls einen aufziehenden Spannungsbogen.

Das standesrechtliche Thema, zu dem ich Sie an dieser Stelle etwas vertieft entführen möchte, ist die Frage nach der Zuständigkeit des Rats der Deutschen Markt- und Sozialforschung e.V. für öffentliche Rügen von Umfrageinstituten, die in keinem der folgenden Verbände Mitglieder sind.

ADM, ASI, BVM und die deutsche Gesellschaft für Online-Forschung sind Mitglieder des Vereins des Rats der Deutschen Markt- und Sozialforschung e. V. Der Rat hat gemäß §8 seiner Satzung einen Beschwerderat gegründet, der aus zwei Kammern besteht. Gemäß §1 der Beschwerdeordnung des Rats ist der Rat der Deutschen Markt- und Sozialforschung zuständig für alle Verstöße gegen die allgemein anerkannten Berufsgrundsätze und Standesregeln sowie die Nichteinhaltungen der allgemein anerkannten Qualitätsstandards der deutschen Markt- und Sozialforschung. Eine der Entscheidungsmöglichkeiten des Beschwerderats ist gemäß §8 Abs. 4 c) der Beschwerdeordnung die Erteilung einer öffentlich bekannt gemachten Rüge.

Der ADM etwa – als Mitglied des Rats der Deutschen Markt- und Sozialforschung e. V. – hat sich Standesregeln gegeben, denen selbstverständlich alle Mitglieder des ADM unterworfen sind. Ihnen gegenüber ergibt sich eine Zuständigkeit des Rates aus der geschlossenen Kette der Vereinsmitgliedschaft beim ADM, der wiederum Mitglied des Rats der Deutschen Markt- und Sozialforschung e. V. ist.

Unbestritten ist die Satzung eines Vereins für seine Mitglieder maßgebend. Wird also gegen ein ADM-Mitgliedsinstitut eine Rüge ausgesprochen, ist unter diesem vereinsrechtlichen Aspekt hiergegen nichts einzuwenden.

Wie steht es aber um die Zuständigkeit des Rats für Unternehmen oder Personen, die nicht Mitglied des ADM oder eines anderen Mitgliedsinstituts des Rats sind?

Die Satzung eines Vereins ist seine rechtliche Grundordnung und enthält die für das Vereinsleben bestimmenden Grundentscheidungen. Die Regelungsbefugnis eines Vereins endet an seinen Vereinsgrenzen. Nichtmitglieder eines Vereins sind selbstverständlich nicht diesen Regeln unterworfen. Niemand kann zu einer Vereinsmitgliedschaft gezwungen werden. Regeln eines Vereins, dem ich nicht angehöre, haben grundsätzlich für mich keine Bedeutung.

Ich weiß, dass in Kreisen der Berufsverbände die Meinung vertreten wird, dass der Rat auch für Nichtmitglieder mit seiner Beschwerdeordnung, insbesondere seiner Überwachungsaufgabe und Erteilung von Rügen, zuständig sei. Wer mich kennt, weiß, dass ich dies anders sehe.

Gemäß §1 Abs. 2 der Beschwerdeordnung reicht es für die Zuständigkeit allerdings aus, dass die Beschwerdepartei ihren Wohn- oder Firmensitz in der Bundesrepublik hat. Davon, dass die Beschwerdepartei Mitglied eines der Mitglieder des Rates sein muss, ist in der Beschwerdeordnung keine Rede.

Ich halte diese Auffassung von einer Allgemeinzuständigkeit des Rats auch für Nichtmitglieder dezidiert für unzutreffend, und zwar aus zwei Gründen:
- Vereinsautonomie und Regelungsbefugnis eines Vereins enden an seinen Grenzen. Wer einem Verein nicht beitritt, ist den Regeln dieses Vereins nicht unterworfen.
- Die Beschwerdeordnung selbst lässt ein Unbehagen an einer von der Vereinsmitgliedschaft abgekoppelten Zuständigkeit erkennen, und zwar in §2 Abs. 1 der Beschwerdeordnung. Beschwerdeberechtigt sei nämlich jede natürliche oder juristische Person, die sich durch ein den allgemein anerkannten Berufsgrundsätzen, Standesregeln und Qualitätsstandards der deutschen Markt- und Sozialforschung widersprechendes Verhalten ... „in ihren Rechten" verletzt sieht. Mit der Tatbestandsvoraussetzung „in ihren Rechten" nimmt nach meinem Verständnis die Beschwerdeordnung Bezug auf die Grundsätze, Standesregeln und Qualitätsstandards der deutschen Markt- und Sozialforschung. Diese sind aber nur dann „eigene" Rechte, wenn man als Unternehmen oder Person Mitglied dieser Organisation ist,

denn nur dann kann man hier von „in ihren eigenen Rechten" sprechen. Nach meinem Verständnis wäre ein Beschwerdeführer, der nicht Mitglied in einem der genannten Verbände ist, nicht beschwerdeberechtigt. Ich gehe davon aus, dass der Rat das (bisher) anders sieht.

Nun weiß ich, dass der Rat seine vorbildliche und unterstützenswerte Aufgabe ja genau darin sieht, die Berufsgrundsätze und Standesregeln auch über den Kreis der Mitgliedsinstitute hinaus zu verwirklichen. Würde also meine zugegebenermaßen für viele irritierende, ja geradezu engstirnige Auffassung dieses Anliegen, die Autorität und die Legitimation von Ratsentscheidungen gefährden oder geradezu aushebeln? Mitnichten!

Zum einen ist unbestritten, dass auch vereinsrechtliche Regeln und Grundsätze als branchenübliche Standards zur Auslegung von interpretationsfähigen oder interpretationsbedürftigen Begriffen heranzuziehen sind. Was in einer bestimmten Branche unter bestimmten Parametern verstanden wird, wird auch von Gerichten unter Heranziehung von Stellungnahmen, Gutachten, veröffentlichten Lehrmeinungen und nicht zuletzt auch von fachspezifischen Vereinen herausgegebenen Regeln und Standards entschieden. Zur Auslegung von Vorschriften werden branchenübliche Standards und herrschende Auffassungen zur methodischen, technischen oder inhaltlichen Qualität herangezogen.

Ein Gremium wie der Rat der Deutschen Markt- und Sozialforschung kann selbstverständlich nach sachlicher Prüfung und unter Gewährung rechtlichen Gehörs öffentliche Kritik üben, auch und gerade in Form einer Rüge und vor schädigenden Folgen des aus Sicht des Rats diagnostizierten Fehlverhaltens zum Schutz der Markt- und Meinungsforschung öffentlich warnen. Das schutzwürdige Interesse der Allgemeinheit an objektiver Information ist in der Regel höher zu bewerten als die wirtschaftlichen Belange eines gerügten Unternehmens. Die Beurteilung standeswidrigen Verhaltens genießt nach Inhalt und Form grundsätzlich den Schutz der Meinungsäußerungsfreiheit. Voraussetzung ist, dass die Äußerung sachbezogen und nachprüfbar ist. Es ist wegen der besonderen Bedeutung der Meinungsfreiheit und ihres durch das Grundgesetz gebotenen Schutzes ein strenger Maßstab anzulegen.

Grenzen öffentlicher Rügen des Rates sind daher zum einen falsche Tatsachenbehauptungen, zum anderen Werturteile, die den Bereich der Schmähkritik überschreiten. Das aber ist ein Rahmen, den Entscheidungen, insbesondere Rügen des Rates, stets einhalten müssen.

Entspannung macht sich also breit, jedenfalls im Ergebnis. Ich meine sogar, dass mit meiner Interpretation der Rat eine viel weitergehende Autorität und Legitimität für sich in Anspruch nehmen könnte als durch bloße Bezugnahme auf eine Beschwerdeordnung, die meines Erachtens den Zuständigkeitsbereich der verfassten Mitglieder aus vereinsrechtlichen Gründen nicht überschreiten darf. Dies offen zu legen, wäre sogar ein Zeichen von Transparenz und Selbstbewusstsein.

Literatur

(1) BT-Drucksache 16/13657; BGBL I., Seite 2.814
(2) NJW 2008, 288
(3) „Zum Schutz natürlicher Personen bei der Verarbeitung personenbezogener Daten und zum freien Datenverkehr"; EU-Amtsblatt Nr. L281/31, Seite 31
(4) EuGH MMR 2004, 95, 98 ff.
(5) Gola/Schomerus, BDSG, 10. A., §32, Rdnr. 20
(6) siehe Gola/Schomerus, BDSG, 10. A., §4 b, Rdnr. 3.
(7) berechtigte Kritik bei Weber/Voigt, Internationale Auftragsdatenverarbeitung, ZD 2/2011, Seite 74, 75 ff.
(8) Stellungnahme Bundesrat vom 05. November 2010, Anlage 3 zu BT-Drucksache 17/4320, Seite 28
(9) OLG Hamburg, Urteil vom 02. August 2011, 7 U 134/10, ZD 2011, Seite 138 ff.
(10) kritisch hierzu Arning, ZD 2011, Seite 140 ff.
(11) Gaul/Köhler, BB 2011, Seite 2.229, 31 ff.
(12) NZA Heft 21, 2011, Editorial
(13) FAZ vom 11. November 2011
(14) so Schwartz, Editorial ZD 3/2011, Seite 97
(15) Gola/Schomerus, BDSG, 10. A., §3, Rdnr. 10
(16) Gola/Schomerus, siehe Rdnr. 15
(17) Gola/Schomerus, BDSG, 10. A., §3, Rdnr. 4
(18) (Unabhängiges Landeszentrum für Datenschutz Schleswig-Holstein (ULD), Gutachten Datentreuhänderschaft in der Biobank-Forschung, Schlussbericht vom 30. April 2009, S. 11, Fußnote 22, abrufbar unter:

https://www.datenschutzzentrum.de./biobank/20090630-datentreu-haender-biobankforschung-endbericht.pdf)

(19) Artikel 2 a, Richtlinie 95/46/EG des Europäischen Parlaments und des Rates vom 24. Oktober 1995 zum Schutz natürlicher Personen bei der Verarbeitung personenbezogener Daten und zum freien Datenverkehr, ABLL 281 vom 23. November 1995, Seite 31 bis 50

(20) BVerfG NJW 1992, 815; BAG 1998, 69

(21) BAG Urteil vom 23. April 2009, NZA 2009, S. 947 – 980

(22) BGH St. 39, 343

(23) Amtsgericht Berlin-Mitte, Urteil vom 21. Juni 2011, Az.: 5 C 1003/11

(24) Behrmann/Möhrle/Herr, BDSG, §30, Rdnr. 9; Simitis, §30 a, Rdnr. 82

(25) vergleiche Gola/Schomerus, BDSG, 10. Auflage, §40, Rdnr. 1

(26) Simitis, BDSG, 7. A., §40, Rdnr. 36

(27) vergleiche Simitis, BDSG, 7. A., §40, Rdnr. 37 mit weiteren Nachweisen; Gola/Schomerus, BDSG, 10. A., §40, Rdnr. 9

(28) so Simitis, BDSG, 7. A., §30 a, Rdnr. 58

(29) vergleiche Simitis, BDSG, 7. A., §30 a, Rdnr. 39

(30) §40, Rdnr. 38

(31) vergleiche Gola/Schomerus, BDSG, 10. A., §40, Rdnr. 9

(32) vergleiche Simitis, BDSG, 7. A., §40, Rdnr. 38)

(33) vergleiche Simitis, BDSG, 7. A., §4 a, Rdnr. 61; Gola/Schomerus, BDSG, 10. A., §4 a, Rdnr. 13)

(34) Regierung von Oberbayern, Az.: 200-D-1194

(35) vergleiche Köhler/Bornkamm, Gesetz gegen den unlauteren Wettbewerb, 29. Auflage 2011, Rdnr. 131 mit Verweis auf Hug/Gaugenrieder, WRP 2006, 1420, 1424; Schweitzer ZUM 2010, 400

(36) Köhler/Bornkamm, a. a. O.

(37) vergleiche Gola, BDSG, 10. A., §30 a, Rdnr. 1

(38) Änderungsgesetz vom 22. Dezember 2008, BGBL I., Seite 2.949

(39) Palandt, Kommentar zum BGB, §823, Rdnr. 27

(40) vergleiche Walz in Simitis, BDSG, 7. A., §11, Rdnr. 18; Gola/Schomerus, BDSG, 10. A., §11, Rdnr. 9; Däubler u.a., §11, Rdnr. 14

(41) vergleiche Däubler a. a. O., BDSG ZA, §11, Rdnr. 14 mit zahlreichen Nachweisen

(42) vergleiche hierzu Gola/Schomerus, BDSG, 10. A, §11, Rdnr. 9 mit weiteren Nachweisen
(43) BDSG, 7. Auflage, §11, Rdnr. 29
(44) vergleiche Staatsanzeige Nr. 2, 18. Januar 1999, Seite 13
(45) Gola/Schomerus, BDSG, 10. A., §11, Rdnr. 24
(46) so der ADM, siehe „Zulässigkeit telefonischer Markt-, Meinungs- und Sozialforschungsstudien zur Kundenzufriedenheit", ADM-Vortrag Hamburg/München 2011, Skript Seite 48, 53, 59/60; ebenso Pflüger RDV 2010, 101.
(47) Gola/Schomerus, BDSG, 10. A., §11, Rdnr. 9 mit Nachweisen
(48) vergleiche Däubler u.a., 3. Auflage, BDSG ZA, §30 a, Rdnr. 3
(49) so auch die Richtlinie des ADM zum Umgang mit Adressen in der Markt- und Sozialforschung
(50) LG Frankfurt/Main, RDV 2008, 28 ff.
(51) so Simitis, BDSG, 7. Auflage, §30 a, Rdnr. 146
(52) siehe Rdnr. 49

Autoren

Dr. Andreas Czaplicki, UniQma GmbH, Karl-Liebknecht-Straße 26, 04107 Leipzig
E-Mail: andreas.czaplicki@uniqma.de

Prof. Dr. Marcel Das, CentERdata, Room T401, Tilburg University, TIAS Building, PO Box 90153, 5000 LE Tilburg, Niederlande
E-Mail: das@uvt.nl; http://www.centerdata.nl

Prof. Dr. Frank Faulbaum, Universität Duisburg-Essen, Institut für Soziologie, Lotharstraße 65, 47057 Duisburg
E-Mail: frank.faulbaum@uni-due.de

Prof. Dr. Marek Fuchs, Technische Universität Darmstadt, Institut für Soziologie, Marktplatz 15, Residenzschloss, 64283 Darmstadt
E-Mail: fuchs@ifs.tu-darmstadt.de

Olaf Hofmann, SKOPOS Institut für Markt- und Kommunikationsforschung GmbH & Co. KG, Hans-Böckler-Straße 163, 50354 Hürth
E-Mail: olaf.hofmann@skopos.de

Prof. Dr. Dr. Max Kaase, Jacobs University Bremen, Jacobs Center for Lifelong Learning and Institutional Development
E-Mail: petmaka@aol.com

Prof. Dr. Beatrice Rammstedt, GESIS - Leibniz-Institut für Sozialwissenschaften, Postfach 12 21 55, 68072 Mannheim
E-Mail: beatrice.rammstedt@gesis.org

Hartmut Scheffler, TNS Infratest GmbH, Stieghorster Straße 66, 33605 Bielefeld
E-Mail: hartmut.scheffler@tns-infratest.com

Matthias Stahl, GESIS - Leibniz-Institut für Sozialwissenschaften, Unter Sachsenhausen 6-8, 50667 Köln
E-Mail: matthias.stahl@gesis.org

Dr. Ralf Tscherwinka, Hönig Rechtsanwälte, Maximilianstraße 14, 80539 München
E-Mail: atruth@drhoenig.de

Erich Wiegand, ADM Arbeitskreis Deutscher Markt- und Sozialforschungsinstitute e.V., Langer Weg 18, 60489 Frankfurt am Main
E-Mail: erich.wiegand@adm-ev.de

MIX
Papier aus verantwortungsvollen Quellen
Paper from responsible sources
FSC® C105338

If you have any concerns about our products,
you can contact us on
· **ProductSafety@springernature.com**

In case Publisher is established outside the EU,
the EU authorized representative is:
**Springer Nature Customer Service Center GmbH
Europaplatz 3, 69115 Heidelberg, Germany**

Printed by Libri Plureos GmbH
in Hamburg, Germany